SISTEMAS DE INFORMAÇÃO

2ª EDIÇÃO

www.editorasaraiva.com.br

SISTEMAS DE INFORMAÇÃO

O USO CONSCIENTE DA TECNOLOGIA PARA O GERENCIAMENTO

EMERSON DE OLIVEIRA BATISTA

Rua Henrique Schaumann, 270
Pinheiros – São Paulo – SP – CEP: 05413-010
PABX (11) 3613-3000

SAC | 0800-0117875
De 2ª a 6ª, das 8h30 às 19h30
www.editorasaraiva.com.br/contato

Diretora editorial	Flávia Alves Bravin
Gerente editorial	Rogério Eduardo Alves
Planejamento editorial	Rita de Cássia S. Puoço
Editores	Patricia Quero
Assistente editorial	Marcela Prada Neublum
Produtores editoriais	Alline Garcia Bullara
	Amanda Maria da Silva
	Daniela Nogueira Secondo
	Deborah Mattos
	Rosana Peroni Fazolari
	William Rezende Paiva
Comunicação e produção digital	Mauricio Scervianinas de França
	Nathalia Setrini Luiz
Suporte editorial	Juliana Bojczuk
Produção gráfica	Liliane Cristina Gomes

Arte e produção	
Capa	Leandro Correira
Atualização da 4ª tiragem	ERJ Composição Editorial
Impressão e acabamento	Gráfica Paym

ISBN 978-85-02-19473-1

CIP-BRASIL. CATALOGAÇÃO NA FONTE
SINDICATO NACIONAL DOS EDITORES DE LIVROS, RJ.

B336s
2. ed.
Batista, Emerson de Oliveira
  Sistemas de informação : o uso consciente da tecnologia para o gerenciamento / Emerson de Oliveira Batista. - 2. ed. - São Paulo : Saraiva, 2012.

  ISBN 978-85-02-19473-1

  1. Sistemas de recuperação da informação. 2. Gerenciamento de recursos da informação. 3. Tecnologia da informação — Administração. 4. Sistemas de informação gerencial. I. Título.

12-9086
CDD-658.4038
CDU-005.94
041447

Copyright © Emerson de Oliveira Batista
2013 Editora Saraiva
Todos os direitos reservados.

2ª edição
1ª tiragem: 2013
2ª tiragem: 2014
3ª tiragem: 2014
4ª tiragem: 2015
5ª tiragem: 2024

Nenhuma parte desta publicação poderá ser reproduzida por qualquer meio ou forma sem a prévia autorização da Editora Saraiva. A violação dos direitos autorais é crime estabelecido na lei nº 9.610/98 e punido pelo artigo 184 do Código Penal.

OP 233141   351.537.002.004

À minha esposa, Rosane, pelo amor, compreensão e paciência.

A meu filho Bruno, que é o exemplo vivo do meu amor.

A meus pais, Valdirene e Laércio, pela minha existência e pela herança genética que me incentiva a buscar novos desafios.

A meus irmãos, Elaine e Peterson, que sempre me apoiaram e compartilharam suas vidas comigo.

À direção da Editora Saraiva, às áreas de produção, marketing, editorial, pela atenção e carinho dedicados a este trabalho e a mim.

Ao professor José Márcio Carioca, pelo encorajamento desta obra.

"O homem sábio não dá as respostas certas, faz as perguntas certas."

Claude Lévi-Strauss

"Amigo é aquele que sabe tudo sobre você e, mesmo assim, ainda gosta de você."

Kim Hubbard

"Os ignorantes, que acham que sabem tudo, privam-se de um dos maiores prazeres da vida: APRENDER."

Desconhecido

SOBRE O AUTOR

Emerson de Oliveira Batista, Engenheiro Mecânico formado pela Universidade Federal de Itajubá (UNIFEI), Especialista em Engenharia de Sistemas pela Escola Superior Aberta do Brasil (ESAB), especialista em Design Instrucional pela UNIFEI (2011), mestre em Automação e Controle de Processos pelo Instituto Federal de Ciência e Tecnologia de São Paulo (IFSP), Professor Universitário em cursos de Administração de Empresas, Sistemas de Informação, Ciência e Engenharia da Computação e Engenharia Mecatrônica há 17 anos. Consultor e Proprietário da EngSupport (http://www.engsupport.eti.br) – Consultoria em Engenharia, Sistemas e Tecnologia da Informação há 18 anos onde promove consultorias e desenvolvimentos de projetos integrados da área de Engenharia, Tecnologia da Informação, Inteligência de Negócios e Segurança da Informação.

PREFÁCIO

Contente com o trabalho realizado na primeira edição e reconhecendo que a área de tecnologia é extremamente dinâmica, esta segunda edição conta com uma reformulação e aprofundamento da aplicação da tecnologia para potencializar empresas e negócios. Mantendo o foco inicial, o livro pretende continuar seu trabalho de mostrar técnicas, meios e as melhores possibilidades de uso da tecnologia como ferramental de negócios.

A atualização dos capítulos e reformulação de parte da estrutura do livro contou com novas experiências em consultorias, projetos desenvolvidos e novas realidades empresariais e de tecnologia.

As mudanças em todas as áreas do conhecimento devido à constante reformulação de conceitos e serviços da Internet exigem que uma obra deste tipo seja revitalizada constantemente. Dessa forma, as mudanças promovidas nesta edição buscam um maior envolvimento da tecnologia nos negócios e, ao mesmo tempo, apresenta de forma abrangente o grupo de normas, padrões e boas práticas da profissionalização de projeto de Tecnologia da Informação.

Com dados atualizados e novos capítulos, este livro pretende mostrar ainda mais a aproximação dos profissionais de tecnologia com os profissionais de gestão em todas as áreas. É importante lembrar que já chegamos ao ponto em que os profissionais de tecnologia também são considerados gestores de sua área; se não utilizam a filosofia de apagar incêndios para atacar os problemas do dia a dia profissional.

Da mesma forma que definido na primeira edição, o livro se propõe a discutir o uso da tecnologia nas empresas com uma linguagem simples focando principalmente em métodos e metodologias para que a tecnologia tenha todo seu potencial aproveitado.

O livro começa com um paralelo entre o desenvolvimento tecnológico e as grandes mudanças que os profissionais de tecnologia tiveram que absorver para se manter no mercado, ao mesmo tempo em que descreve a evolução dos sistemas de gestão e o foco em cada fase.

Em seguida é desenvolvida a visão sistêmica e a caracterização da empresa como um sistema de forma a entender melhor a sua interação com o ambiente onde ela se encontra.

O próximo passo é desenvolver uma visão para entender as necessidades de informação no sistema empresa, qual é a melhor abordagem para defini-la corretamente e apresentar características de qualidade que devem existir nos sistemas de informação empresarial desde o seu planejamento.

Como estamos falando de aplicação de tecnologia nas empresas é muito importante definir alguns conceitos e elementos de tecnologia que são parte do dia a dia dos profissionais de forma a melhorar o nível da conversa entre profissionais técnicos com profissionais não técnicos.

Os capítulos iniciais são base para melhor entender os capítulos posteriores, em que são apresentadas as formas mais essenciais de aplicação da tecnologia nas empresas. Em especial neste ponto do livro são discutidas as fases em que uma empresa pode se encontrar em sua imersão no ambiente *on-line*. Também são apresentadas dicas, problemas e possíveis soluções de uma convergência *on-line* dos negócios da empresa.

Na sequência são apresentados métodos de resolução de problemas voltados a planejamento, projeto e implantação de sistemas de informação e elementos acessórios. Logo após esta discussão são apresentadas as diversas abordagens para o desenvolvimento de sistemas de informação ressaltando prós e contras das abordagens juntamente com o fluxo de cada situação.

Aplicações departamentais de tecnologia, consideradas como grandes ferramentas para as gestões atuais, são apresentadas no livro como uma nova visão. Além disso, são abordadas tecnologias que servem como acessórios para melhorar a produtividade específica de alguns departamentos na empresa.

Outra novidade interessante é a apresentação e discussão das normas, padrões e boas práticas conhecidas internacionalmente como forma de um bom recurso para a busca de uma gestão profissional de tecnologia da informação na empresa.

Por fim, o livro discute tópicos de grande importância para a gestão principalmente quando a tecnologia está envolvida, cobrindo assuntos como automação, ética, direito autoral e propriedade intelectual, legislação para tecnologia, entre outros.

O livro conta ainda com estudos de caso em cada capítulo e questões para reflexão e discussão individual ou em grupo.

Desta forma, buscou-se montar um material que possa ser um bom auxílio tanto para profissionais como para acadêmicos envolvidos tanto com tecnologia como também com gestão.

Emerson de Oliveira Batista

SUMÁRIO

Capítulo 1 – Gestão e tecnologia — 1
1.1	Introdução	1
1.2	Gestão de tecnologia na empresa	7
1.3	Profissionais de gestão de tecnologia	9
1.4	A evolução dos sistemas de gestão	15
	Termos e conceitos importantes	17
	Questões para discussão	18
	Estudo de caso – A gestão tecnológica	18

Capítulo 2 – Introdução a sistemas — 21
2.1	Introdução	22
2.2	Gestão do ponto de vista sistêmico	25
2.3	Análise do sistema empresa	29
2.4	Estruturação sistêmica da organização	30
2.5	Indicadores empresariais e a informação	32
2.6	Classificação de sistemas	35
	Termos e conceitos importantes	41
	Questões para discussão	42
	Estudo de caso – A fábula dos porcos assados	42

Capítulo 3 – Empresas e sistemas de informação — 47
3.1	Introdução	48
3.2	O impacto dos sistemas de informação	49
3.3	Processos gerenciais e os sistemas	52
3.4	Classificação e definição de informações	54
3.5	Planejamentos e seu vínculo com TI	58
3.6	Políticas e sua implicação nos sistemas	63
3.7	Perspectivas e a visão sistêmica	65
3.8	Indicadores de qualidade nos sistemas	68
	Termos e conceitos importantes	71
	Questões para discussão	72
	Estudo de caso – Conhecimento empresarial: evoluindo conceitos na gestão de empresas	73

Capítulo 4 – Fundamentos do uso de tecnologia de informação — 77
4.1	Introdução	77
4.2	Conceitos e a anatomia do computador	78
4.3	Computadores e redes	82
4.4	Convergência comunicações-computadores	85
4.5	Internet x intranet x extranet	93
4.6	Tecnologias de armazenamento	101

4.7	Bases de dados	105
4.8	Tecnologias de entrada e saída	109
4.9	Conceitos e componentes de *softwares*	111
4.10	Sistemas operacionais	113
4.11	Linguagens e ambientes de programação	114
4.12	Pacotes e aplicativos personalizados	119
4.13	Tecnologias inovadoras	121
	Termos e conceitos importantes	128
	Questões para discussão	129
	Estudo de caso – Um balanço da tecnologia da informação no Brasil	130

Capítulo 5 – Aplicações de tecnologia nas empresas   133

5.1	Convergência tecnológica	133
5.2	Transações eletrônicas	135
5.3	Comércio eletrônico	150
5.4	ERP (Enterprise Resource Planning)	163
5.5	CRM (Customer Relationship Management)	167
5.6	BI (Business Intelligence)	175
5.7	KM (Knowledge Management) e Painel de Controle Digital	177
5.8	IA (inteligência artificial) e aplicações de decisão	179
5.9	Outras ferramentas e tendências	180
	Termos e conceitos importantes	182
	Questões para discussão	183
	Estudo de caso – A realidade brasileira do *e-commerce*	184

Capítulo 6 – Resolução de problemas com sistemas de informação 189

6.1	Conceitos básicos	189
6.2	Pensamento crítico e o modelo do cone invertido	192
6.3	Análise e compreensão de problemas empresariais	195
6.4	Tomada de decisão	207
6.5	Projeto e implantação de soluções	211
	Termos e conceitos importantes	214
	Questões para discussão	215
	Estudo de caso – Problemas empresariais e o processo de tomada de decisão	216

Capítulo 7 – Desenvolvimento e uso de sistemas de informação 219

7.1	Introdução	220
7.2	Ciclo de vida dos sistemas	221
7.3	Prototipagem	223
7.4	Utilização de pacotes	225
7.5	Terceirização	227
7.6	Ferramentas de engenharia de *software*	232
7.7	Segurança dos sistemas de informação	234

7.8	"Custo" e "investimento" em tecnologia	247
Termos e conceitos importantes		253
Questões para discussão		253
Estudo de caso – A implantação real de sistemas na organização		254

Capítulo 8 – Aplicações departamentais de tecnologia — 259

8.1	Tecnologia como inovação departamental	259
8.2	Finanças, controladoria e contabilidade	262
8.3	Marketing e vendas	265
8.4	Recursos humanos	268
8.5	Logística	269
Termos e conceitos importantes		270
Questões para discussão		271
Estudo de caso – As empresas e as redes sociais		271

Capítulo 9 – Gestão de TI — 275

9.1	A gestão profissional de TI	275
9.2	Governança em TI	277
9.3	Cobit	280
9.4	Itil	283
9.5	Norma NBR/ISO 20000	286
9.6	Norma NBR/ISO 27000	287
Termos e conceitos importantes		290
Questões para discussão		291
Estudo de caso – A anatomia de incidentes de segurança da informação		292

Capítulo 10 – Tópicos em sistemas de informação — 295

10.1	Conceitos básicos de sistemas empresariais	295
10.2	Os profissionais de TI e seus relacionamentos	299
10.3	Automação e controle	305
10.4	Ética nos sistemas de informação	310
10.5	Tecnologia e as questões legais	315
10.6	Tecnologia da informação verde	323
Termos e conceitos importantes		325
Questões para discussão		325
Estudo de caso – O uso ético do comércio eletrônico		326

Glossário	329
Referências	353

GESTÃO E TECNOLOGIA

"Os computadores são incrivelmente rápidos, precisos e burros; os homens são incrivelmente lentos, imprecisos e brilhantes; juntos, seu poder ultrapassa os limites da imaginação."

Albert Einstein

AO FINAL DESTE CAPÍTULO, VOCÊ VAI:
1. Compreender a evolução tecnológica como consequência do suprimento de necessidades humanas relativas às suas limitações.
2. Entender o relacionamento da tecnologia com as empresas como ferramenta para resolver problemas inerentes a flutuações de mercado.
3. Apresentar as características básicas necessárias para promover a gestão de tecnologia em qualquer empresa.
4. Discutir o perfil profissional de gestores e suas necessidades de conhecimento tecnológico, bem como carreiras específicas dessa fusão.
5. Entender os novos requisitos organizacionais para o controle, a coordenação e a colaboração de atividades internas e externas.

 1.1 INTRODUÇÃO

Na evolução histórica, os grandes desenvolvimentos e padronizações que envolveram mudanças e convenções na sociedade têm base no suprimento de necessidades resultantes das próprias limitações humanas. Um bom exemplo disso é o sistema de numeração decimal usado mundialmente, que se baseia nos algarismos de zero a nove (0 ... 9) para compor todos os números possíveis de se representar e em cuja base se define no número de dedos das mãos dos seres humanos.

Atualmente, vivemos em plena revolução tecnológica e é fundamental que a nossa economia e a sociedade se comportem de maneira semelhante às demais revoluções que tiveram impactos na sociedade. Essas revoluções que ocorrem em nosso mundo são fruto direto das limitações humanas.

Como ponto de partida, podemos discutir a revolução científica, cujo foco está na libertação das influências românticas, religiosas e místicas para explicar os fenômenos físicos e naturais. Ocorre a separação da Ciência e da Filosofia com mudanças consideráveis na forma como os seres humanos procuram entender e explicar o mundo que os cerca.

Nessa revolução, a necessidade humana encontra-se na busca de detalhes que possam preencher as inconsistências das explicações atuais promovendo um tratamento lógico e matemático iniciado por Galileu Galilei (1564-1642), Johannes Kepler (1571-1630) e outros pensadores que se evidenciaram no século XVII.

A Revolução Industrial foi essencialmente a argumentação do poder físico dos homens, uma amplificação dos músculos humanos em forma de equipamentos. É certo afirmar que alguns aspectos de atividades físicas humanas foram substituídos por máquinas, principalmente as tarefas repetitivas, no processo chamado *mecanização*.

É importante destacar que ainda existem muitas empresas que têm a visão pura de mecanização e desenvolvem um processo de substituição de mão de obra braçal e poder físico dos seres humanos por equipamentos, principalmente em tarefas repetitivas. Essa revolução foi responsável principalmente pela mudança das formas de produção existentes na época e teve impacto em todos os aspectos da sociedade.

Seguindo essa analogia, a revolução tecnológica ou revolução da informação, que enfatiza o uso de computadores e equipamentos de automação, é uma argumentação do poder mental dos homens, uma amplificação do poder cerebral humano no processo chamado *automação*.

A automação pode ser implantada em diversos níveis, mas normalmente está ligada à utilização de equipamentos de controle e elementos de instrumentação para promover automaticamente (ou de forma semiautomática) o desenvolvimento do processo produtivo. Seu principal foco é o aumento de produtividade, seguido do aumento nas características de higiene e segurança, dependendo do tipo de processo produtivo.

É importante salientar que a automação ocorre de maneira muito mais consciente do que a mecanização, pois sua função principal é aumentar a produtividade humana e deslocar as pessoas para tarefas muito mais nobres, como o uso da criatividade e do poder de tomada de decisão sem ter preocupação com as tarefas repetitivas do dia a dia.

Essa revolução de que ainda participamos na chamada era da informação é responsável por diversas mudanças de conceitos na sociedade, alterando as formas de produção, de entretenimento, de comunicação, de educação, de comercialização etc.

O simples ato de pressionar um botão pode levar um dispositivo computacional a desenvolver cálculos intrínsecos, a sugerir decisões complexas e recuperar grandes quantidades de informação. Esse fato possibilita à empresa responder de maneira ágil às pressões exercidas pelo mercado.

As diversas aplicações da tecnologia transformaram – e continuam transformando – praticamente todas as atividades existentes. Isso fez dela uma magnífica ferramenta para o desenvolvimento de diversas áreas, como educação, comunicações, medicina, editoração, cinema, artes gráficas, para citar algumas delas.

O efeito da globalização apresentou, no mínimo, duas características que devem ser motivo de preocupação para qualquer empresa. Em primeiro lugar, superou a distância entre os países, rompendo as fronteiras físicas, aproximando as culturas e os diferentes valores pessoais.

Essa característica é muito importante para as empresas que têm como objetivo ampliar seus mercados, pois aquelas que antes tinham algum tipo de limitação agora podem facilmente atingir outros mercados sem muito esforço. Vale lembrar que, em muitos casos, é necessário adequar os produtos a novas realidades e valores, ou seja, é necessária a "regionalização do produto".

Em contrapartida (a segunda característica), a globalização impôs um aspecto muito mais dinâmico aos processos de negócios, em que pequenas flutuações da economia em qualquer parte do mundo podem afetar quase diretamente qualquer país. Esse quadro de interdependência econômica leva a uma posição de desconfiança contínua da empresa em relação ao mercado em que opera, causando a necessidade de obter muito mais informações desse mercado antes da tomada de alguma decisão importante.

A nova ordem econômica mundial, que, junto com a globalização, representa uma integração econômica entre os diversos países, pode propiciar inúmeras flutuações passíveis de alterar por completo os rumos de uma empresa.

Esses fatores causaram uma mudança considerável de paradigma por parte das empresas, dos profissionais e do ensino em seus diversos níveis. Nesse ponto pode-se definir *paradigma* como um conceito ou linha de pensamento já aceito pela maioria das empresas e pessoas, que se torna difícil de ser alterado para uma nova realidade ou um novo conceito.

Nesse quadro, o processo decisório passou a verificar que informações antes consideradas irrelevantes agora podem ser cruciais para as tomadas de decisão de uma empresa.

As características impostas por esse quadro definiram que a empresa precisa constantemente manipular grandes quantidades de informações para a definição de um bom planejamento estratégico e operacional; isso exige tomadas de decisão diárias que levem ao aumento de sua produtividade e, no mínimo, proporcionem certa estabilidade de sua posição no mercado.

Essas necessidades podem ser supridas com acessórios tecnológicos que permitam controlar de maneira instantânea todas as informações internas e externas da empresa, em especial porque atualmente o uso dos computadores como ferramenta de trabalho em todas as áreas é algo totalmente comum.

A nova área denominada *telemática* – que incorpora todas as ferramentas computacionais para o processo de engrandecimento da informática (informação automática) – e sua união com as tecnologias das telecomunicações possibilitaram o desenvolvimento de aplicações empresariais de alto desempenho para auxiliar os gestores. Nesse quadro, surge a necessidade de um profissional que tenha um perfil diferenciado, que possa promover a gestão correta de todo o fluxo de informações da empresa. Esse profissional, escasso no mercado de trabalho, principalmente pelo seu perfil profissional integrador, já é considerado uma peça-chave em qualquer empresa.

Dessa maneira, o denominado diretor-executivo de informações, analista de informações, administrador de sistemas de informação ou CIO[1] é considerado um dos profissionais deste novo milênio. Esse profissional tem como função

---

1   CIO (*Chief Information Officer*) ou, em português, diretor-executivo de informações ou diretor de TI.

principal analisar a organização ou definir corretamente o problema, identificar missões, campos de atuação e relações internas por meio de instrumentos como a informática. Ele também deve desenvolver estudos e alternativas na coleta de dados, armazenamento e utilização das informações na organização. Critério, visão estratégica, organização e criatividade são requisitos básicos para a carreira desse profissional, cuja característica principal é a antecipação com relação ao concorrente por intermédio do estudo das informações geradas internamente na empresa e no ambiente no qual está inserida. Ele deve saber identificar e aplicar as mais relevantes informações, que, no âmbito da gestão, podem ser obtidas das atividades de marketing, vendas, finanças, recursos humanos e operações.

Com o dinamismo exigido das organizações pelo mercado, haverá sempre a necessidade da ampla compreensão do sistema de informações, a fim de atingir níveis superiores de produtividade e eficácia nas fábricas e nos escritórios.

Figura 1.1 Termos relacionados aos gestores

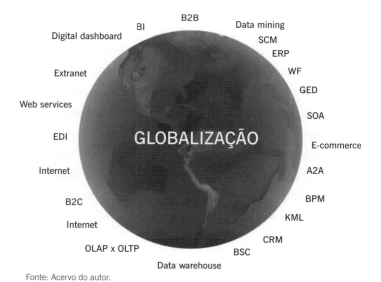

Fonte: Acervo do autor.

Segundo Peter Drucker,

> (...) até o momento, a tecnologia da informação tem atuado como produtora de dados, e não de informações, e muito menos de novas e diferentes

questões e estratégias; os altos executivos não vêm usando as novas tecnologias, porque elas não oferecem as informações de que eles precisam para suas próprias tarefas.[2]

Será simplesmente impossível operar com eficiência mesmo uma pequena empresa sem investimentos significativos em sistemas de tecnologia da informação que deem o suporte necessário para o desenvolvimento dos planejamentos e da implementação de um modelo de gestão baseado em informações de qualidade.

As empresas vivem um momento em que devem promover a valorização dos profissionais que detêm o conhecimento da atividade que desempenham. A contratação de terceiros e a valorização de equipes de trabalho tendo em vista o enxugamento da empresa para poder se manter no mercado juntamente com o aumento drástico de informações a serem levadas em conta quando tomam decisões cada vez mais difíceis e complexas das mais diversas naturezas formam um quadro particular para o uso e a imposição de sistemas na organização.

Assim, torna-se propício o desenvolvimento de conhecimentos do ponto de vista sistêmico, uma vez que os profissionais especialistas-generalistas são os mais procurados do mercado.

Mesmo do ponto de vista estritamente profissional, devemos ter consciência de que nossa carreira e, principalmente, nossa renda dependerão de como compreendemos e utilizamos os sistemas de informação que fazem parte de nosso dia a dia. Independentemente de sua profissão (você pode desejar ser um artista gráfico, um músico profissional, um advogado, um gestor de empresas ou o dono de uma pequena empresa), você sempre trabalhará com um sistema de informações: a internet, por exemplo. Sendo assim, fica clara a necessidade de uma ligeira intimidade com a tecnologia da informação em conjunto com os sistemas de informação dos bancos, das empresas fornecedoras, das empresas concorrentes, das instituições de ensino etc.

O objetivo deste livro é demonstrar os conceitos de sistemas de informação para incentivar profissionais de nível superior a gerenciar e manter esses sistemas, de modo a aprimorar o processo de tomada de decisão gerencial mediante a utilização racional de tecnologias que dão suporte a informações.

---

2 DRUCKER, Peter F. *Sociedade pós-capitalista*. Lisboa: Actual, 2003.

1.2 GESTÃO DE TECNOLOGIA NA EMPRESA

No desenvolvimento dos negócios de uma empresa é perceptível que existe uma evolução desde a formação de uma pequena empresa até a expansão para uma grande empresa. Mesmo em grandes empresas, é notável a existência de uma evolução em seu modelo de gestão para se adequar a novas realidades e necessidades. Essa evolução, normalmente, diz respeito à capacidade de a empresa dividir-se em especialidades (departamentos) e delegar responsabilidades para facilitar a gestão como um todo.

Nesse ponto, a expansão e a divisão de responsabilidades normalmente levam a uma visão de que tudo fica mais simples, mas alguns cuidados precisam ser observados para que isso não tenha um efeito contrário e possa levar, inclusive, ao comprometimento da gestão da empresa.

A divisão de departamentos cria uma situação de setorização de responsabilidades, mas, ao mesmo tempo, pode criar problemas no que diz respeito à manipulação de dados e informações de cada departamento e sua integração. Diversos fatores podem influenciar esse quadro, dos quais podemos citar:

» concorrências interdepartamentais;
» entraves políticos;
» fluxos de trabalho mal formatados;
» noção de território etc.

A integração de departamentos pode ser realizada de diversas formas, na qual podem se destacar: o desenvolvimento de reuniões contínuas, relatórios com baixa periodicidade para acompanhamento, planejamentos globais e setoriais sempre alinhados etc.

Por mais que esses elementos possam ajudar no desenvolvimento da integração entre departamentos de uma empresa, a sua gestão só pode ser considerada integrada se seus departamentos possuírem um fluxo transparente de dados e informações.

Esse fluxo transparente de dados e informações somente é realizado com alta eficiência se elementos de tecnologia puderem ser a base e o elo entre eles. O mais interessante nesse quadro é visualizar que apenas colocar os elementos de tecnologia para promover essa integração, normalmente, resulta numa visão equivocada e em problemas entre os departamentos (além dos já existentes).

O uso da tecnologia em uma empresa deve ser acompanhado por uma visão de gestão de tecnologia, ou seja, é necessário desenvolver um processo formal de aplicação de tecnologia para que, ao promover essa ação, ela possa usufruir do que foi aplicado para:

» melhorar seu processo produtivo;
» melhorar a integração e a comunicação entre os departamentos;
» melhorar o controle das operações;
» melhorar seu processo de aquisição, tratamento e exposição de informações;
» melhorar o processo de tomada de decisão;
» usar a tecnologia como agente facilitador e amplificador de negócios etc.

As ferramentas de tecnologia devem ser encaradas como um prestador de serviços dentro da organização. Sendo assim, muitas características devem seguir o mesmo modelo de gestão de terceirizações de serviços que uma empresa contrata. Deixando claros os limites de responsabilidade (escopo), as atividades de que essas ferramentas dependem e quais áreas dependem delas.

Para que esse processo possa ocorrer de forma mais clara e objetiva, existem, atualmente, uma série de normas e procedimentos de boas práticas para auxiliar a gestão de tecnologia nas empresas, que funciona praticamente como uma cartilha para os profissionais experientes e é um elemento obrigatório para um gestor novato. Normalmente, essas normas e procedimentos se baseiam em casos de sucesso em todo o mundo e podem representar avanço significativo no planejamento e imposição de novas tecnologias ou na resolução de problemas empresariais dos mais diversos níveis.

Algumas das normas e boas práticas mais utilizadas serão discutidas em capítulos posteriores, mas, neste ponto, é importante ter em mente que um sistema ou tecnologia não pode ser imposto a uma empresa apenas por questões de preferência pessoal ou para melhorar a imagem da organização.

A imposição de uma tecnologia deve seguir os princípios básicos de que sua aplicação está diretamente ligada ao serviço prestado por ela por bom tempo na empresa, por isso boas escolhas alinhadas com o negócio da empresa podem influenciar diretamente no desenvolvimento de seu próprio negócio.

1.3 PROFISSIONAIS DE GESTÃO DE TECNOLOGIA

A tecnologia proporciona mudanças drásticas e quebras de paradigma em, basicamente, todas as áreas. Atualmente, para uma empresa em crescimento, ou pelo menos em condições para tanto, é evidente que a aplicação das inovações tecnológicas propicia melhor controle interno com informações no tempo ideal e com a confiabilidade necessária para sua permanência no mercado. Nesse quadro de atualizações, percebem-se, inclusive, as grandes mudanças até no próprio campo da tecnologia, em que tais alterações proporcionaram a modelagem de um profissional que persegue as conquistas tecnológicas e ajuda na concepção de novos paradigmas.

Para entender corretamente essas mudanças e como influenciaram os profissionais de tecnologia, pode-se dividir a revolução tecnológica em quatro grandes momentos:

» Informática isolada, década de 1970: nessa época, a informática era conhecida como processamento de dados, por conta do grande volume de processamento existente no departamento da empresa do mesmo nome. Esta fase é representada pelos grandes *mainframes* e pelos profissionais de tecnologia extremamente especializados. Nesse momento, os profissionais de informática eram os grandes "donos" dos dados, pois somente eles tinham acesso direto a seu conteúdo e a seu tratamento.

Figura 1.2 Ambiente de um *mainframe* IBM 360 Model 50

Fonte: SoftSmith 2007.

» Informática distribuída, década de 1980: marcado pelo surgimento e popularização dos microprocessadores, cujo principal símbolo é o PC (*personal computer*).

Nessa fase, os profissionais de informática visualizaram novas perspectivas de atuação em consequência das novas aplicações das tecnologias, agora em cada mesa havia um PC para tarefas básicas, como digitação de textos e desenvolvimento de planilhas. Nesse ponto, a denominação desse profissional foi alterada substituindo-se a palavra informática por tecnologia da informação.

Figura 1.3 PC ou computador pessoal

Fonte: Acervo do autor.

» Informática amigável, década de 1990: marcada pelo surgimento dos ambientes gráficos e a internacionalização dos *software*s em multilinguagens junto com o crescimento exponencial da internet e seus serviços, que ampliaram a área de atuação desse profissional. A internet se transforma em uma aplicação de grande importância para as organizações, as quais necessitam de profissionais que possam integrar as novas tecnologias aos negócios de que essas empresas se ocupam. Esse profissional é escasso no mercado de trabalho diante do crescimento estrondoso desse setor.

Figura 1.4 Evolução do ambiente gráfico

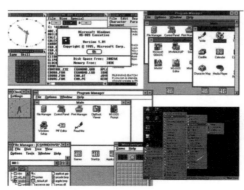

Fonte: Acervo do autor.

» Informática conectada, primeira década de 2000: simbolizada pelo grande ápice da fusão informática com telecomunicações, em que os aparelhos de telefonia celular e os dispositivos de computação de mão (*handhelds*) permitem que pessoas, profissionais e interessados estejam conectados o tempo todo. A internet por celulares, celulares com câmera digital, os *pocket*-PCs *phone edition*, *smartphones*, *tablet*-PCs, notebooks e laptops com redes sem fio são os elementos que permitem estarmos conectados praticamente em qualquer lugar e a qualquer hora. Nesse novo momento tecnológico, podem ser prestadas novas gerações de dispositivos, aplicações e serviços. Aqui os profissionais de tecnologia passam a ter um papel de integrador de tecnologias para facilitar esse processo de empresas conectadas.

Figura 1.5 Novos dispositivos inteligentes

Fonte: Acervo do autor.

Dessas grandes fases, o profissional de tecnologia deixa a posição de "dono dos dados" para um "profissional de suporte" no momento em que os microcomputadores distribuem o processamento dos dados em cada mesa em que há um computador. É a fase em que a informática se torna uma ferramenta para os outros profissionais, exigindo especialistas em cada área para prover o suporte necessário.

No penúltimo estágio é imprescindível que o profissional de tecnologia entenda do negócio da empresa para conseguir aplicar a tecnologia como vantagem competitiva. Assim, conceitos de gestão são necessários para definir a melhor forma de aplicar uma tecnologia em benefício da organização.

Na última fase dessa evolução, podemos perceber que as necessidades de aplicação de tecnologia em benefício do negócio da empresa extrapolam o uso de computadores e redes, tendo agora como aliados dispositivos de telefonia celular, dispositivos de computação de mão e computadores portáteis. Aqui, os profissionais da área precisam visualizar métodos de aplicação dessas tecnologias inovadoras também em situações de trabalho a distância (e-trabalho), integração da organização com todos os seus relacionamentos empresariais e no uso de facilitadores de negócio.

A fusão da tecnologia com outras áreas de atuação criou uma série de novos perfis profissionais na área de tecnologia. Dentre eles, destaca-se o CIO, que está intimamente ligado à alta administração de uma empresa, formando o elo entre as necessidades da organização e a aplicação da tecnologia em benefício da empresa.

A grande lição do exposto é que o profissional de tecnologia passou, e continua passando, por um processo de mudança de paradigma constante. Ele necessita, além do conhecimento técnico, ter um bom conhecimento e vivência em planejamentos, definição de estratégias e resolução de problemas, além de uma boa carga de empreendedorismo. O novo perfil do profissional de tecnologia envolve pontos fundamentais para a "saúde" da organização.

O perfil empreendedor desse profissional pode resultar em grandes vantagens para a empresa, no momento em que ele emprega a tecnologia para obter o crescimento da organização como se ele mesmo fosse parte integrante do quadro de proprietários da mesma.

Em muitas situações reais em empresas onde já se reconhece a importância estratégica de um gestor de informações ou CIO, pode-se questionar se a letra I da sigla não deveria ser trocada pela letra E fazendo uma alusão ao próprio diretor-presidente ou chefe executivo conhecido como CEO.

Isso se deve ao fato de que um profissional que consegue combinar os conhecimentos em tecnologia com gestão tem muitas competências que podem ser aproveitadas pela empresa se ele estiver na posição de CEO.

Dessa forma pode-se destacar as principais características e competências que um CIO ou gestor de informações precisa ter ou desenvolver para estar em uma posição de destaque, que são:

» Esse tipo de profissional precisa se posicionar como gestor de reestruturação do modelo de desenvolvimento migrando do modelo industrial para o modelo informacional.

» Ele deve ter uma boa capacidade de aprender e absorver a evolução tecnológica aliado a um sólido conhecimento do negócio desenvolvido pela empresa, selecionando, em cada momento, a melhor técnica a ser aplicada.

CAPÍTULO 1 • GESTÃO E TECNOLOGIA   13

» São requisitos essenciais para esse profissional a habilidade de gerencia-mento de projetos, entendimento da natureza e dinâmica do negócio da empresa, em que a tecnologia é aplicada juntamente com a facilidade de comunicação, espírito de liderança e conhecimento técnico apurado.

» É essencial que o gestor de informações tenha facilidade de relacionamento com as pessoas envolvidas na implantação e no uso da tecnologia.

» É necessário ter uma visão clara de como promover o alinhamento das ino-vações tecnológicas com o negócio da empresa, selecionando o que for re-levante e aplicando sempre a criatividade para que a aplicação da base tec-nológica seja revertida em oportunidades de negócio.

Impondo uma visão evolutiva do perfil profissional necessário a essa carreira, o artigo "Conheça o perfil ideal do CIO – mestre em relacionamento"[3] expõe a visão de alguns profissionais da área como uma atualização do que foi discutido anteriormente.

» Segundo César Tadeu Fava, atual CIO da Oracle e ex-CIO do Senac-SP, o componente-chave para ser um bom CIO é o relacionamento humano e o desenvolvimento de equipe.

» De acordo com Mauro Negrete, diretor-executivo da CTIP e ex-CIO da Cotia Trading, os elementos essenciais para esse profissional compreendem as seguintes qualidades: transparência, foco em metas claras, assertividades e, principalmente, humildade.

» Para Ione de Almeida Coco, vice-presidente regional da América Latina do Gartner Group, esse profissional deve saber delegar, ouvir, contratar e reter talentos e apresentar seus próprios resultados.

Ainda nesse contexto, Robert Wong,[4] em entrevista ao *site* CIO, destaca que as empresas procuram, atualmente, profissionais de tecnologia da informação que conciliem competências em tecnologia e negócios com a gestão de pessoas. Ele diz ainda que: "[...] encontrar esse perfil é uma verdadeira raridade".

---

3 *Revista Computerworld*. Disponível em: <http://computerworld.uol.com.br/gestao/2007/04/04/idgnoti-cia.2007-04-03.4465904301/>. Acesso em: 26 jun. 2012.

4 CIO UOL. Disponível em: <http://cio.uol.com.br/carreira/2009/08/03/>. Acesso em: 26 jun. 2012.

Diante de todos os elementos salientados, percebe-se que a natureza e a complexibilidade do negócio podem exigir alguma característica específica, mas o profissional que tiver um bom desempenho em todos esses itens pode ter uma posição de destaque no mercado de trabalho.

O objetivo principal de manter esse profissional em uma empresa, ou contratar os serviços de um consultor em sistemas de informação, é manter a empresa em um nível tecnológico competitivo, ou seja, esse profissional deve entender tanto da história quanto da tendência no que diz respeito à tecnologia da informação, bem como suas aplicações na organização – conhecer os métodos administrativos para executar o inter-relacionamento entre a tecnologia e a gestão da empresa, por exemplo –, pois apenas dessa forma a empresa pode reduzir prejuízos aparentemente imperceptíveis e direcionar seus negócios para um nível mais lucrativo.

Como delegações do CIO, pode-se destacar a liderança no redesenho dos métodos de negócio da organização e na reestruturação da infraestrutura de tecnologia com o intuito de aumentar a produtividade, sua eficiência e eficácia. São os profissionais mais indicados para o desenvolvimento de estratégias de negócio ligadas à internet.

Outro ponto relevante se resume no fato de que os melhores profissionais de tecnologia, muitas vezes, não são encontrados nas grandes empresas em consequência da extinção de muitos departamentos de tecnologia, dando lugar à terceirização da mão de obra. Esse fato pode melhorar o perfil profissional do CIO, pois é possível diversificar seu setor de atuação, permitindo o amadurecimento de suas capacidades ligadas a cada setor.

A falta desse profissional na organização pode acarretar um desenvolvimento desordenado no uso da tecnologia com computadores não padronizados, compras de tecnologia não controladas e com a formação de procedimentos automatizados viciados e burocráticos.

Assim, vê-se que não existe uma receita bem definida para formar o currículo de um bom CIO, mas a variação de sua experiência em diversos setores, sua capacidade criativa de resolver e encarar problemas, combinando seu quociente intelectual (QI)[5] com seu quociente emocional (QE),[6] junto com a facilidade de

---

5   QI: quociente intelectual é a capacidade de resolver problemas ligados à lógica e à matemática.

6   QE: quociente emocional é a capacidade de resolver problemas ligados à estabilidade emocional, como solucionar dificuldades sob pressão.

relacionamento com as pessoas e boas características de formação de opinião, pode representar grande destaque profissional.

1.4 A EVOLUÇÃO DOS SISTEMAS DE GESTÃO

As empresas passam por provações em todas as fases de sua vida e, dependendo da época, as abordagens ligadas à gestão de uma empresa têm foco diferenciado, pois seguem os paradigmas definidos na época.

Para conseguirmos entender como as fases históricas influenciam a abordagem da aplicação de sistemas em uma empresa, temos que observar os elementos catalisadores que promovem a imposição de mudanças estratégicas. Os grandes catalisadores de mudanças empresariais são a tecnologia disponível, o nível de integração dos países e a economia.

A aplicação inteligente dos aspectos tecnológicos aos processos de negócio pode trazer como resultado os seguintes itens:

» criação de novos produtos e serviços ou inovação nos existentes;
» estratégias especiais para abordar os elementos da cadeia de suprimentos, como fornecedores, distribuidores, representantes etc.;
» racionalização de processos internos, melhorando a eficiência empresarial;
» descoberta de novos nichos de mercado;
» exploração mais efetiva de segmentos de mercado já dominados;
» promoção do distanciamento da concorrência em termos de qualidade e aceitação de mercado;
» abordagem estratégica das disputas de mercado.

Se iniciarmos um estudo sobre a aplicação de tecnologia em prol da organização e evoluirmos esse estudo até hoje, podemos chegar ao seguinte resumo:

» Anos 1950: com uma abordagem operacional, aplicava a tecnologia na empresa em forma de SIT (Sistemas de Informações Transacionais), em que o foco consistia em conseguir promover controle no andamento das transações realizadas internamente na organização.

» Anos 1960: mudança para uma abordagem tática, com aplicação de tecnologia para promover a gestão de informações por área funcional com o surgimento dos SIG (Sistemas de Informações Gerenciais). Nesse ponto, as tarefas são levadas para o nível tático, mas sem desprezar o nível transacional.

» Anos 1970: uma combinação da abordagem operacional com a tática, cujo objetivo principal era a exploração de dados para tirar vantagem competitiva, tal procedimento era desenvolvido com a aplicação de SAE (Sistemas de Apoio Estratégico) com uma aplicação voltada a processamento de textos como resultado das análises. Ainda nessa fase, um pouco mais tarde, uma tentativa de melhorar o tratamento e entendimento dos dados levou ao aparecimento do SAD (Sistemas de Apoio à Decisão) em que o propósito era o desenvolvimento de simulações para a visão de prazo maior.

» Anos 1980: amplificação da abordagem estratégica, surgimento dos ES (Expert System – Sistemas Especialistas) para promover a substituição da análise humana pela orientada por módulos de inteligência artificial. Ainda nessa fase, aplicam-se os EIS (Executive Information System – Sistemas de Informação Executiva) que levam o processo de tomada de decisão para uma visão coordenada da organização e do contexto.

» Anos 1990: coordenação da abordagem entre operacional, tática e estratégica. Nesse ponto, a tecnologia é aplicada como um elemento facilitador dos processos de gestão empresarial. Concepção dos ERPs (Enterprise Resource Planning, também conhecidos como sistemas de gestão), cujo principal objetivo é a integração das informações geradas em toda a empresa e em todo o seu ciclo produtivo. Além disso, o desenvolvimento de uma visão mais exteriorizada da empresa resulta em sistemas de apoio à gestão do relacionamento com os clientes nos sistemas conhecidos como CRM (Customer Relationship Management – Gerenciamento do Relacionamento com o Cliente).

» Anos 2000: promovendo mais a exteriorização da visão estratégica nessa fase, são destacados os relacionamentos da empresa com fornecedores, distribuidores, instituições financeiras, empresas de logística, bem como a sua integração por meio de sistemas baseados na arquitetura SOA (Service Oriented Architecture – Arquitetura Orientada a Serviços), em que o foco é o estabelecimento de pontos de integração entre os sistemas da empresa com os sistemas das organizações ligados à sua cadeia de suprimentos e serviços, promovendo sistemas de múltiplas camadas e o mais alto nível de distribuição de sistemas.

De acordo com o exposto, podemos concluir que a evolução das ideias no campo de sistemas de informação parte de uma ênfase simplesmente operacional nos anos 1950, passando para o tático nos anos 1960, combinando os níveis operacional, tático e estratégico a partir dos anos 1970. Além disso, pode-se perceber que a partir dos anos 1990 a empresa começa a promover uma abordagem voltada para elementos externos à organização, iniciada pelo vínculo com os clientes e culminando na integração de sistemas com os relacionamentos de negócio da empresa.

A participação da empresa na era digital precisa estar alinhada com alguns requisitos básicos que são:

» promoção de preços mais baixos mantendo a qualidade;
» desenvolvimento do negócio em poucos nichos de mercado;
» promover a personalização de produtos e serviços;
» promover a fidelização de clientes, fornecedores, distribuidores e parceiros;
» envolver empresas parceiras para ajudar no desenvolvimento do seu próprio negócio.

TERMOS E CONCEITOS IMPORTANTES

- Automação
- CIO
- Era da informação
- Era digital
- Gestão de tecnologia
- Mecanização
- Revolução tecnológica
- Revolução da informação
- SOA
- Telemática

QUESTÕES PARA DISCUSSÃO

1. Quais foram as principais mudanças ocorridas com a revolução tecnológica?
2. Quais são as principais mudanças que a revolução tecnológica trouxe para a carreira do profissional de Tecnologia da Informação?
3. Qual é a principal diferença entre mecanização e automação?
4. Mencione uma vantagem e uma desvantagem da globalização para a empresa.
5. Como podemos definir telemática?
6. Faça um resumo das principais características profissionais de um CIO.
7. Em seu ponto de vista, qual seriam os principais problemas de uma empresa que tivesse seu sistema interno baseado apenas em tratamento de informações transacionais?
8. Quais foram os principais pontos vinculados à evolução de sistemas que as empresas precisaram desenvolver após os anos 1990?
9. No contexto de nosso conteúdo, o que significa distribuição de um sistema?
10. Cite e explique dois requisitos básicos que uma empresa precisa para estar alinhada e se manter na era digital.

 ESTUDO DE CASO

A gestão tecnológica

O uso crescente da tecnologia como ferramental para o desenvolvimento de negócios de todos os tipos juntamente com a popularização dos meios de comunicação que possuem como principal personagem a internet definiu uma nova necessidade empresarial: a gestão tecnológica.

O mais interessante deste termo é que muitos acreditam que a gestão tecnológica deve compreender apenas o gerenciamento dos recursos computacionais e de rede que a empresa possui. Nessa visão apenas o conhecimento técnico nas áreas de ciência e engenharia da computação seriam suficientes para o desenvolvimento desse gerenciamento.

A concepção das redes sociais em seus diversos tipos e finalidades incluíram um novo patamar de aplicação tecnológica para as empresas, de forma que diversos departamentos da mesma possuem cada vez mais ferramentas e relacionamentos com a tecnologia.

CAPÍTULO 1 • GESTÃO E TECNOLOGIA   19

Esse quadro deixa claro que a tecnologia precisa de uma nova visão empresarial e não apenas ser um ferramental para os departamentos, mas um mecanismo de ampliação de oportunidades de negócio e evidenciamento das características de qualidade e inovação de uma empresa.

Um profissional responsável pela gestão da tecnologia da informação precisa ter uma visão que extrapola apenas a visão técnica da área tecnológica envolvendo conceitos de processos, gestão de pessoas, características de negócio, visão de mercado etc.

As empresas buscam agora um profissional de gestão de tecnologia que possa ir além do conhecimento de equipamentos (*hardware*), programas (*software*) e redes de computadores, mas saiba aplicar as inovações tecnológicas em seus processos e em novas oportunidades de negócio.

O processo de amadurecimento dessa área de gestão iniciou-se com a necessidade de profissionais que conseguiram promover o alinhamento de negócios com tecnologia.

O ponto central na revolução ligada à gestão de tecnologia baseou-se na definição das normas e boas práticas para esse campo que envolvem documentos como Cobit, Itil e diversas normas ISO. Isso resultou na profissionalização da área com a definição de linhas-guia para auxiliar os gestores de TI menos experientes, baseada em experiências de diversos gestores no mundo inteiro.

É importante destacar que muitos desses documentos têm foco puramente na gestão e não na tecnologia que será aplicada, pois fica a critério do gestor definir a melhor tecnologia disponível para promover o objetivo necessário.

Sendo assim, é de grande importância que todos os profissionais que buscam carreiras em gestão de tecnologia empenhem-se em ter o máximo de conhecimento e certificações dessas normas sem se esquecer de manter no mais alto nível de conhecimento com relação à atualização tecnológica.

É preciso lembrar que o desenvolvimento de conhecimentos de gestão são cruciais para um entendimento amplo da aplicação dessas normas e manuais de boas práticas. Especializações e cursos de extensão em gestão de projetos, técnicas e rotinas administrativas, gestão de custos, entre outros, são essenciais para a formação de um bom currículo para o profissional de gestão de tecnologia.

Este, sim, deve ser o planejamento ideal para o fortalecimento e ascensão profissional de aspirantes da área tecnológica.

? Questões do estudo de caso

1. A gestão de tecnologia envolve apenas o controle e manutenção de dispositivos de *hardware* e *software* de uma empresa? Explique.
2. O conhecimento de um gestor em tecnologia deve se basear apenas em conhecimento técnico da área tecnológica? Explique.
3. Quais são considerados elementos essenciais para o fortalecimento da área de gestão de tecnologia?

INTRODUÇÃO A SISTEMAS

"O QI de uma empresa é determinado pelo grau em que sua infraestrutura conecta, compartilha e estrutura informações. Aplicações e dados isolados, por mais impressionantes que sejam, podem produzir sábios idiotas, mas não um comportamento empresarial altamente funcional."

Steve H. Haeckel e Richard L. Nolan
Managing by wire: using IT to transform a business from 'Make-and-Sell' to 'Sense-and-Respond'.[1]

AO FINAL DESTE CAPÍTULO, VOCÊ VAI:

1. Entender a conceituação de sistemas e subsistemas com o intuito de criar especializações relacionadas.
2. Entender a evolução da área de sistemas nas empresas e suas áreas de ênfase em cada etapa.
3. Desenvolver uma visão sistêmica da organização e o tipo de sistema no qual a empresa melhor se encaixa.
4. Conhecer os indicativos de rendimento administrativo que auxiliam o controle da vida da organização.
5. Ter a capacidade de classificar sistemas com relação ao nível gerencial que auxiliam.

---

1 In LUFTMAN, Jerry N. Competing in the information age. *Strategic alignment in practice*. Oxford: Oxford University Press, 1996.

▶ 2.1 INTRODUÇÃO

Quando se fala em sistemas, a maioria das pessoas visualiza os sistemas de computação que automatizam as tarefas diárias, mas o conceito de sistemas é muito mais amplo. Para que se possa compreendê-lo, é necessário o entendimento da evolução do desenvolvimento científico e da inteligência humana.

A sociedade sofre a sua evolução em consequência do desenvolvimento de sua inteligência, somada ao desenvolvimento científico.

O homem foi impulsionado a desenvolver sua inteligência com base em três características:

» o medo: a não compreensão de determinados fenômenos forçava sua mente a deduzir explicações;
» o misticismo: quando o homem tenta explicar os fenômenos estranhos a ele com teorias mágicas;
» a ciência: em que o homem tenta resolver as maiores interrogações que vivencia por meio de explicações lógicas, buscando comprovar as causas dos fenômenos.

Além do desenvolvimento científico, os parâmetros contidos em um problema cresceram de forma exponencial e cada vez mais complexa, impossibilitando que uma única área abarque todas as explicações dos fenômenos existentes.

Segundo o filósofo inglês Herbert Spencer (1820-1903) na obra *Primeiros princípios*,[2] um organismo social assemelha-se a um organismo individual no seu crescimento. Conforme se torna mais complexo, necessita de mais relações de interdependência. Em ambos os casos, há uma integração cada vez maior, aliada a uma heterogeneidade maior também.

Diante desse quadro, foi criado o conceito de especialização, que separa os diversos fenômenos em áreas de estudo. Essa especialização tem de ser criteriosa, pois, quando uma pessoa se especializa em determinada área, acaba tendo uma visão limitada das demais. Assim, é importante a especialização acompanhada da

---

2   SPENCER, Hebert. In Infopédia. Porto: Porto Editora, 2012. Disponível em: <http://www.infopedia. pt/$herbert-spencer>. Acesso em: 11 set. 2012.

consciência da sua interação em determinado contexto um pouco mais amplo, isto é, é preciso que os "especialistas não percam a sua visão geral".

A sociedade atravessa um momento de constantes mudanças de paradigma tecnológico e histórico, caracterizado pela ocorrência de alterações capazes de afetar as técnicas e os processos de produção e, indiretamente, criar novas relações sociais, econômicas e políticas. De acordo com Claude Lévi-Strauss, na obra *Antropologia estrutural*,[3] uma estrutura oferece um caráter de sistema, consistindo em elementos combinados de tal maneira que qualquer modificação em um deles implica modificação em todos os outros.

A grande meta da sociedade é reunir todas as fontes de dados e informações existentes e organizá-las, tendo em vista tornar acessível todo dado desejado na mesma velocidade em que ele é necessário aos tomadores de decisão em qualquer atividade.

Em 1924, o biólogo alemão Ludwig von Bertalanffy (1901-1972) iniciou a elaboração de uma teoria – mais tarde denominada Teoria geral dos sistemas, foi concluída em 1937, mas divulgada somente em 1951 com a publicação do livro *General system theory*[4] – que introduz o conceito de sistemas de maneira a ser aplicado em qualquer área.

O movimento existente no período da Segunda Guerra Mundial referente à organização necessária e à especialização de áreas para permitir que os combates ocorressem com todos os recursos possíveis permitiu o desenvolvimento de diversas teorias e a especialização no que se chama de "visão agregativa". Essa visão, combinada com o trabalho de Bertalanffy, definiu a necessidade da aplicação da Teoria geral dos sistemas nas diversas áreas do conhecimento.

A Teoria geral dos sistemas é interdisciplinar e capaz de transcender os problemas tecnológicos e explicar cada área com princípios gerais, bem como o uso de modelos, de maneira que todas as áreas da ciência possam interligar as descobertas com conceitos comuns a cada uma delas. Essa teoria permite demonstrar o isomorfismo das várias ciências, possibilitando a maior aproximação entre as suas fronteiras e o preenchimento dos espaços vazios que há entre elas. Pode ser considerada totalizante, pois é impossível entender os sistemas como um

---

3   LEVI-STRAUSS, Claude. *Antropologia estrutural*. 1. ed. São Paulo: Cosac Naify, 2008.

4   BERTALANFFY, Ludwig von. *Teoria geral dos sistemas*: fundamentos, desenvolvimento e aplicações. Petrópolis: Vozes, 2008.

todo apenas pela análise individual, o que cria uma dependência recíproca e a interligação das áreas.

Ela ressalta dois conceitos ligados a sistemas de considerada importância: o do propósito (objetivo) e o do globalismo (totalidade).

Uma definição clássica para sistemas pode ser *o conjunto estruturado ou ordenado de partes ou elementos que se mantêm em interação, ou seja, em ação recíproca, na busca da consecução de um ou de vários objetivos*. Assim, um sistema se caracteriza, sobretudo, pela influência que cada componente exerce nos demais e pela união de todos (globalismo ou totalidade), para gerar resultados que levam ao objetivo esperado.

De maneira mais sucinta, podemos definir *sistema* como sendo o conjunto de elementos interdependentes, ou um todo organizado, ou partes que interagem formando um todo unitário e complexo. Existem muitos sistemas que fazem parte de nosso dia a dia. Por exemplo, se olharmos uma cidade, podemos afirmar que ela é um sistema urbano que apresenta interações com os vários elementos que a compõem. São eles:

» sistema de transporte;
» sistema de água e esgoto;
» sistema de energia elétrica;
» sistema controle de trânsito;
» sistema de segurança pública e outros.

Figura 2.1 Exemplo do conceito de sistema e subsistema

Fonte: Elaborado pelo autor.

CAPÍTULO 2 • INTRODUÇÃO A SISTEMAS   25

Podemos afirmar ainda que um sistema tem subdivisões passíveis de acumular certos conceitos que, quando aglomerados, demonstram o todo. Definimos, então, subsistema como um sistema menor, possuidor de elementos que fazem parte de um sistema maior.

Como exemplo disso pode-se destacar o sistema urbano, o qual apresenta o subsistema de transporte, que, por sua vez, pode ser subdividido em sistema de transporte urbano (ônibus circular), transporte ferroviário (trens), transporte metroviário (metrôs) etc.

A definição de sistema pode ser ainda dividida em dois grupos:

» sistema fechado: aquele que não sofre ação externa, ou seja, somente seus elementos têm interação entre si;
» sistema aberto: aquele que sofre ações interna e externa, ou seja, além de existir uma interação entre os seus elementos, também sofre pressão de elementos externos, outros subsistemas ou sistemas.

2.2 GESTÃO DO PONTO DE VISTA SISTÊMICO

A visão sistêmica conceitua a inter-relação entre os conhecimentos existentes; nesse sentido, a gestão de empresas pode ser definida nesse contexto para que ele possa ser estendido para as organizações.

A abordagem sistêmica da gestão trata de três escolas ideológicas principais: cibernética e administração; teoria matemática da administração; e teoria de sistemas.

Sob o ponto de vista sistêmico, a área de estudo que tem esse foco concentra-se na escola ideológica da cibernética e administração. Por mais que na maioria das vezes as pessoas imaginem que a cibernética é a área de robótica, o conceito de cibernética é muito mais amplo, estando incluso também no entendimento da robótica.

2.2.1 Cibernética e administração

A cibernética é uma ciência relativamente jovem e ainda em desenvolvimento. Foi criada por Norbert Wiener (1894-1964) na década de 1940, na mesma onda de desenvolvimento em que foi concebida a Teoria geral dos sistemas e o primeiro computador de que se tem notícia. É a ciência da comunicação e do controle, relativa tanto aos seres humanos como à máquina. A comunicação é que torna os sistemas integrados e coerentes, e o controle é que regula o seu comportamento.

A cibernética pode ser entendida como o conjunto formado pelos processos e sistemas que transformam a informação e a concretizam em processos físicos, fisiológicos, psicológicos etc. É a teoria dos sistemas de controle, que tem como base dois pontos principais: a comunicação (transferência de informações) interna (dentro do sistema) e a externa (entre o sistema e o meio); e o controle (retroação) da função dos sistemas com respeito ao ambiente.

A principal área de estudos da cibernética são os sistemas, que podem ser definidos como qualquer conjunto de elementos dinamicamente relacionados entre si, formando uma atividade para atingir um objetivo, operando sobre entradas e fornecendo saídas processadas. A definição dos elementos, as relações entre eles e os objetivos (ou propósitos) constituem os aspectos fundamentais da modelagem de um sistema.

Os sistemas caracterizados como cibernéticos apresentam três propriedades principais:

» são excessivamente complexos, portanto devem ser observados por meio do conceito de abstração;
» são probabilísticos, portanto devem ser analisados por meio da estatística e da teoria da informação;
» são autorregulados, por isso devem ter o enfoque por meio da realimentação, que garante a "autorresolução" de problemas de menor importância.

O sistema cibernético apresenta muita diversidade e é extremamente complexo. Assim, pode ser considerado uma máquina transformadora de informações, principalmente no que se refere às suas relações com o ambiente, pois a maneira como desenvolve suas atividades depende de sua capacidade de receber, armazenar, transmitir e modificar informações.

A cibernética apresenta um grande problema no que diz respeito à representação de sistemas originais por meio de outros sistemas modelados, ou seja, os modelos definidos para demonstrar os sistemas originais não são potencialmente iguais. No sentido literal da palavra, modelo é a representação simplificada de alguma parte da realidade.

O uso de modelos é necessário por três razões principais:

» a manipulação de entidades reais (pessoas ou organizações) é socialmente inaceitável ou legalmente proibida;
» o volume de incerteza com que a gestão está lidando cresce rapidamente e faz aumentar desproporcionalmente as consequências dos erros;
» a capacidade de construir modelos que constituem boas representações da realidade aumentou bastante.

Na construção de um modelo, devem ser considerados o isomorfismo (que atribui modelos a sistemas semelhantes) e o homomorfismo (que atribui modelos a sistemas que possuem características de proporcionalidade de formas).

Dessa forma, um sistema pode ser representado por um modelo reduzido e simplificado, por meio do homomorfismo do sistema original, o que pode ser compreendido melhor no caso do uso de maquetes ou plantas de edifícios, diagramas de circuitos elétricos ou eletrônicos, organogramas de empresas, fluxogramas de rotinas e procedimentos, modelos matemáticos de decisão, e outros.

Com base na definição de um modelo do sistema, pode-se definir que ele recebe *entradas* (*inputs*) ou *insumos* para poder operar, processando ou transformando essas entradas em *saídas* (*outputs*). A entrada de um sistema é aquilo que o sistema importa ou recebe do seu mundo exterior. Pode ser constituída de um ou mais desses elementos: dados ou informações iniciais, energia, material, força de trabalho etc.

A saída é o resultado final da operação ou processamento de um sistema. Todo sistema produz uma ou várias saídas. Por meio dela, o sistema retorna o resultado de suas operações para o meio ambiente.

Para melhor entendermos as complexidades dos sistemas cibernéticos, podemos utilizar o conceito de abstração, tratando o processamento como uma caixa-preta. Esse conceito refere-se a um sistema cujo interior não pode ser desvendado, cujos elementos internos são desconhecidos, só podendo ser explorados "por fora", por intermédio de manipulações ou observações externas. Essa idealização pode ser utilizada principalmente quando: o sistema é impenetrável ou inacessível; ou quando o sistema é excessivamente complexo, de difícil explicação ou detalhamento.

Figura 2.2 Esquema de um sistema cibernético aberto

A realimentação (*feedback*) nos sistemas cibernéticos serve para comparar a maneira como um sistema funciona em relação ao padrão estabelecido para ele funcionar (*setpoint*): quando ocorre alguma diferença (desvio ou discrepância) entre ambos, a realimentação incumbe-se de regular a entrada para que sua saída se aproxime do padrão estabelecido. Ela confirma se o objetivo foi cumprido e o que é fundamental para o equilíbrio do sistema.

Figura 2.3 Esquema de um sistema cibernético fechado

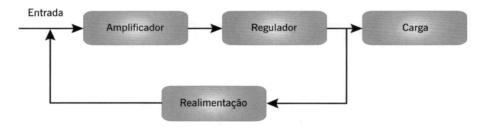

Nos sistemas reais, podem ser encontrados dois tipos de realimentação básicos:

» realimentação positiva: a ação estimuladora da saída que atua sobre a entrada do sistema. Nesse caso, o sinal de saída amplifica e reforça o sinal de entrada;
» realimentação negativa: a ação frenadora e inibidora da saída que atua na entrada do sistema. Nesse caso o sinal de saída diminui e inibe o sinal de entrada.

A realimentação possibilita impor correções no sistema, a fim de adequar suas entradas e saídas e reduzir os desvios ou discrepâncias para regular seu funcionamento.

2.3 ANÁLISE DO SISTEMA EMPRESA

Quando uma empresa e suas atividades são examinadas, pode-se determinar facilmente sua conceituação como um sistema, pois seus elementos interagem. E, mais ainda, define-se uma empresa como um sistema aberto, pois ela sofre interação dos seus subsistemas (departamentos) e do ambiente externo (mercado em que atua).

Para o correto entendimento do funcionamento de uma empresa é necessário relacioná-la com um modelo sintetizado de suas diversas funções e suas relações entre os elementos internos e externos.

A empresa está imersa em um ambiente extremamente dinâmico e sofre pressões constantes, sem falar de seu próprio dinamismo interno. Dessa maneira, o sistema organizacional precisa ter agilidade de resposta para poder sobreviver no mercado em que se encontra.

Genericamente, a empresa pode ser retratada como mostra a Figura 2.4:

Figura 2.4 Modelo genérico simplificado do sistema empresa

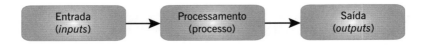

As entradas de uma empresa podem ser todo o tipo de matéria-prima, seja um produto para fabricação, seja algum tipo de dado para uma prestação de serviço. A mão de obra empregada também é um item de entrada no sistema empresarial.

O processamento é qualquer tipo de tratamento ou transformação dado à matéria-prima inicial, a fabricação de um produto ou bem ou, ainda, o desenvolvimento do serviço a ser prestado. Na linguagem empresarial, o processamento pode ser entendido como o conjunto de processos internos da organização para cumprir a sua atividade.

A saída é exatamente o resultado do processamento, o produto a ser comercializado ou o projeto final de algum trabalho intelectual.

Um sistema bem organizado apresenta algum tipo de realimentação (ou *feedback*) que é o processo de inclusão de modificações no sistema inicial perante suas variações internas e externas.

Todas essas explicações levam a pensar que estamos tratando de características da computação, mas é claro que esses conceitos podem ser ampliados, sendo utilizados para dimensionar e projetar os sistemas computacionais existentes. Mas, quando se percebe que uma empresa sofre ações de parâmetros internos (subsistema de estoque, financeiro, marketing e vendas, publicidade etc.) e externos (meio ambiente, economia do país, globalização, condições socioeconômicas do país etc.), e que, entendendo o funcionamento desse sistema, é possível reagir mais eficazmente às ações impostas, compreendemos a importância dessa conceituação.

A interação entre os vários subsistemas se define como todas as entradas e saídas de material, energia e informações, podendo, nesse caso, definir o fluxo do processo interno da empresa e, assim, controlar melhor todo o seu funcionamento.

O sistema de informação, sendo um subsistema da empresa, pode ser definido como todo e qualquer sistema que apresente dados ou informações de entrada que tenham por fim gerar informações de saída para suprir determinadas necessidades.

A Figura 2.5 apresenta um interessante gráfico de representação do sistema empresa ou organização, que mostra, inclusive, a sua interação com o meio em que atua.

Figura 2.5 A empresa como um sistema aberto e suas interações

Fonte: Elaborado pelo autor.

2.4 ESTRUTURAÇÃO SISTÊMICA DA ORGANIZAÇÃO

Do ponto de vista da gestão de empresas em concordância com a definição de sistemas, existem dois elementos fundamentais para a tomada de decisão: os

CAPÍTULO 2 • INTRODUÇÃO A SISTEMAS   31

canais de informação e as redes de comunicação. Os canais de informação dizem respeito aos pontos de localização (origem das informações) que são importantes para a obtenção das informações desejadas. As redes de comunicação são referentes à integração e à colaboração das informações existentes para disponibilizá-las a todos os pontos em que elas sejam necessárias.

Esses dois itens precisam de atenção especial por parte da organização quando se pretende tomar decisões fundamentadas e ter segurança com relação a determinados riscos assumidos. Os canais de informações definem onde serão adquiridos os dados, e as redes de comunicação definem como eles chegarão às mãos de quem realmente precisa deles.

Uma empresa gera milhares de dados relativos a seu funcionamento, como dados de produção, de vendas, de recebimentos, de pagamentos etc. Entendem-se como *dados* o conjunto que expressa um fato isolado gerado por uma atividade que pode ser controlada, ou seja, tudo o que é gerado no dia a dia da empresa é um dado, também conhecido como atributo.

Mas a grande quantidade de dados existente não teria nenhuma importância se não pudéssemos organizá-los e classificá-los conforme a nossa necessidade. Os dados organizados e classificados para suprir um objetivo específico são chamados de *informação*.

Como a empresa depende de informações precisas e confiáveis para a tomada de decisão, a busca por mecanismos que auxiliem os profissionais a definir a melhor maneira de estudar as informações é de importância fundamental para os proprietários e gestores de empresas.

As organizações de sucesso sempre possuíram como alicerce a disponibilidade de informações apropriadas para as tomadas de decisão. Para uma empresa, não é necessário controlar apenas as informações operacionais, ou seja, aquelas que definem seu funcionamento interno, é importante também que ela colete e controle informações disponíveis no mercado.

Segundo Mário Kempenich, diretor da Strategia Consultoria Empresarial,[5] 80% das informações estão disponíveis no mercado, portanto não é preciso ser um espião para encontrá-las e saber coletá-las. Dessa maneira, fica clara a necessidade de possuir canais de informação diretamente no mercado e poder filtrar as características importantes para o desenvolvimento de sua atividade.

---

5   Kempenich, Mário. *Market biruta*. Salvador: Casa da Qualidade, 1997.

Os dois maiores problemas empresariais para as tomadas de decisão podem ser resumidos no fato de que nem sempre as informações estão disponíveis para o nível tático da organização; e o grande prejuízo para a organização está na rapidez com que as informações se desatualizam.

O grande volume diário de crescentes dados de funcionamento de uma organização precisa estar em um nível de atualização tal que permita aos tomadores de decisão a definição de estratégias baseadas em dados confiáveis e o mais condizente possível com o acontecimento. Muitos sistemas empresariais demoram a atualizar o seu conjunto de dados, criando o primeiro problema descrito anteriormente. Além disso, as informações se tornam impróprias em muito pouco tempo, ou seja, a velocidade de desatualização das informações é muito alta para serem confiáveis a uma decisão tardia.

Assim, a única maneira de uma empresa se tornar cada vez mais competitiva é possuir a vasta gama de informações de todas as interações de seus subsistemas internos e sistemas externos para aumentar a sua capacidade de resposta às tormentas do ambiente em que se encontra.

Todo esse conjunto de dados a serem coletados nos diversos sistemas tem de ser gerenciado por alguma estrutura que permita o armazenamento de grandes quantidades de informações, o processamento rápido do que lhe for solicitado e a disponibilidade dessa informação para qualquer integrante do sistema que tenha a devida autorização para acessá-la.

Hoje, essa estrutura é, na verdade, um conjunto de equipamentos interconectados por redes que permitem o fluxo das informações de maneira mais eficaz. Para o controle do conjunto de informações que fluem por essa estrutura, temos os sistemas de informação, que obtêm e armazenam informações e permitem a consulta e a emissão de relatórios de acordo com as necessidades dos gestores.

2.5 INDICADORES EMPRESARIAIS E A INFORMAÇÃO

Uma empresa necessita de alguns indicadores para auxiliar na modelagem da visão de sua "saúde" financeira, de mercado, de satisfação de clientes etc. Esses indicadores são a base para o processo de tomada de decisão, dessa forma, precisam ser corretamente entendidos e captados em suas fontes.

CAPÍTULO 2 • INTRODUÇÃO A SISTEMAS   33

Um sistema de informação precisa ser o elemento facilitador para a obtenção desses dados e para a sua correta disponibilização no momento certo para as pessoas certas.

O correto entendimento dos diversos conceitos ligados aos sistemas de informação e às novas estruturas organizacionais depende de termos básicos introdutórios que são:

» Organização: toda associação ou instituição que tenha objetivos formal ou informalmente definidos.
» Virtual: algo predeterminado e que detém todas as condições essenciais para a sua realização.
» Organizações virtuais: associações ou instituições com objetivos definidos, com todas as condições essenciais para a realização deles, sem que sejam necessários outros predicados quaisquer, como espaço físico, móveis e utensílios de escritório, podendo ou não ser regidas por estruturas formais, leis, regras escritas etc.
» Sistema: a disposição das partes de um todo que, de maneira coordenada, formam a estrutura organizada, com a finalidade de executar uma ou mais atividades ou, ainda, um conjunto de eventos que se repetem ciclicamente na realização de tarefas predefinidas.
» Informação: resultado do tratamento dos dados existentes acerca de alguém ou de alguma coisa. A informação aumenta a consistência e o conteúdo dos dados relacionados.
» Gerencial: toda atividade relativa à gerência ou ao gerente.
» Sistemas de informação gerencial: conjunto de tecnologias que disponibilizam os meios necessários à operação do processo decisório em qualquer organização por meio do processamento dos dados disponíveis. É um sistema voltado para coleta, armazenagem, recuperação e processamento de informações usadas ou desejadas por um ou mais executivos no desempenho de suas atividades. É o processo de transformação de dados em informações que são utilizadas na estrutura decisória da empresa e proporcionam a sustentação administrativa para otimizar os resultados esperados.
» Atividade: a menor parte de um processo, qualquer ação ou trabalho específico executado, seja pelo ser humano, seja pela máquina.

» Processo: a maneira como se realiza uma operação, seguindo normas pre-estabelecidas ou, ainda, a maneira como uma empresa cria, trabalha ou transforma insumos para gerar bens ou serviços que serão disponibilizados a seus clientes.

» Eficiência: parâmetros que possam medir a capacidade da empresa para a resolução de problemas com base nas informações geradas pelo seu sistema. A capacidade que uma empresa possui para resolver suas pressões internas pode ser avaliada pela eficiência empresarial, que mede a capacidade da empresa de utilizar o método ou modo correto de fazer as coisas.

> "Empresa eficiente é aquela que consegue o seu volume de produção com o menor dispêndio possível de recursos (menor custo por unidade produzida)."[6]

» Eficácia: a capacidade da empresa de responder às pressões externas do seu ambiente pode ser avaliada pela eficácia empresarial, que mede os resultados com relação às imposições de mercado.

> "Uma empresa eficaz coloca no mercado o volume pretendido do produto certo para determinada necessidade."[7]

O fato de a empresa conseguir operar mantendo níveis aceitáveis de eficiência e eficácia não quer dizer que obterá sucesso. Apenas esses dois indicadores de rendimento não permitem que a empresa permaneça em uma posição de destaque por muito tempo, dada a natureza dinâmica do mercado atual.

A maneira de se manter em um nível aceitável de rendimento empresarial deve levar em conta a capacidade da empresa de absorver mudanças e de se moldar às novas realidades de mercado, com uma velocidade mais próxima do possível.

---

6   BIO, S. R. *Sistemas de informação*: um enfoque gerencial. São Paulo: Atlas, 2. ed., 2008.

7   BIO,1985, p.21.

Esse nível de atualização está intimamente ligado à capacidade que uma empresa tem de captar dados de seu funcionamento tanto para as operações internas quanto para as interações com o ambiente, bem como a sua capacidade de transformá-los em uma informação proveitosa que possa culminar em conhecimento.

2.6 CLASSIFICAÇÃO DE SISTEMAS

Hoje, existem sistemas para as mais diversas aplicações e alguns têm uma visão apenas voltada para a gestão e coleta de dados e outros possuem uma abordagem muito mais ampla. Essa visão ampla inclui processamentos que possam auxiliar no processo de tomada de decisão, desenvolvimento de planejamentos e cenários, acompanhamento do passado e do presente, além da definição de tendências e comportamentos esperados.

Os sistemas, do ponto de vista empresarial, podem ser classificados de acordo com a sua forma de utilização, o tipo de retorno dado ao processo de tomada de decisão e número de pessoas envolvidas com ele. A Figura 2.6 representa essa realidade.

Figura 2.6 Classificação de sistemas

Fonte: Elaborado pelo autor.

Para entendermos melhor os detalhes de cada nível vamos discutir pontualmente cada um dos tipos citados.

2.6.1 Sistemas empresariais básicos

Também conhecidos como sistemas operacionais da organização, são aqueles utilizados para realizar as tarefas rotineiras da empresa, essenciais para conduzir a organização. Atendem ao nível mais elementar da empresa, aumentando o controle das atividades diárias. Os exemplos mais comuns desses sistemas são os controles dos dados operacionais da organização, como controle de estoque, emissão de nota fiscal, controle de recursos humanos, controles do departamento pessoal etc.

Esses sistemas são responsáveis pelo próprio funcionamento da organização, pois implementam as transações[8] que desenvolvem a sua atividade. Sua principal função é manipular os dados básicos da organização e armazená-los a fim de que fiquem disponíveis para o nível tático da organização.

Apesar de nem sempre ser atribuído o devido valor a esse tipo de sistema, ele é considerado essencial para o funcionamento da organização, pois permite que ela continue funcionando. Um ponto interessante desse fato é que as empresas acabam tornando-se dependentes desses sistemas, de forma que sua paralisação pode acarretar diversos prejuízos diretos ou indiretos.

Assim, é importante dimensionar a estrutura que irá manter o sistema com alguns sistemas tolerantes a falhas (*hardware* reserva, sistemas de *backup*), como será descrito adiante.

Outro ponto a destacar é que muitas empresas consideram que ter apenas um sistema desse tipo é suficiente para promover um bom sistema de gestão baseado em tecnologia.

Apesar de esses sistemas serem a base para a coleta de dados internos, eles precisam ser complementados com outros tipos para uma convergência desses dados em conhecimento empresarial.

2.6.2 Sistemas de automação de escritório

Toda e qualquer tecnologia de informação que tem como objetivo principal aumentar a produtividade dos trabalhadores que manipulam informações de

---

8   Transação: registro de um evento que necessita de resposta da organização.

escritórios. Nesse caso, são utilizados pacotes de aplicativos de escritórios (ou suíte de aplicativos, como o Office, da Microsoft; o StarOffice, da Sun Microsystem; o Corel Suite, da Corel; e o OpenOffice da OpenOffice.org) pelos trabalhadores de informação, que são os responsáveis pelo processamento das informações para organizá-las em um formato necessário à realização do seu trabalho.

Os pacotes de aplicativos (suítes) normalmente são compostos de um processador de textos, algum programa de planilha de cálculo, gerenciadores de apresentação e gerenciadores de bancos de dados.

Outros programas considerados dessa família são:

» programas de editoração eletrônica, utilizados para a criação de cartazes, diagramações em geral. Exemplos: Publisher, InDesign etc.;

» programas de comunicação de escritórios, como gerenciadores de fax, gerenciadores de correio eletrônico; de modo geral estão intimamente ligados a dispositivos de telecomunicações e redes. Exemplos: Outlook Express, Pegasus, Lotus Notes etc.;

» programas para gerenciamento de cronogramas, como agendas que permitem a marcação de reuniões de forma individual ou em grupo. Exemplo: Microsoft Outllok, Lotus Organizer etc.;

» programas para gerenciamento de projetos, ou seja, sistemas que permitem o controle e a verificação de projetos executados em grupo ou não. Normalmente utilizam ferramentas como Pert/CPM,[9] diagrama de Gantt. Exemplos: Microsoft Project, OpenProj etc.;

» programas de colaboração, que permitem a colaboração de documentos e a inserção de comentários em ambientes de trabalho para grupos compartilhados, tais grupos são conhecidos como Groupware. Exemplos: Pacote Office a partir da versão 2007, Moodle, Sosius etc.

2.6.3 Sistemas de informação gerencial (SIG)

Esses sistemas oferecem um conjunto de relatórios resumidos sobre o desempenho da empresa, que são utilizados para a realimentação do planejamento

---

9   Pert/CPM: ferramenta para controle de projetos distribuídos, sigla de Project Evaluation and Review Method/Critical Path Method.

operacional. Eles são desenvolvidos com base no conhecimento específico do negócio, chamado de método de trabalho. E, com uma metodologia adequada para selecionar informações estratégicas e atividades críticas da empresa, os sistemas de informação gerencial utilizam ferramentas que permitem a visão analítica dos dados/processos, gerando visão agregada, integrada e gráfica dos principais indicadores de desempenho da empresa.

Tais sistemas, também conhecidos como MIS (Management Information Systems – Sistemas de Gerenciamento de Informação), lidam principalmente com as informações direcionadas aos gerentes de nível médio na organização. Precisam de um fluxo de informações bem estruturado para que possam funcionar. Também integram os sistemas do nível operacional da organização que utilizam o processamento eletrônico de dados (PED, originário de EDP – Electronic Data Processing).

Esse sistema possibilita a utilização de relatórios, consultas e visualizações dos dados, que são ferramentas incorporadas a algum tipo de gerenciador de banco de dados.

2.6.4 – Sistemas de suporte à decisão (SSD)

Podem ser considerados os sistemas que possuem interatividade com as ações do usuário, oferecendo dados e modelos para a solução de problemas semiestruturados e enfocando a tomada de decisão.

Constituindo o principal exemplo de tomadas de decisão auxiliadas pelo computador, esses sistemas devem possuir grande interação com os profissionais táticos da empresa, além de muita flexibilidade, adaptabilidade e capacidade de resposta rápida.

É importante lembrar que esses sistemas, ainda muito longe de tomarem decisões exatas no ambiente corporativo, são baseados em simulações ou cenários que permitem diversas visões do objetivo da tomada de decisão, sendo totalmente controlados por equipe especializada.

Os sistemas mais recentes de suporte à decisão possuem ainda suporte para estilos pessoais de tomadas de decisão e tratamento científico dos dados.

2.6.5 Sistemas de suporte executivo (SSE)

São sistemas que dão suporte ao desenvolvimento do planejamento estratégico da empresa e ajudam a definir os objetivos a serem estabelecidos.

CAPÍTULO 2 • INTRODUÇÃO A SISTEMAS   39

Costumam estar ligados ao nível gerencial do alto escalão da empresa. Esses sistemas formam a combinação dos sistemas anteriores e também com base em dados externos considerados relevantes para o processo de tomada de decisão nesse nível.

São diferenciados das outras famílias de sistemas, pois enfocam a alta administração, não têm intermediação técnica, solicitam maior quantidade de dados externos do que os sistemas descritos, podem conter dados estruturados e não estruturados, normalmente trabalham com tecnologias de ponta no que diz respeito a gráficos integrados, ferramentas de avaliação de cenários, tabelas dinâmicas, tabelas de referência cruzada e comunicações diversas.

2.6.6 Sistemas especialistas

São os sistemas ligados ao campo de inteligência artificial, que utiliza o computador para assistir, ou mesmo substituir, os tomadores de decisão. Esse tipo de sistema ainda está em fase de desenvolvimento e trabalha com o uso de cenários, redes neurais[10] e lógica *fuzzy*[11] para as tomadas de decisão.

Compõem-se de *software*s que pretendem adquirir conhecimentos em domínios limitados com o intuito de obter "conhecimento" e "experiência" dos seres humanos para aplicá-los na solução de problemas.

A estrutura genérica de um sistema especialista pode ser representada da seguinte forma:

» bases de conhecimento, compostas de regras e fatos;
» essas bases estão ligadas a um mecanismo que permite inferir sobre as regras e ações armazenadas na base do conhecimento;
» a base de conhecimento é a interface de relacionamento entre o sistema de inferência e o sistema de aquisição de conhecimentos;
» existência de um subsistema de explicação, que faz a interface com o usuário e o subsistema de aquisição de conhecimento integrado com o sistema de inferência.

---

10 Redes neurais: exemplo da abordagem de baixo para cima da inteligência artificial, pois é uma metáfora do funcionamento biológico do cérebro.

11 Lógica *fuzzy*: também conhecida como lógica difusa, é utilizada para demonstrar lógica com base em regras condicionais.

Normalmente, esse tipo de sistema conta com um profissional especializado, designado engenheiro ou analista do conhecimento, que controla toda a sua arquitetura e promove o suporte técnico.

2.6.7 Sistemas de informação geográfica

Também conhecidos como Geographic Information System (GIS), são sistemas de informação automatizados que permitem a integração de dados coletados de fontes heterogêneas, de maneira transparente ao usuário final.

O primeiro GIS foi desenvolvido por volta de 1970 como resposta à necessidade de armazenagem, análise e elaboração de relatório sobre informações geográficas no caminho da automação. Esse tipo de sistema foi projetado para possibilitar aos geógrafos planejadores e profissionais de outras áreas que utilizassem análise de dados espaciais ou geográficos para automatizar métodos manuais maçantes.

Ele é um conjunto de programas, equipamentos, metodologias, dados e pessoas (usuários) perfeitamente integrados, de maneira a tornar possível a coleta, o armazenamento, o processamento e a análise de dados georreferenciados, bem como produzir informações com base em processamentos dos dados obtidos.

Consiste numa ferramenta de análise que permite identificar a relação espacial entre as entidades dos mapas e as que armazenam os dados, tendo presente que eles podem ser criados, editados e analisados considerando alguma necessidade, e que são desenhados para ajustarem-se a propósitos específicos.

Atualmente, ganha maior potencial de aplicação quando atende a propósitos empresariais possibilitando a análise de tendências de mercado, busca de oportunidades, campanhas de marketing, planejamento de logística, monitoramento de ações concorrentes etc.

Em especial, para os subsistemas de marketing e logística da empresa em que as aplicações são muito mais visíveis. Em marketing, pode-se falar em sistemas de geomarketing que são baseados em sistemas GIS, mapas digitais, bases de dados diversas e informações distribuídas sobre mapas via satélite.

Em logística, aplica-se essa ferramenta no auxílio do roteiro de entregas que possa minimizar consumo de combustível e tempo, além de economias com redução de manutenção e pedágio ao predefinir caminhos que otimizam essas características.

Serviços desse tipo são prestados por diversas empresas de tecnologia, em que se destacam o Googlemaps[12] e o Virtual Earth[13], que inclusive disponibilizam bibliotecas que possibilitam a integração com outros sistemas existentes na empresa.

 TERMOS E CONCEITOS IMPORTANTES

- Cibernética
- Canais de informação
- Dados
- Eficácia
- Eficiência
- Informações
- Lógica *fuzzy*
- Organização virtual
- Realimentação
- Redes de comunicação
- Redes neurais
- Sistemas abertos
- Sistemas cibernéticos
- Sistemas de automação de escritório
- Sistemas de informação
- Sistemas de informação geográfica (GIS)
- Sistemas de informação gerencial (SIG)
- Sistemas de suporte a decisão (SSD)
- Sistemas de suporte executivo (SSE)
- Sistemas empresariais básicos
- Sistemas especialistas
- Sistemas fechados
- Subsistemas
- Transação

---

12 Serviço do Google disponível em: <http://maps.google.com/>. Acesso em: 28 ago. 2012.
13 Serviço da Microsoft disponível em: <http://livemaps.com/>. Acesso em: 28 ago. 2012.

QUESTÕES PARA DISCUSSÃO

1. Qual é a diferença entre sistemas abertos e fechados?
2. Descreva como é uma empresa do ponto de vista sistêmico.
3. Como pode se definir um departamento da organização de acordo com o conceito de sistemas?
4. O que é cibernética?
5. Quais são os dois pontos em que se baseia a cibernética?
6. Quais são os tipos de sistemas cibernéticos?
7. O que quer dizer realimentação nos sistemas cibernéticos?
8. No conceito de sistemas, como pode ser o diagrama genérico de uma organização?
9. Como pode ser definido um sistema de informações?
10. O que se espera quando se usa um sistema de informações?
11. Qual é a diferença entre dados e informações?
12. Defina eficiência e eficácia.
13. Como pode ser caracterizada uma organização virtual?
14. Do ponto de vista empresarial, qual é a classificação de sistemas?
15. Se uma empresa se encontra com problemas exclusivamente de posicionamento de mercado, onde ela precisa atuar: na eficiência ou na eficácia? Por quê?
16. Comente o que são redes neurais.
17. Por que toda essa preocupação com os dados e informações da organização? Em que processo serão utilizados?

 ESTUDO DE CASO

A fábula dos porcos assados

Certa vez, ocorreu um incêndio num bosque onde havia alguns porcos, que foram assados pelo fogo. Os homens, acostumados a comer carne crua, experimentaram e acharam deliciosa a carne assada. A partir daí, até que descobrissem um novo método para preparar a carne, sempre que queriam comer porco assado incendiavam um bosque.

O que quero contar é o que aconteceu quando tentaram mudar o SISTEMA para implantar um novo. Fazia tempo que as coisas não iam lá muito bem: às vezes, os animais ficavam queimados demais ou parcialmente crus.

CAPÍTULO 2 • INTRODUÇÃO A SISTEMAS   43

O processo preocupava muito a todos, porque se o SISTEMA falhava as perdas ocasionadas eram muito grandes – milhões eram os que se alimentavam de carne assada e também milhões os que se ocupavam com a tarefa de assá-la.

Portanto, o SISTEMA simplesmente não pcdia falhar. Mas, curiosamente, quanto mais crescia a escala do processo, mais parecia falhar e maiores eram as perdas causadas.

Em razão das inúmeras deficiências, aumentavam as queixas. Já era um clamor geral a necessidade de reformar profundamente o SISTEMA.

Congressos, seminários e conferências passaram a ser realizados anualmente para buscar uma solução. Mas parece que não acertavam o melhoramento do mecanismo. Assim, no ano seguinte, repetiam-se os congressos, seminários e conferências.

As causas do fracasso do SISTEMA, segundo os especialistas, eram atribuídas à indisciplina dos porcos, que não permaneciam onde deveriam, ou à inconstante natureza do fogo, tão difícil de controlar, ou ainda às árvores, excessivamente verdes, ou à umidade da terra ou ao serviço de informações meteorológicas, que não acertava o lugar, o momento e a quantidade das chuvas.

As causas eram, como se vê, difíceis de determinar – na verdade, o sistema para assar porcos era muito complexo. Fora montada uma grande estrutura: maquinário diversificado, indivíduos dedicados exclusivamente a acender o fogo – incendiadores que eram também especializados (incendiadores da zona norte, da zona oeste etc., incendiadores noturnos e diurnos – com especialização matutina e vespertina – incendiador de verão, de inverno etc.). Havia especialista também em ventos – os anemotécnicos. Havia um diretor-geral de assamento e alimentação assada, um diretor de técnicas ígneas (com seu conselho geral de assessores), um administrador geral de reflorestamento, uma comissão de treinamento profissional em porcologia, um instituto superior de cultura e técnicas alimentícias (Iscuta) e o *bureau* orientador de reforma igneo-operativa.

Havia sido projetada e encontrava-se em plena atividade a formação de bosques e selvas, de acordo com as mais recentes técnicas de implantação — utilizando-se regiões de baixa umidade e onde os ventos não soprariam mais que três horas seguidas.

Eram milhões de pessoas trabalhando na preparação dos bosques, que logo seriam incendiados. Havia especialistas estrangeiros estudando a importação das melhores árvores e sementes, o fogo mais potente etc. Havia grandes instalações para manter os porcos antes do incêndio, além de mecanismos para deixá-los sair apenas no momento oportuno.

Foram formados professores especializados na construção dessas instalações. Pesquisadores trabalhavam para as universidades para que os professores fossem especializados na construção das instalações para porcos. Fundações apoiavam os pesquisadores que trabalhavam para as universidades que preparavam os professores especializados na construção das instalações para porcos etc.

As soluções que os congressos sugeriam eram, por exemplo, aplicar triangularmente o fogo depois de atingida determinada velocidade do vento, soltar os porcos 15 minutos antes que o incêndio médio da floresta atingisse 47°C e posicionar ventiladores gigantes na direção oposta à do vento, de forma a direcionar o fogo.

Não é preciso dizer que os poucos especialistas estavam de acordo entre si, e que cada um fundamentava suas ideias em dados e pesquisas específicos.

Um dia, um incendiador categoria AB/SODM-VCH (ou seja, um acendedor de bosques especializado em sudoeste diurno, matutino, com bacharelado em verão chuvoso) chamado João Bom Senso resolveu dizer que o problema era muito fácil de ser resolvido – bastava, inicialmente, matar o porco escolhido, limpá-lo e cortá-lo adequadamente, colocá-lo numa armação metálica sobre brasas até que o efeito do calor – e não as chamas – assasse a carne.

Tendo sido informado sobre as ideias do funcionário, o diretor-geral de assamento mandou chamá-lo ao seu gabinete e depois de ouvi-lo pacientemente disse: "Tudo o que o senhor disse está certo, mas não funciona na prática. O que o senhor faria, por exemplo, com os anemotécnicos, caso viéssemos a aplicar a sua teoria? Onde seria empregado todo o conhecimento dos acendedores de diversas especialidades?". "Não sei", disse João. "E os especialistas em sementes? Em árvores importadas? E os desenhistas de instalações para porcos, com suas máquinas purificadoras de ar automáticas?" "Não sei." "E os anemotécnicos que levaram anos especializando-se no exterior, e cuja formação custou tanto dinheiro ao país? Vou mandá-los limpar porquinhos? E os conferencistas e estudiosos que ano após ano têm trabalhado no Programa de Reforma e Melhoramentos? Que faço com eles, se a sua solução resolver tudo? Hein?" "Não sei", repetiu João, encabulado. "O senhor percebe, agora, que a sua ideia não vem ao encontro daquilo de que necessitamos? O senhor não vê que, se tudo fosse tão simples, nossos especialistas já teriam encontrado a solução há muito tempo? O senhor, com certeza, compreende que eu não posso simplesmente convocar os anemotécnicos e dizer-lhes que tudo se resume a utilizar brasinhas, sem chamas! O que o senhor espera que eu faça com os quilômetros e quilômetros de bosques já preparados, cujas árvores não dão frutos nem têm folhas para dar sombra? Vamos, diga-me?"

"Não sei, não, senhor." "Diga-me, nossos três engenheiros em porcopirotecnia, o senhor não considera que sejam personalidades científicas do mais extraordinário valor?" "Sim, parece que sim." "Pois então. O simples fato de possuirmos valiosos engenheiros em porcopirotecnia indica que nosso sistema é muito bom. O que eu faria com indivíduos tão importantes para o país?" "Não sei." "Viu? O senhor tem de trazer soluções para certos problemas específicos – por exemplo, como melhorar as anemotécnicas atualmente utilizadas, como obter mais rapidamente acendedores de oeste (nossa maior carência) ou como construir instalações para porcos com mais de sete andares. Temos que melhorar o sistema, e não transformá-lo radicalmente, o senhor entende? Ao senhor, falta-lhe sensatez!" "Realmente, eu estou perplexo!", respondeu João. "Bem, agora que o senhor conhece as dimensões do problema, não saia por aí dizendo que pode resolver tudo. O problema é bem mais sério e complexo do que o senhor imagina. Agora, cá entre nós, devo recomendar-lhe que não insista nessa sua ideia – isso poderia trazer problemas para o senhor no seu cargo. Não por mim, o senhor entende. Eu falo isso para o seu próprio bem, porque eu o compreendo, entendo perfeitamente o seu posicionamento, mas o senhor sabe que pode encontrar outro superior menos compreensivo, não é mesmo?"

João Bom Senso, coitado, não falou mais uma palavra. Sem despedir-se, meio atordoado, meio assustado com a sua sensação de estar caminhando de cabeça para baixo, saiu de fininho e ninguém nunca mais o viu. Por isso é que até hoje se diz, quando há reuniões de reforma e melhoramentos, que falta o Bom Senso.

Fonte: desconhecida.[14]

? Questões do estudo de caso

1. Qual é o posicionamento da chefia perante a mudança de paradigma?
2. Qual é o melhor sistema, o existente ou o sugerido pelo Bom Senso? Por quê?
3. De que elementos do sistema pode vir uma grande resistência à mudança?

---

14 Este texto não possui uma fonte definida formalmente. Aparentemente é uma adaptação do texto traduzido por L. Gualazzi, de artigo publicado em *Juicio a la escuela,* Cirigliano, Forcade Tilich, Buenos Aires: Editorial Humanista, 1976.

EMPRESAS E SISTEMAS DE INFORMAÇÃO

"Não tenha medo de crescer lentamente. Tenha medo apenas de ficar parado".

Provérbio chinês

AO FINAL DESTE CAPÍTULO, VOCÊ VAI:

1. Conhecer as necessidades de um sistema de informações para uma organização diante do grande volume de dados a serem estudados para seu controle.
2. Entender como um sistema de informações pode ser um grande aliado no tratamento das pressões exercidas pelo mercado, bem como pode melhorar os processos internos da organização tornando-a mais produtiva.
3. Saber a diferença entre conhecimento de informática e conhecimento de sistemas de informação.
4. Saber definir corretamente as necessidades de informação de uma organização, conhecer os requisitos básicos para informações bem definidas e os indicadores de qualidade das informações gerenciais.
5. Entender os tipos de planejamentos existentes na organização e seu vínculo com a tecnologia da informação, bem como alguns métodos para alinhá-lo com os objetivos e as metas da organização.
6. Conhecer o modelo de relacionamento cíclico para o melhor entendimento dos desequilíbrios entre as perspectivas organizacionais.

▶ 3.1 INTRODUÇÃO

Agora que os termos e as explicações sobre sistemas já foram definidos, é necessário demonstrar seu vínculo com a gestão de empresas e, consequentemente, seus conceitos implícitos.

A principal função de um gestor é tomar decisões e definir as políticas da organização com base nos dados gerados em seu trabalho diário. A imensidão de dados gerados no desenvolvimento das funções da organização causa certa inviabilidade no que diz respeito a seu estudo detalhado. Sendo assim, é necessário o uso de ferramentas, a maioria delas computacionais, para auxiliá-lo nessa tarefa de filtragem do conjunto de dados, destacando aqueles que são mais relevantes para cada situação.

Nesse momento, consegue-se definir a importância dos sistemas de informação para uma empresa, em primeiro lugar, para melhorar o fluxo de informações em todos os subsistemas (departamentos) e, depois, para tirar proveito de todo esse fluxo de informações de maneira mais eficaz para que o gestor possa tomar decisões acertadas e responder melhor ao mercado essencialmente dinâmico e globalizado no qual se encontra.

Uma organização empresarial tem como principal função gerar produtos ou serviços com o intuito de obter lucro. Assim, um objetivo extremamente importante para sua existência é promover melhorias no seu processo de produção dos produtos, bens ou serviços a fim de maximizar seus lucros e minimizar despesas e perdas. Esses objetivos a serem perseguidos somente são possíveis se a empresa mantiver um bom controle de todas as operações existentes no seu interior e dos relacionamentos entre elas.

Filtrar todo esse conjunto de dados, separando apenas aquilo que é relevante e transformá-los em informações de qualidade para as tomadas de decisão, pode definir o sucesso ou o fracasso empresarial.

Todas essas características podem ser obtidas se a organização tiver um sistema de informações bem implantado e planejado.

3.2 O IMPACTO DOS SISTEMAS DE INFORMAÇÃO

Como sociedade, estamos envolvidos em uma concorrência global por recursos, mercados e receitas, seja com outras regiões, seja com outras nações, fato esse denominado de globalização.

Segundo Jack Welch, ex-chairman da General Electric, a capacidade de uma organização aprender e traduzir rapidamente esse aprendizado em ação é uma vantagem competitiva.[1]

A necessidade dinâmica exigida pela globalização e suas imposições para que a empresa possa atingir níveis mais altos de produtividade e eficácia definem a obrigatoriedade, mesmo sendo pequena ou micro, de ela operar com um sistema de informação eficiente.

O maior objetivo de um sistema de informação é permitir que o melhor uso dos dados, utilizando cenários e filtros apropriados, possam definir as informações que representam a exceção e a maior relevância do processo organizacional.

Atualmente, todas as empresas fazem o mesmo questionamento: "Como ampliar os lucros nos negócios da empresa?". Esse problema pode ser resolvido por meio da aplicação de um processo cíclico que lhe permita formar o conhecimento suficiente para administrar com tranquilidade e conforto financeiro.

Em um mercado dinâmico uma empresa necessita de agilidade nas respostas às flutuações, e tais respostas devem se basear em dados de qualidade. Assim, a obtenção de lucro na organização atual pode ser obtido na aplicação de um processo contínuo de transformação da avalanche de dados e informações diárias em "conhecimento de negócio" para a organização. Essa transformação de dados em conhecimento envolve os seguintes procedimentos:

» validação e criação de indicadores da situação dos negócios;
» desenvolvimento de ferramentas de acesso e visualização de informações relevantes;
» busca de informações que existem dentro e fora de sua organização, procurando envolver todas as atuações que se relacionam com sua atividade empresarial;

---

1   A administração depois da internet. *Revista HSM Management*, São Paulo, edição 22, ano 4, set./out. 2000.

» transformação das informações operacionais em informações úteis à gestão diretiva.

Figura 3.1 Utilização dos sistemas de informação

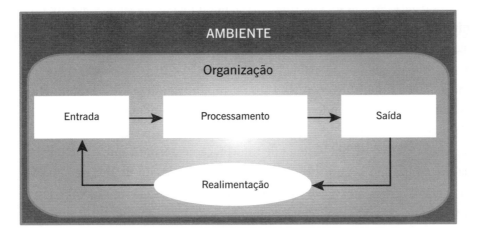

Esse quadro indica que os sistemas de informação auxiliam o gestor no processo decisório. Elaborado com base nos sistemas transacionais da empresa, o sistema de informação mostra-se imprescindível às corporações que buscam uma gestão participativa e horizontalizada, garantindo, além da unificação de conceitos, agilidade e uniformidade na análise dos dados.

Esses sistemas são desenvolvidos com base no conhecimento específico do negócio, chamado de método de trabalho, e com metodologia adequada para selecionar informações estratégicas e atividades críticas da empresa.

Uma característica peculiar dos sistemas de informação é a necessidade de estar sempre mudando para atender ao dinamismo do mundo dos negócios, exatamente o que qualquer organização precisa para poder sobreviver no mercado.

Um sistema de informação é composto basicamente de três fases:

» entrada de dados: é o lançamento de todos os dados gerados na organização pelo desenvolvimento de suas atividades corriqueiras;
» processamento: é o processo de transformação dos milhares de dados gerados (organizando, ressaltando e selecionando exceções) em informações úteis para o processo de tomada de decisão;

CAPÍTULO 3 • EMPRESAS E SISTEMAS DE INFORMAÇÃO 51

» saída de dados: é a exteriorização de tudo aquilo que foi processado e será o alicerce para as decisões gerenciais e estratégicas. Vale ressaltar que alguns dados de saída poderão retornar à entrada no sistema para uma *realimentação* com o intuito de refinar e avaliar os dados de entrada.

O conjunto de informações que possuem ação direta na organização está disponível no mercado, mas a manipulação diária dessas informações necessita da ajuda de computadores para que se possa ter uma boa visão desse universo utilizando conectividade, processamentos de informações e transferência eletrônica de dados.

As empresas, equivocadamente, pensam que o simples fato de ter a maior quantidade de computadores possível e um grande *software* de mercado é suficiente para que obtenham um sistema de informações automatizado que possa satisfazer suas necessidades.

Um sistema de informações não é composto apenas de computadores, ele apenas é a ferramenta mais eficiente para manipular todos os dados gerados na organização. Será bem implantado e integrado caso a organização se preocupe com o produto direto com base em três perspectivas, que são: organização, tecnologia e pessoas.

Assim, é claro que a implantação de um grupo de computadores não é suficiente para resolver todos os problemas da organização, e essa confusão pode causar uma série de enganos e prejuízos na implantação de um sistema de informações.

O computador e seus periféricos (acessórios) e componentes de comunicação são responsáveis por armazenar, processar, distribuir e comunicar as informações geradas no funcionamento diário da organização.

Os programas de computador, também conhecidos como *softwares*,[2] são conjuntos de instruções orientadas para dirigir o processamento do computador, responsáveis pelo aumento da produtividade pessoal dos funcionários, sendo utilizados para tarefas sem muita responsabilidade no que diz respeito à tomada de decisão. Quando, porém, falamos dos sistemas de informação, temos de enxergá-lo em um sentido muito mais amplo do que apenas programas de computador, pois abrangem tecnologia, processos organizacionais, práticas, transações

---

2   Traduzido literalmente, *software* significa "produto mole", o que conota produto descartável, ou seja, é todo e qualquer componente associado ao computador que pode facilmente ser substituído por uma nova versão. São os programas.

e políticas geradoras de dados, bem como as pessoas envolvidas com a geração de dados e no uso das informações.

Assim, define-se o conhecimento de informática como o saber usar a tecnologia da informação para desenvolver uma atividade, ou seja, saber operar o *hardware*,[3] os *softwares* (básicos ou aplicativos), as telecomunicações (redes e internet), os processos de armazenamento dos dados e as transformações das informações (gerenciamento de bancos de dados).

Não basta para uma empresa ter profissionais extremamente competentes no que diz respeito ao conhecimento da informática e não ter pessoal capaz de integrar esse conhecimento com as técnicas de gestão e os processos de tomada de decisão para colocar a empresa em uma posição de destaque no mercado.

Para tanto é necessário possuir profissionais que tenham conhecimento de sistemas de informação, o qual envolve:

» o conhecimento e a habilidade prática com as tecnologias da informação mais atuais;
» uma compreensão ampla da organização e seus relacionamentos com os indivíduos que a compõem, bem como suas interações para o funcionamento da organização;
» alta capacidade de analisar e resolver problemas.

Nesse contexto, conclui-se que o profissional de gestão de sistemas de informação deve estar apto a administrar os relacionamentos com base nas três perspectivas existentes na empresa: organização, tecnologia e pessoas.

3.3 PROCESSOS GERENCIAIS E OS SISTEMAS

Qualquer empresa ou organização, independentemente do seu porte, pode ser dividida em quatro grandes funções, como demonstra a Figura 3.2 a seguir.

---

3 A tradução mais literal de *hardware* seria "produto duro", conotação de produto palpável, ou seja, é todo e qualquer equipamento e acessórios ligados à informática, mesmo que indiretamente.

As funções representadas na Figura 3.2 são subsistemas de extrema importância para o funcionamento da empresa. Cada um desses subsistemas congrega níveis de responsabilidade diferentes, mas todos precisam tanto de uma interação para que a organização funcione quanto de uma ênfase diferente no conceito de sistemas de informação.

Dificilmente uma empresa possui apenas um sistema que satisfaça a todas as suas atividades, isso se for atribuído o mesmo grau de importância a todas as atividades. Sendo assim, dentro do sistema de informações da organização, existe a necessidade de se ter a composição de subsistemas especialistas para algumas atividades.

Figura 3.2 Funções básicas de uma organização

Os processos gerenciais são traduzidos para os sistemas de informação com o objetivo de melhorar o controle interno da empresa e o seu tempo de resposta a todas as flutuações de mercado, permitindo uma tomada de decisão mais eficaz.

No contexto de processos gerenciais, os sistemas podem ser classificados de acordo com o problema organizacional que ajudam a resolver, sendo:

» sistemas de nível estratégico, pois as informações geradas por eles são utilizadas para traçar e/ou verificar os planejamentos estratégicos da organização. São utilizados para a tomada de decisão. Exemplos: pesquisa e análise de concorrência, aplicações de leitura óptica para tecnologia da produção e expedição, controle de fluxo de caixa, entre outras;

» sistemas táticos: aqueles usados para controlar ou medir os planejamentos operacionais da empresa e definir as táticas ou metas a serem cumpridas. Exemplos: planejamento de recursos da produção (MRP), sistemas de controle de estoque, *scheduling* ou planejamento e controle de produção, entre outros;

» sistemas de conhecimento: aqueles usados para transmitir conhecimento e informações entre os departamentos. Muito utilizados em ambientes de projeto distribuído para compartilhar dados e criar uma estrutura centralizada no desenvolvimento. Exemplos: sistemas de projetos auxiliados por computador (CAD), sistemas de fabricação auxiliada por computador (CAM), sistema de desenvolvimento de sistemas distribuídos auxiliado por computador (Case), sistema de acompanhamento de projetos e planejamentos etc.;

» sistemas operacionais: aumentam a produtividade das tarefas dos profissionais de todos os departamentos que manipulam e introduzem as informações no sistema. São utilizados para o desenvolvimento das tarefas diárias da empresa. Exemplos: sistemas de compra/venda, sistemas de materiais, sistemas de controle de estoque, emissão de nota fiscal, duplicatas etc.

3.4 CLASSIFICAÇÃO E DEFINIÇÃO DE INFORMAÇÕES

O objetivo de usar os sistemas de informação é a criação de um ambiente empresarial em que as informações sejam confiáveis e possam fluir na estrutura organizacional. Na organização, muitos profissionais que utilizam a informação constantemente acreditam não ter necessidade de conhecer algumas definições no tocante às informações, o que resulta em excesso de trabalho para eles mesmos. O que ocorre é que, não detendo tal conhecimento, eles não conseguem definir corretamente qual é a informação necessária para o desenvolvimento de sua função. Muitos dados desnecessários são apresentados em pilhas de relatórios que não indicam nenhuma informação relevante.

Qualquer profissional que necessite manipular informações, como um gestor ou mesmo o proprietário de uma pequena empresa, precisa conhecer as diferenças entre as informações existentes e saber como definir corretamente uma informação necessária.

CAPÍTULO 3 • EMPRESAS E SISTEMAS DE INFORMAÇÃO 55

Uma informação é, ao mesmo tempo, a base para a tomada de decisão e o resultado direto de suas ações consequentes. As informações podem ser classificadas como:

» informações operacionais: geradas pelas operações constantes na empresa, em seu nível operacional, e adquiridas pelos seus componentes do controle interno. Seu principal objetivo é manter a empresa funcionando e conhecer sua evolução diária. São informações geradas, por exemplo, na emissão de uma nota fiscal de saída de produtos ou serviços;
» informações gerenciais ou estratégicas: utilizadas especificamente para a tomada de decisão. As decisões inerentes ao processo de planejamento, ao controle, à formulação, ao acompanhamento de políticas e à interpretação de resultados requerem informações adequadas. Outra característica desse tipo de informação é que diferentes níveis de gerência necessitam de diferentes tipos de informação gerencial.

As informações operacionais costumam ser geradas na organização, independentemente do método utilizado, em alguns casos essas informações são geradas até manualmente. Elas estão nas notas fiscais emitidas a mão ou em computadores, nos formulários de pedidos emitidos pelos vendedores e em muitos outros controles organizacionais da empresa.

Será dada atenção especial às informações gerenciais, pois são mais difíceis de ser definidas corretamente, sendo a grande aliada para a gestão da organização.

É necessário que uma organização conheça suas necessidades de informações gerenciais para que assim, mediante a implantação de um sistema adequado, possa começar a atender a essas necessidades.

Dessa maneira, as informações devem apresentar algumas características de quantidade, oportunidade, conteúdo e qualidade que somente podem ser obtidas por um bom sistema de informações.

A qualidade das informações geradas pelo sistema de informações deve ser tão importante quanto as decisões que serão tomadas com base nelas, o que faz da qualidade uma das questões mais delicadas no que se refere aos sistemas de informação.

O usuário das informações e seu comportamento perante elas são pontos muito importantes a serem observados para a correta definição das informações necessárias em cada nível gerencial.

As perguntas mais frequentes no que se refere à definição de informações são:

» Quais são as necessidades de informação?
» Como a informação deve ser apresentada?
» Qual deve ser o nível de detalhes necessário à atividade?
» Quem deve defini-las?

Por muito tempo, os analistas de sistemas e programadores se achavam no direito de definir quais eram os relatórios com as informações necessárias aos usuários. Com o surgimento da informática distribuída, cujo principal exemplo é o computador pessoal, e a passagem do controle de processamento para a mão dos usuários, esse conceito tornou-se ultrapassado. Uma informação deve ser definida pela pessoa que vai usá-la, contanto que essa pessoa tenha o correto discernimento de como defini-la. Não é simplesmente dizer que precisa disso ou daquilo, mas definir o que realmente é importante ter.

Os pontos principais para definir uma informação são:

» forma: diz respeito ao conteúdo, à forma de apresentação da informação e à confiabilidade necessária;
» idade: é a determinação do tempo de existência da informação em relação aos fatos relatados;
» frequência: é a determinação da periodicidade com que a informação é produzida.

Exemplo: o responsável pela unidade de programação da produção define como necessidade de informação que "todos os dias, até as 8h30, preciso saber as quantidades produzidas por ordens de fabricação, por produto e por cliente, concluídas até as 24h do dia anterior".

A *forma* é definida pelas quantidades produzidas por ordens de fabricação por produto e por cliente, concluídas até as 24h do dia anterior; a *idade* é definida como 8h30, o que indica que a informação possui apenas 8 horas e 30 minutos de vida; e a *frequência* é diária, pois é especificado que todos os dias isso deve ser atualizado.

Na forma ainda pode ser percebida a ordenação e filtragem. Como ordenação tem-se *as ordens de fabricação por produto e por cliente* que define a hierarquia em que a informação deve ser apresentada. O filtro, nesse caso, é estabelecido pelas *ordens de fabricação concluídas até as 24h do dia anterior*.

Se todo profissional pudesse realizar esse exercício de definir e identificar os três elementos em todas as suas necessidades de informação, é possível que muito retrabalho fosse reduzido e um aumento grandioso de produtividade se impusesse à atividade que desempenha. Mesmo assim, a definição da informação deve compreender características de qualidade, que podem ser caracterizadas por informações gerenciais:

» comparativas: principalmente quando refletem a comparação dos planos de execução, mas existem alguns casos em que a informação deve ser comparada com períodos semelhantes em decorrência da própria economia, sazonalidade ou costume da região; outras vezes, devem ser comparadas com os mesmos meses de anos anteriores ou outros períodos do mesmo mês;

» confiáveis: se as informações não satisfizerem o grau de confiabilidade necessário para a tomada de decisão em muitos casos, é melhor não possuirmos nenhuma informação, pois ela poderá induzir a uma decisão errada;

» geradas em tempo hábil: a informação deve estar nas mãos de seu usuário no momento em que ele precisar dela. De nada vale possuir uma informação se já foi necessário tomar uma decisão sem ela. As informações também devem estar tão próximas do acontecimento quanto possível para que as ações necessárias para realimentar os planejamentos da organização sejam levadas a efeito;

» com nível de detalhe adequado: as informações em cada nível gerencial devem ter o nível de detalhamento adequado para não causar um desconforto em seu estudo. Um amontoado de folhas em forma de relatórios é cansativo, podendo levar à tomada de decisão sem o correto valor ao que é necessário. Deve-se aprender a avaliar, para cada caso, qual é a árvore mais importante do bosque;

» por exceção: as informações devem ser selecionadas pelo que é realmente relevante dentro do conjunto de dados. Tentar minimizar as informações repetitivas para ressaltar as exceções ajuda a tomar decisões consistentes.

A produção de informações de qualidade é hoje reconhecida como um benefício básico que se pode obter pelo planejamento de sistemas. O maior problema existente é que normalmente os sistemas ficam limitados a gerar informações de nível operacional. O envolvimento do nível gerencial no planejamento dos sistemas de informação é proporcional ao nível de qualidade das informações geradas por ele.

Uma sequência básica para a definição das informações gerenciais requeridas seria:

» identificar os objetivos, planejamentos, processos e políticas existentes ou procuradas;
» especificar as decisões necessárias com relação aos itens anteriormente definidos;
» definir as informações gerenciais necessárias para ajudar no processo de tomada de decisão;
» identificar os profissionais envolvidos com essas decisões e avaliar os seus padrões de reação e decisão. Nesse ponto, algumas vezes, é preciso treinamento e/ou persuasão no uso das informações;
» desenvolver o sistema com base no que foi definido e criar os relacionamentos dos níveis gerenciais com as informações geradas pelo sistema.

3.5 PLANEJAMENTOS E SEU VÍNCULO COM TI

Uma empresa que não estabeleça algum tipo de planejamento está fadada a ter problemas no mercado em que atua. Como qualquer pessoa, uma empresa necessita ter sonhos a perseguir e, no mínimo, vontade de crescer.

Por muito tempo, as organizações mostravam-se preocupadas apenas com a solução de seus problemas internos, imaginando que com isso elas ocupariam uma boa posição de mercado. Com o crescimento da sociedade e com a concorrência cada vez mais acirrada imposta pelo mercado, a "mentalidade das organizações", ou seja, a mentalidade de seus proprietários, diretores e gestores precisou mudar.

No momento em que as organizações começaram a se preocupar com seu rendimento interno e externo (eficiência e eficácia), os movimentos de gestão estratégica iniciaram um processo de formulação de novos paradigmas baseados em planejamentos que visam olhar o funcionamento e os problemas internos e externos da organização, melhorando, assim, sua capacidade de resposta às flutuações.

CAPÍTULO 3 • EMPRESAS E SISTEMAS DE INFORMAÇÃO 59

Esse modelo de administração tem como base os seguintes princípios:

» envolver-se nas estratégias de mercado e da organização e no vínculo existente entre elas;
» voltar o foco principal para a interface de relacionamento da empresa com o ambiente que a cerca (o mercado);
» procurar se antecipar, adaptar e criar mudanças tanto na organização como no ambiente no qual ela está inserida;
» ser impulsionada pela busca constante de oportunidades de negócio;
» perceber que as oportunidades possam ser encontradas no mercado ou planejadas dentro da própria organização, lembrando que sempre são concluídas no mercado consumidor;
» assumir determinados riscos calculados na busca de oportunidades antes da sua concretização;
» basear-se na organização controlando o seu futuro, e não sendo guiada pelo mercado, mas podendo adaptar-se a ele;
» basear-se na conscientização e no trabalho global da organização, e não somente de grupos isolados;
» ter como alicerce a integração do horizonte empresarial a curto e a longo prazos.

Metas são planejamentos a se alcançar pela organização em curto espaço de tempo (decisões mais próximas).

Objetivos são planejamentos a se alcançar pela organização em longo período de tempo, com base em pequenos passos estabelecidos pelas metas (decisões a longo prazo).

O planejamento estratégico é exatamente a definição dos *objetivos* a longo prazo e as *metas* em curto prazo que ela perseguirá para o seu desenvolvimento. Mas não basta simplesmente ter o planejamento estratégico na empresa, é necessário verificar seu andamento e quais atitudes precisam ser tomadas para ajustar alguns pontos que se distanciem do que foi planejado.

Segundo H. Igor Ansoff,[4] o primeiro passo para que a empresa possa desenvolver um plano estratégico é a formulação dos objetivos que ela deseja atingir e das metas necessárias para alcançar os objetivos.

Figura 3.3 Modelo de processo decisório de Ansoff

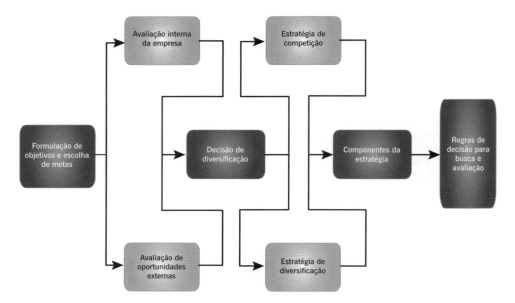

Como em qualquer planejamento, em alguns casos existe a necessidade de assumir riscos e tentar transformá-los em ferramentas para ajudar na busca dos objetivos. A organização deve tentar criar seu próprio futuro em vez de tentar se adequar ao que surge, ou seja, acreditando que o futuro é que definirá o rumo a ser tomado.

Um planejamento estratégico de nada serve se não existir algum planejamento de ações a serem executadas no dia a dia da organização para tentar alcançar o que foi estrategicamente definido. Para esse segundo tipo de planejamento, define-se planejamento operacional como o desdobramento do planejamento estratégico em ações concretas que serão realizadas no dia a dia.

Quando pensamos em sistemas de informação, é necessário estabelecer também um planejamento para definir as atualizações indispensáveis ao sistema e o

---

4   ANSOFF, H. Igor. *A nova estratégia empresarial*. São Paulo: Atlas, 2001.

seu alinhamento com o planejamento estratégico da empresa, pois as necessidades de informações se alteram com as mudanças de objetivos.

Antigamente, as organizações e seus grandes CPDs (Centros de Processamento de Dados) trabalhavam com dois tipos de planejamento: o PDI (Plano Diretor de Informática) e o PDS (Plano Diretor de Sistemas). Esses planejamentos eram construídos levando em conta apenas as demandas de usuários isolados e não consideravam a necessidade da empresa, ou seja, não mantinham nenhum vínculo com o planejamento estratégico.

Segundo estatísticas, os planejamentos ligados à tecnologia (PDI e PDS) apresentavam alto índice de fracasso, na ordem de 70% na implantação. Atualmente, o planejamento dos recursos necessários aos sistemas de informação é chamado de Planejamento Diretor de Tecnologia da Informação (PDTI)[5], sendo sua principal característica o alinhamento com o Planejamento Estratégico e Operacional. Nesse planejamento, por exemplo, pode estar definida a nova maneira de comercializar produtos ou serviços, usando telemarketing ou as formas de comércio eletrônico.

Quando se define o PDTI, devem-se levar em consideração as três perspectivas e seus relacionamentos, caso contrário, poderão ser definidas ações que, em vez de ajudar, irão criar mais desequilíbrios na organização.

Para resolver problemas de relacionamento das três perspectivas, existe o modelo de relacionamento cíclico, que estuda a empresa, como um sistema aberto, decompondo-a em três elementos comuns a qualquer ramo e porte de empresa, dentro do conceito das perspectivas e suas interações.

Figura 3.4 Modelo do relacionamento cíclico (MRC)

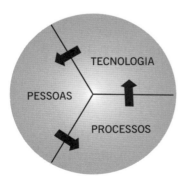

---

5   Também conhecido como PDI (Plano Diretor de Informática).

Na Tabela 3.1, destacam-se alguns desequilíbrios da falta de planejamento.

Tabela 3.1 Desequilíbrios do modelo de relacionamento cíclico

PERSPECTIVA	PROBLEMA
Pessoas	Falta de conhecimento da sua verdadeira função na organização.
	Falta de motivação para o trabalho e incentivo para novos desafios.
Organização	Falta de organização dos processos.
	Falta de documentação dos processos.
	Falta de racionalização de processos, existência de processos extremamente burocráticos.
Tecnologia	Falta de maturidade, compra de computadores mais avançados por *status*.
	Falta de atualização, uso de computadores e programas que não conseguem satisfazer as necessidades de informação da empresa.

Existem diversos problemas individuais e relacionados aos elementos do MRC, em que se destacam:

» Processos
  › Vícios políticos, que podem representar o maior problema para melhorar a eficácia de um sistema de informação.
» Pessoas
  › Medos, crenças, valores pessoais e limitações das pessoas são os pontos de grande importância para o desenvolvimento ou melhoria de um sistema de informação.
» Tecnologia
  › Uso de tecnologia como melhoria de imagem resulta em uma visão equivocada de sua aplicação.
  › Atualizações ou mudança de plataforma sem um planejamento detalhado e gerenciamento do impacto.

CAPÍTULO 3 • EMPRESAS E SISTEMAS DE INFORMAÇÃO   63

Anteriormente, foram salientados alguns dos problemas que causam desequilíbrios na estrutura organizacional que, muitas vezes, são diagnosticados equivocadamente. Eles podem ser diretamente relacionados com o processo de definição das necessidades de informação ou ser evidência direta de dificuldades na obtenção dessas informações. Assim, cabe ao gestor definir como resolver esses problemas tendendo à sua resolução pela raiz.

Como dicas para a resolução de problemas de desequilíbrios na organização no conceito do modelo de relacionamento cíclico, destacam-se:

» organizar as necessidades da empresa para definir a ordem de prioridade e importância;
» planejar cada resolução com base nas necessidades analisadas;
» executar o planejamento em uma velocidade que considere o nível de absorção de mudanças da própria organização e das pessoas envolvidas;
» revisar o andamento do plano para que se possam efetuar as correções necessárias de imediato;
» agir sempre que preciso e, principalmente, não esperar que a resolução do problema ocorra de forma mágica ou espontânea;
» promover a realimentação do planejamento atual com as correções efetuadas no plano original.

Nesse contexto, pode-se concluir que a tecnologia da informação, quando corretamente definida como ferramenta para o sistema de informações da organização, possui dois papéis fundamentais: o primeiro é que devem ser usadas pelas pessoas para que possam realizar melhor sua tarefa; e o segundo é ter de suportar o processo produtivo.

3.6 POLÍTICAS E SUA IMPLICAÇÃO NOS SISTEMAS

Uma organização cria suas políticas de funcionamento desde a sua fundação, e essas políticas definem a maioria dos procedimentos internos, principalmente nas tarefas operacionais. O grande problema para algumas organizações é exatamente a dificuldade para se adequar ao dinamismo do ambiente que a envolve.

Esse modelo cria uma organização com uma estrutura engessada,[6] tendo em vista que, por problemas de mudança de paradigma, não consegue acompanhar o mercado, por não executar a mudança para tornar suas políticas mais racionais.

As políticas vigentes na organização definem as crenças e os valores que devem ser respeitados por todos os seus funcionários. Assim, uma empresa com dificuldade de mudanças de políticas pode criar uma mentalidade em seus funcionários de forma que, no momento que desejam mudar, encontrará grande resistência por parte deles.

É importante definir que o uso da tecnologia da informação não prediz que a empresa irá tornar-se mais competitiva ou que aumentará seu faturamento ou produtividade. Muitas vezes a mudança de suas políticas é imprescindível. No conceito de sistemas de informação, muitas vezes a organização e as pessoas precisam sofrer e aceitar algumas modificações para que a tecnologia possa funcionar de maneira adequada. Outras vezes, a organização precisa repensar todos os seus planejamentos para poder tirar total proveito do sistema de informações.

Normalmente, a melhor ferramenta para obter essas alterações políticoestruturais é a reengenharia, que é mais bem definida como a revisão e o reprojeto radical dos processos empresariais para alcançar melhorias consideráveis em custo, qualidade, serviços e velocidade. Essas mudanças na política da empresa para adequação às flutuações do ambiente em que ela atua podem maximizar o uso dos sistemas de informação.

Por outro lado, talvez, os vícios políticos de uma organização podem representar o maior problema na implantação de um sistema de informações que possa endossar suas tomadas de decisão e aumentar sua capacidade de resposta ao mercado. O melhor comportamento para uma organização é posicionar-se como uma empresa maleável que está apta a aceitar mudanças, inclusive na sua política, sempre que necessário.

---

6   Uma empresa com estrutura engessada é aquela que não tem a mobilidade possível para reagir a mudanças de paradigma, ou seja, apresenta resistência a mudanças.

CAPÍTULO 3 • EMPRESAS E SISTEMAS DE INFORMAÇÃO   65

3.7 PERSPECTIVAS E A VISÃO SISTÊMICA

As relações entre as perspectivas podem ser entendidas por meio do modelo de relacionamento cíclico, e, se esses pontos forem bem conhecidos para a definição e implantação do sistema de informações, então a eficiência e a eficácia empresarial terão grandes possibilidades de chegar a pontos superiores.

Muitos pontos a serem observados, que definem os problemas, são decorrência do não entendimento das necessidades de informação e da definição incorreta dos relacionamentos entre os componentes das perspectivas.

A experiência prática de consultores permite definir alguns dos problemas mais comuns em implantação dos sistemas e seus reflexos em diversas atividades empresariais.

3.7.1 Falta de treinamento

Quando uma empresa investe em um novo equipamento, tecnologia ou programa, a proposta inicial é que as pessoas envolvidas com o novo componente aprendam por seu próprio mérito, ou seja, aprendam "na raça". Normalmente, os custos decorrentes da falta de treinamento são elevadíssimos, mas acabam passando despercebidos, o que pode ser diretamente traduzido como "economia burra".

É importante destacar que esse problema não está ligado apenas ao uso de computadores e programas, na maioria das vezes não existe um investimento básico para o treinamento de operação de novas máquinas e equipamentos industriais.

No que diz respeito a programas, o problema parece ser bem mais acentuado, o investimento das empresas em treinamento de novos programas, sistemas operacionais e suíte de aplicativos é realmente muito baixo, o que, quando aliado à falta de planejamento de sua implantação, representa prejuízos consideráveis.

Nesse caso, a utilização de um novo programa acaba sendo limitada a algo em torno de 10% da sua capacidade, ou seja, aprender na raça representa uma subutilização de um programa, mas isso pode ser extrapolado para muitos casos de equipamentos e tecnologias.

Outro fator a ser destacado nesse assunto diz respeito ao envolvimento do departamento de Recursos Humanos com o planejamento de tecnologia da informação e outros planejamentos empresariais. Normalmente, a participação desse departamento é nula ou limitada, o que não permite o desenvolvimento de ações para capacitar as pessoas da organização para novas tecnologias e novos procedimentos necessários.

De acordo com o *website* da revista *Você S/A*,[7] o investimento em T&D (Treinamento e Desenvolvimento) ligado ao capital intelectual da empresa no ano de 2012 deve estar na ordem de 36,9%, onde, no estudo, 54% das empresas devem focar em programas para desenvolvimento de líderes.

Ainda de acordo com o artigo mencionado acima, em 2011, 13% do investimento anual nessa área estava relacionado com treinamentos que envolvem novas tecnologias de treinamento, tais como educação a distância e videoconferências.

Nessa mesma pesquisa, o investimento anual médio por funcionário treinado comparado com a folha de pagamentos da empresa define uma proporção de 3,7%.

Um ponto muito importante é que um treinamento ou capacitação somente terá o retorno necessário para a empresa se o mesmo puder ser corretamente avaliado pelo departamento de Recursos Humanos.

Tecnologias como Balanced Scorecard, Business Inteligence e Gestão de Competências têm se mostrado grandes aliadas para auxiliar na medição e justificativa dos treinamentos. A aplicação da ISO 10015 tem se apresentado como uma grande aliada para a minimização ou extinção de problemas de falta de treinamento.

3.7.2 Desequilíbrios entre tecnologia e processo

As tecnologias empregadas no desenvolvimento de processos e procedimentos de uma empresa podem ser caracterizadas como equipamentos, ferramentas, tecnologias computacionais usadas direta ou indiretamente no processo, entre outras.

Essas tecnologias são muito importantes para desenvolver, manter e prover a manutenção dos processos organizacionais. Assim, desequilíbrios entre esses elementos podem representar grandes prejuízos para uma empresa.

Nesse contexto, destacam-se duas razões principais de desequilíbrios em tecnologia, que podem ser vistas como uma vantagem ou como uma desvantagem, dependendo da aplicação:

---

7   Você RH, Retrato e tendências do treinamento. São Paulo: Abril, Revista *Você S/A*. 5 abr. 2012. Disponível em: <http://vocesa.abril.com.br/desenvolva-sua-carreira/materia/retrato-tendencias-treinamento-681370.shtml>. Acesso em: 15 set. 2012.

CAPÍTULO 3 • EMPRESAS E SISTEMAS DE INFORMAÇÃO   67

» Tecnologia ultrapassada é tecnologia cara?
› Sim, pois a manutenção dela se torna cada vez mais excessiva.
› Não, pois algumas aplicações não necessitam de equipamentos de última geração.
» Tecnologia desatualizada é tecnologia que atrapalha?
› Sim, pois normalmente ela está mais parada do que funcionando, o que acaba por atrasar todo o planejamento de atividades ou de produção.
› Não, sistemas altamente atualizados podem representar um grande problema sem o treinamento adequado ou sem compatibilidade com outros sistemas ou equipamentos.

Dentro das empresas, as pessoas costumam encarar a tecnologia de acordo com as duas definições a seguir:

» tecnologia oportuna: é aquela que está dentro das possibilidades de uso por ser apropriada à atividade para a qual foi destinada, mas pode estar sendo subutilizada;
» tecnologia funcional: é aquela que foi adquirida como oportuna e consegue satisfazer as necessidades para a qual foi comprada. Resumindo, é a tecnologia oportuna que funciona com grande poder de aplicação.

Muitas vezes uma tecnologia oportuna não consegue ser funcional porque as outras duas perspectivas do sistema de informações não receberam a devida atenção.

A tecnologia é provavelmente o maior agente de mudanças da atualidade e torna viáveis todas as novas formas de pensar, visualizar, gerenciar e fazer negócios. Ela impõe novos paradigmas tão melhores em relação aos anteriores que as empresas que não os acatam acabam perdendo quase toda a participação de mercado.

Costuma-se dizer que o desenvolvimento da tecnologia cria a cada dia *hardwares* e *softwares* mais poderosos, o que faz com que as pessoas não consigam se manter em um nível de atualização ideal para o cumprimento de suas funções. A esse fato dá-se o nome de "defasagem de *peopleware*". De acordo com essa filosofia, as pessoas acabam sendo o ponto mais fraco da estrutura, principalmente porque a estrutura organizacional não prevê uma atualização necessária (treinamento adequado) aos seus profissionais.

Não basta buscar a melhoria contínua de processos se os paradigmas dos proprietários, gestores e trabalhadores não foram atualizados ao mesmo tempo. Outro ponto que não se pode deixar de salientar é o fato de que muitos profissionais criam uma barreira à tecnologia, não se interessando em torná-la parte do seu dia a dia. Muitos pontos de divergência em processos de mecanização e automação, principalmente aqueles que causam o desemprego, são fruto do alto índice de profissionais de baixa escolaridade.

Não se pode esquecer de que as pessoas têm seus valores e crenças, que precisam ser trabalhados para a adequação aos novos conceitos definidos pela empresa.

> O que se entende por reengenharia nos processos da empresa, entenda-se por reeducação para as pessoas.

3.8 INDICADORES DE QUALIDADE NOS SISTEMAS

As empresas, em sua maioria, demoram para chegar à conclusão de que precisam de um sistema de informações para ajudá-las a administrar todos os dados gerados por elas. Normalmente, ocorre um crescimento evolutivo até se chegar a esse ponto. Obviamente, a maioria está passando por esse processo evolutivo, mas se acha demasiadamente atrasada diante da situação atual dos sistemas.

A evolução da área de sistema é caracterizada por:

» manualização: em geral, é a primeira preocupação da empresa. Representa a documentação dos procedimentos e definição de planilhas para executar o controle de seu funcionamento diário;

» racionalização: à medida que a empresa vai ficando conhecida e apresenta algum crescimento, começa a existir a necessidade de racionalizar aquilo que já existe, ou melhor, tornar mais inteligentes e menos burocráticos os controles e formulários já existentes;

» mecanização: essa fase é marcada pela introdução de equipamentos para substituir algumas tarefas repetitivas antes executadas por funcionários; ela é facilmente percebida pela crescente introdução de computadores, embora permaneça a tentativa de racionalização. Antigamente, era nessa fase que o uso indiscriminado e segmentado da tecnologia causou o desemprego de muitos;

» sistemas de informação: fase conhecida como automação de processos; diferentemente da mecanização, preocupa-se em automatizar tarefas repetitivas para aumentar a produtividade e minimizar erros por efeito de "cansaço". Dentro dessa evolução, a racionalização continua sendo uma característica marcante na evolução.

Talvez um sistema de informações bem implantado a ponto de gerar informações confiáveis e de qualidade tenha de passar por todas essas fases para atingir um nível de racionalização que tenha a qualidade necessária já imposta. Uma alternativa seria envolver um profissional experiente em implantação de sistemas de informação por já conhecer o nível de racionalização ideal para cada tipo de empresa.

Em uma empresa, os sistemas podem ainda ser:

» naturais: aqueles que vão surgindo em partes pela automação de procedimentos isolados, vulgarmente conhecidos como "colcha de retalhos";

» planejados: aqueles em que ocorre um planejamento dos requisitos básicos para sistemas de qualidade, usando constantemente a racionalização dos processos e ferramentas apropriadas, tal como o UML.

Para muitas empresas, o custo de planejamento é desnecessário, tendo em vista que, para elas, enganosamente, deixar as coisas acontecerem é a solução mais simples.

Uma informação desconhecida pela maioria das empresas é que ela tem apenas dois custos com sistemas de informação: o primeiro é o custo de planejamento para minimizar os problemas de implantação; e o segundo é o custo de operação, que pode ser traduzido pelo custo do uso do sistema.

O custo de operação é para toda a vida da empresa, ou seja, enquanto ela existir esse custo também existirá, sendo assim, ele chega a ser 150% superior ao custo de planejamento. Basta imaginar que a empresa pare de faturar porque uma implantação não planejada esqueceu de prever determinada situação.

Um sistema de informações com qualidade é totalmente racional, planejado, no mínimo, com os requisitos básicos e que pode ser caracterizado por:

» ser um sistema sem uma quantidade excessiva de formulários, um sistema não burocrático;

» possuir procedimentos lógicos, diretos e racionais;

» possuir meios de processamentos adequados à atividade em questão;

» não possuir relatórios desnecessários, ou seja, relatórios que não tenham nenhum processamento ou que nunca sejam usados se implantados.

Quando um sistema é bem planejado e racionalizado, ele normalmente se torna eficiente e possui o menor custo possível, impondo um nível aceitável de eficiência operacional. Ao planejar um sistema de informações novo ou planejar a sua melhoria, deve-se levar em consideração que o volume de processamento aumentará, primeiro por controlar pontos antes não controlados; segundo, porque mais pessoas introduzirão e resgatarão dados.

Outro ponto interessante de um sistema de informações bem planejado e implantado é o aumento do controle interno, que não pode ser traduzido como um aumento substancial de burocracia; na verdade, deve-se aumentar o controle interno apenas pela automação das funções, não pelo simples prazer de controlar informações desnecessárias.

Existem muitos sistemas de informação em que o funcionário precisa digitar a mesma informação três ou quatro vezes para conseguir completar o seu trabalho. Trata-se de um caso clássico de aumento de burocracia e confusão com a ampliação do controle interno.

Ainda existem os casos em que os gerentes confundem *controle interno* com *auditoria interna*. Apesar de a segunda depender de informações do primeiro, eles não podem ser considerados a mesma coisa.

Controle interno é o conjunto de procedimentos e medidas organizacionais adotados pela empresa em seu funcionamento básico.

Auditoria interna é o trabalho organizado de revisão e estudo dos controles internos, normalmente executado por um departamento especializado ou uma empresa terceirizada.

O principal objetivo do controle interno é controlar a veracidade das informações e relatórios dos diversos departamentos da empresa, além de prevenir fraudes ou mesmo conseguir identificá-las de maneira mais rápida. Do ponto de vista da perspectiva da organização, o controle interno incentiva a eficiência pessoal, mas, do ponto de vista das pessoas, ele pode causar a sensação de supervisão exagerada.

Em todos esses conceitos já definidos verifica-se a importância do planejamento do sistema de informações para que cada nível operacional da organização receba o tratamento apropriado.

Entende-se que o conjunto formado pelo planejamento estratégico e pelo planejamento operacional define o alicerce para as decisões administrativas da organização. Sendo assim, o plano diretor de tecnologia da informação determina a base para o correto alinhamento do sistema de informações com a tecnologia da informação utilizada na organização.

TERMOS E CONCEITOS IMPORTANTES

- Auditoria interna
- Controle interno
- Informações gerenciais
- Informações operacionais
- Modelo de Relacionamento Cíclico (MRC)
- Metas
- Objetivos
- Plano Diretor de Tecnologia da Informação (PDTI)
- Plano Diretor de Informática (PDI)
- *Peopleware*
- Sistemas de conhecimento
- Sistemas de nível estratégico
- Sistemas operacionais
- Sistemas táticos

QUESTÕES PARA DISCUSSÃO

1. Qual é a diferença entre conhecimento de informática e conhecimento de sistemas de informação?
2. Em que os sistemas de informação gerencial podem auxiliar os executivos?
3. Com relação aos processos gerenciais, como podem ser classificados os sistemas de informação?
4. Como o *peopleware* se comporta perante as mudanças drásticas de *hardware* e *software*?
5. Em uma organização, qual é a relação entre as pessoas e o conceito de territórios?
6. Qual é a diferença entre informação operacional e informação estratégica?
7. Mencione e explique os requisitos básicos para a definição de informações.
8. Explique a frase a seguir: "O maior prejuízo está na alta velocidade com que as informações se tornam perecíveis".
9. Qual das características permanece implícita em todos os outros níveis da evolução das ideias no campo de sistemas?
10. Quais são os dois custos existentes em uma implantação de sistemas de informação? Qual é considerado o mais importante? Por quê?
11. Cite e explique os dois tipos de implantação de sistemas principais existentes.
12. Descreva como devem ser encaradas as informações com relação a confiabilidade e exceções.
13. Como pode ser definido o PDTI? Explique.
14. Como pode ser definido o modelo de relacionamento cíclico?
15. Defina, com suas palavras, tecnologia oportuna e tecnologia funcional.
16. Quais são os dois tipos de implantação de sistemas existentes nas empresas?
17. Qual é a diferença entre mecanização e automação?
18. De maneira geral, as empresas administram de forma adequada os dados, informações e o conhecimento empresarial?

CAPÍTULO 3 • EMPRESAS E SISTEMAS DE INFORMAÇÃO   73

ESTUDO DE CASO

Conhecimento empresarial –
Evoluindo conceitos na gestão de empresas

A atual era da informação, por um lado, traz consigo enormes benefícios pela utilização da tecnologia como ferramenta administrativa e, por outro lado, possui flutuações e turbulências consideráveis nos negócios de uma organização.

Para que uma empresa possa ser eficiente e eficaz no seu processo de tomada de decisão ela precisa implantar metodologias necessárias à Gestão do Conhecimento. Dizer que todas as empresas estão participando da era do conhecimento pode ser uma maneira errada de camuflar a dificuldade que a maioria das empresas enfrentam para ter uma boa Gestão do Conhecimento. Nem sempre é tão simples instalar computadores e *softwares* para auxiliar no processo de distribuição do conhecimento da organização e, simplesmente, eles não resolvem os problemas sozinhos.

Também conhecido como KM (Knowledge Management) a Gestão do Conhecimento envolve a utilização embasada dos dados e informações da organização de forma a obter planejamentos estratégicos mais coerentes com a realidade da organização e do ambiente em que ela se encontra (questões sociais, políticas e econômicas).

Segundo o artigo "Gestão do Conhecimento",[8] Peter Novins, antigo responsável pela área de KM da Ernst & Young e atual Chief Operating Officer da Steele International, diz: "Grande parte do forte crescimento da KM decorre do fato de os primeiros adeptos terem informações suficientes para a segunda leva de empresas sentirem que os benefícios potenciais são grandes".

A tendência para a utilização da Gestão do Conhecimento como aliada não é tão recente, tal fato pode ser percebido na pesquisa[9] efetuada no encontro anual do World Economic Forum de 1999, em que 97% dos executivos seniores consideram vital a gestão do conhecimento.

---

8   ABRAMSON, G. On KM midway. In *CIO website*. Disponível em: <http://www.cio.com.au/article/106229/km_midway/>. Acesso em: 15 set. 2012.

9   Pesquisa elaborada pela Pricewaterhouse Coopers (PWC) no encontro mencionado.

74   SISTEMAS DE INFORMAÇÃO

A definição precisa da KM ainda é uma incógnita no meio empresarial, no qual cada envolvido a define segundo o seu próprio prisma de entendimento. Uma definição bem aceita para Gestão do Conhecimento seria:

> **Gestão do Conhecimento**: objetivo de desenvolver, na organização, uma gestão baseada nos dados do seu método de trabalho que permita melhorar seus resultados ou suas operações com base em um projeto ou prática que utiliza tecnologia da informação para coletar, tratar, resumir, examinar e disponibilizar conhecimento corporativo para melhorar o processo de tomada de decisão.

Para que uma empresa possa adotar um bom modelo de KM não basta apenas tentar absorver experiências de prestadores de serviços ou de conferências que relatam práticas bem-sucedidas de Gestão do Conhecimento em outras organizações.

O primeiro grande passo para um modelo de KM é, num olhar individualista da empresa, a definição de quais problemas tal gestão ajudará a resolver. Somente a partir disso é que a empresa possuirá capacidade para definir o seu modelo de gestão do conhecimento lembrando apenas a implantação de elementos de Tecnologia da Informação (*hardware* e *software*) não capazes de resolver problemas da organização. Nesse ponto, um bom planejamento estratégico totalmente alinhado com um planejamento diretor de tecnologia da informação pode transformar a KM em uma vantagem para a organização.

Se uma empresa procura uma receita para um bom modelo de Gestão do Conhecimento, o melhor local para encontrá-la é nas empresas que possuem uma vasta coleção de conteúdo intelectual e experiência em diversos setores que pode ser medida pelos vários clientes cujos problemas foram enfrentados com soluções criativas encontradas dentro da própria organização no estudo do conhecimento corporativo.

No atual modelo de negócios que representa a globalização, a fusão de empresas é um processo corriqueiro e, principalmente nesses casos, o processo para gerir conhecimento assimilando e reorganizando após a fusão é muito mais complexo.

Segundo Karin Bergmann, ex-líder global de metodologia KM na Artur D. Little na Alemanha, "a empresa treina os clientes a manter o processo, ensinando-lhes a lidar com o conhecimento que eles têm em vez de simplesmente capturar o conhecimento para eles e colocá-lo em um banco de dados".

CAPÍTULO 3 • EMPRESAS E SISTEMAS DE INFORMAÇÃO 75

Para o desenvolvimento especializado de modelos de Gestão do Conhecimento, definiu-se um novo cargo cujo profissional deve ter uma base sólida de administração de empresas e gestão de negócios juntamente com um amplo conhecimento em aplicação de tecnologia para compartilhar o "conhecimento empresarial".

Esse profissional é conhecido por CKO (Chief Knowledge Officer – diretor de conhecimento) e, normalmente, trabalhando em conjunto com o CEO da organização, desenvolve o planejamento estratégico alinhado à Gestão do Conhecimento.

A grande dica das empresas de consultoria é que o KM deve ser iniciado pela alta gerência e ter sua participação ativa vislumbrando toda a organização. Segundo Cranford, da KPMG,[10] "Gestão do Conhecimento não pode ter êxito sem a cooperação do diretor-presidente e por isso a necessidade de um compromisso de KM com um seminário de conscientização para atrair o envolvimento da alta gerência, pois, quando se fala em mudar a cara de uma organização, o diretor-presidente tem de estar envolvido".

Assim, conclui-se que a Gestão do Conhecimento como ferramenta estratégica para compartilhar conhecimento da empresa depende inicialmente da boa vontade da alta administração e da correta aplicação da tecnologia para facilitar tanto a sua aquisição e seu tratamento como o seu compartilhamento a todos os níveis necessários da organização.

? Questões do estudo de caso

1. Como pode ser definida a Gestão do Conhecimento?
2. O que é conhecimento empresarial?
3. Onde deve começar a conscientização na organização para um plano de Gestão do Conhecimento?

---

10 KPMG International. Disponível em <http://www.kpmg.com>. Acesso em: 28 ago. 2012.

FUNDAMENTOS DO USO DE TECNOLOGIA DE INFORMAÇÃO

"Vemos os computadores por toda parte, exceto nas estatísticas de produtividade."

Robert Solow

AO FINAL DESTE CAPÍTULO, VOCÊ VAI:

1. Compreender de forma geral as tecnologias inovadoras utilizadas nos sistemas de informação.
2. Conhecer os principais significados de termos técnicos usuais da área de tecnologia e sua aplicabilidade no auxílio à gestão de empresas.
3. Conhecer as principais características e vantagens dos sistemas de telemática e seu grande crescimento em face da popularização da internet.
4. Saber as características das internets empresariais e suas oportunidades de serviços.
5. Conhecer as novas filosofias de aplicação de tecnologia nas atividades empresariais.

▶ 4.1 INTRODUÇÃO

A tecnologia da informação é parte integrante do nosso cotidiano, com os computadores espalhados em bancos, bibliotecas, ao fazermos exames de tomografia computadorizada, quando alugamos um filme na locadora ou quando vamos fazer uma aposta na loteria. Esse perfil da ferramenta para todas as atividades define a grande aplicabilidade da tecnologia da informação em todas as áreas. Dificilmente alguma área não pode utilizar a tecnologia para melhorar alguma atividade.

Hoje, com o advento da telemática e o desenvolvimento exponencial da internet em conjunto com as necessidades dinâmicas impostas pela globalização, criou-se um ambiente em que os proprietários e gestores de empresas necessitam de razoável conhecimento sobre o universo tecnológico para estarem cientes dos novos prováveis aliados para o desenvolvimento de sua empresa.

Inclusive com o advento dos sistemas computacionais que representam uma enorme flexibilidade no uso e aplicabilidade da tecnologia da informação, o crescimento está cada vez mais ascendente. Entenda-se como sistema computacional qualquer dispositivo que permite o uso de serviços ligados ao processamento computacional, são exemplos os *smartphones*, os *tablets* e os novos dispositivos que têm acesso à internet e alguns tipos de processamento.

Conceitos que antigamente eram necessários apenas para os responsáveis por tecnologia hoje precisam ser evidentes para os envolvidos com a tomada de decisão da organização, de modo a ajudá-los no seu relacionamento com as empresas ou com funcionários que dominam o assunto.

4.2 CONCEITOS E A ANATOMIA DO COMPUTADOR

A área da tecnologia passou por mudanças drásticas ao longo de sua história, principalmente pelo fato de muitos conceitos não se enquadrarem muito bem ao perfil definido para ela.

Com o aparecimento da informática (conjunto de técnicas, procedimentos e equipamentos que permitem o uso e acesso à INFORmação autoMÁTICA), a proposta inicial era a criação de uma sala totalmente isolada em que os dados fossem passados para os profissionais responsáveis pela execução do processamento e o resultado desse processamento fosse entregue a quem estudaria tais informações. Esse período é caracterizado pelos grandes CPDs (Centros de Processamento de Dados), que eram trancados à chave e poucos profissionais podiam manipular os equipamentos existentes.

Uma explicação para a criação dessa estrutura elitista era o fato de os computadores serem equipamentos caríssimos, terem uma manutenção problemática, serem muito complicados de utilizar e causarem muitos problemas ao usuário.

CAPÍTULO 4 • FUNDAMENTOS DO USO DE TECNOLOGIA DE INFORMAÇÃO   79

Com o surgimento dos computadores pessoais (PC – *Personal Computer*) e a passagem do poder de processamento para as mãos do usuário,[1] ocorreu a popularização dos computadores e das ferramentas de informática.

Desse momento em diante, o usuário que necessita da informação pode manipulá-la de acordo com o que melhor lhe convier. O CPD agora passa a ser conhecido como CI (Centro de Informações)[2] ou CTI (Centro de Tecnologia da Informação).

Esse momento é marcado também pelo aparecimento das redes de computadores e as aplicações multitarefas com servidores que permitem vários usuários de lugares diferentes e distantes manipularem os dados provenientes de toda a empresa.

Atualmente, a informática é um conceito ultrapassado que foi substituído pelo conceito de tecnologia da informação.

Tecnologia da informação é todo e qualquer dispositivo que tenha a capacidade para tratar dados e/ou informações, tanto de forma sistêmica como esporádica, independentemente da maneira como é aplicada.

A tecnologia da informação é conhecida como o conjunto de *hardware* (equipamentos e acessórios), *softwares* (programas, utilitários etc.) e *firmware* (circuitos integrados de alguns equipamentos que possuem programas internos para determinadas atividades, como um torno CNC[3] ou mesmo um celular).

Sabe-se que um computador é um equipamento eletrônico que tem muita capacidade para manipular grandes quantidades de dados a uma velocidade extremamente rápida. Um ponto muito importante a salientar é que os computadores não possuem capacidade criativa, ou seja, eles não aprendem com seus

---

1   Essa fase é conhecida como informática descentralizada ou distribuída.

2   Nomenclatura muito utilizada atualmente para representar a nova era dos centros de processamento de dados, que não são mais centralizados. Ele representa a descentralização do processamento e a centralização dos dados e informações da organização.

3   Máquina na qual o processo de usinagem é feito por Comandos Numéricos Computadorizados (CNC) por meio de coordenadas X (vertical) e Z (longitudinal).

próprios erros e não têm a capacidade de imaginar novas situações. Por isso, os computadores são muito bons para tarefas repetitivas, mesmo as grandes maravilhas desenvolvidas por eles, na verdade, são idealizadas pelos programadores e engenheiros de sistemas. Assim, o computador pode ser chamado de "burro veloz", pois, mesmo com o desenvolvimento de algumas técnicas de inteligência artificial e lógica difusa, esse equipamento ainda necessitará de muito desenvolvimento para atingir o nível de pensamento criativo dos seres humanos.

A ideologia de "exterminadores do futuro", em que as máquinas adquirem vontade própria e escravizam ou exterminam os seres humanos, apesar de possibilitar a existência de bons filmes, dificilmente poderá representar a realidade em curto prazo.

Há algumas características que quebram esse conceito, podendo ser representadas por determinadas grandezas que muito dificilmente, mas não de forma impossível, podem ser traduzidas eletrônica ou digitalmente, elas são: o bom senso, o aprendizado com os erros, a criatividade e o sentimento.

O computador, como equipamento, pode ser mais bem definido como o conjunto de componentes e acessórios eletrônicos que tem como função principal receber dados de entrada, executar os processamentos requeridos de acordo com a necessidade do usuário e apresentar as informações de saída no formato solicitado

O computador moderno é composto dos itens apresentados na Figura 4.1:

Figura 4.1 Componentes básicos distintos de um computador

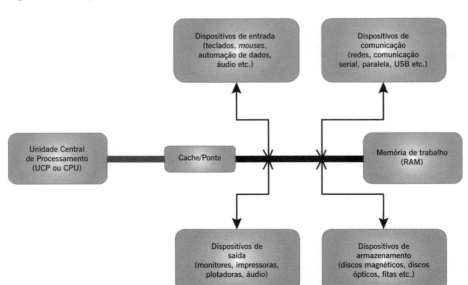

CAPÍTULO 4 • FUNDAMENTOS DO USO DE TECNOLOGIA DE INFORMAÇÃO

A Unidade Central de Processamento (UCP, ou CPU – Central Processing Unit) é o processador do equipamento em que os dados são tratados eletronicamente e as operações realizadas. Ele pode ser identificado popularmente como o cérebro do dispositivo computacional, normalmente expresso em função de sua frequência de trabalho em Hertz (Hz) e seus múltiplos.

Os dispositivos de entrada são os periféricos ou acessórios responsáveis pela entrada de dados no equipamento. Os dispositivos de saída são os periféricos ou acessórios responsáveis pela saída de resultados; são muito utilizados para consulta de informações e emissão de relatórios para estudo. Já os dispositivos de comunicação são os periféricos ou acessórios responsáveis pela interligação de computadores, servidores e estações de trabalho no mesmo prédio ou não. Também são esses acessórios que permitem a troca de dados por meio do sistema de trabalho existente na internet. Normalmente estão disponíveis por meio das portas de comunicação (serial ou paralela), mas, atualmente, a mais utilizada é a porta USB (Universal Serial Bus). Essa última porta permite a conexão de diversos dispositivos, incluindo os dispositivos de armazenamento de dados e arquivos em forma de chaveiros conhecidos como *pen drives*.

Os dispositivos de armazenamento são acessórios responsáveis pelo armazenamento seguro dos dados e informações em meios não dependentes de energia elétrica. São rápidos e podem recuperar com facilidade os dados neles armazenados. Podem ser, basicamente, de dois tipos: os discos magnéticos que são conhecidos por disco rígido; e os discos magnéticos conhecidos pelas unidades de CD, DVD e *Blu-ray*.

A memória de trabalho,[4] ou simplesmente memória do computador, é onde os dados em uso ficam *temporariamente* armazenados enquanto o processamento está ocorrendo, sendo imprescindível, depois, guardá-los em algum dispositivo de armazenamento. A memória é volátil, ou seja, na falta de energia elétrica, por exemplo, o seu conteúdo é perdido.

É comum o usuário dizer que criou algo no computador, como um texto, uma planilha ou qualquer outra coisa, e gravou na memória desse computador. Esse conceito está totalmente equivocado, pois os dados inseridos no computador e/ou

---

4   Ela é a conhecida como memória RAM (Random Access Memory – memória de acesso aleatório).

informações geradas nele somente são gravados em dispositivos de armazenamento,[5] o conteúdo da memória é perdido com o cessar da energia elétrica.

4.3 COMPUTADORES E REDES

Cada vez mais é possível perceber os computadores como uma ferramenta de auxílio em praticamente todas as atividades, isso representa sua grande popularização. Esse movimento foi iniciado nos anos 2000 e diversos fatores o influenciaram, como a diminuição do preço, incentivos governamentais etc.

Junto com essa evolução, as redes de computadores que, inicialmente, tiveram a sua principal aplicação no ambiente empresarial para o compartilhamento de arquivos e para a definição dos primeiros sistemas básicos da empresa que auxiliavam a sua gestão foram outro fator de impulsão para a popularização dos computadores e, um pouco mais tarde, da internet.

Para melhor entender como essas duas tecnologias formaram a base para praticamente todos os serviços prestados tanto para computadores como para celulares e outros dispositivos, precisamos entender sua classificação e evolução.

Os computadores são classificados conforme seu porte (tamanho e velocidade de processamento) e são divididos assim:

» *mainframes*: equipamentos potentes para a época, geralmente utilizados para processamento centralizado de rotinas comerciais, científicas ou militares, muito usado na época dos grandes CPDs. A maior parte desses equipamentos foi desligada, mas algumas empresas ou instituições ainda mantêm alguns em funcionamento por possuir dados e rotinas que não podem ser refeitos em novas plataformas dentro de um prazo mínimo aceitável;
» minicomputadores: computadores de porte médio, muito utilizados em universidades, fábricas e laboratórios, onde são necessários processamentos longos e com grande precisão. Normalmente, conhecidos como estações gráficas, possuem tarefas definidas e podem ser empregados em situações

---

5   Normalmente, meios magnéticos em forma de discos.

em que um *software* específico é adquirido juntamente com a máquina que possui a configuração recomendada para a sua execução;

» computadores pessoais (PCs): também conhecidos como microcomputadores, apesar do intuito inicial de serem equipamentos para pessoas na casa delas, são responsáveis pela revolução da computação descentralizada. As empresas empregam essas máquinas para quase todas as suas atividades. Sua evolução de processamento e sua capacidade de processamento auxiliaram a sua aplicação em várias áreas do conhecimento;

» estações de trabalho (*workstations*): são máquinas que possuem uma grande capacidade de processamento local, principalmente processamento gráfico e matemático, e com a capacidade de processamento multitarefa. Pela evolução natural dos computadores pessoais, existem muitas *workstations* sendo substituídas por PCs com grande poder de processamento;

» supercomputadores: computadores altamente sofisticados e potentes, utilizados para resolver problemas de alta complexibilidade e com milhares de variáveis. Podem ser compostos de diversos processadores trabalhando paralelamente em montagens complexas para atingir um determinado objetivo.

Apesar de essa classificação ser antiga e não representar a realidade da informática nas organizações, ainda existem muitas empresas que mantêm alguns dos componentes mencionados anteriormente em conjunto com as novas arquiteturas. Essa classificação era muito utilizada quando existiam os verdadeiros CPDs, com sua estrutura centralizadora, momento em que o usuário da informação não tinha o controle sobre ela.

Com o surgimento do PC, passou-se a usar o *processamento distribuído*, que se utiliza de PCs interligados entre si e com os *mainframes* e minicomputadores. O processamento distribuído permite que o trabalho a ser executado pelas máquinas interligadas possa ser repartido entre elas, reduzindo o tráfego de alguns dados pela rede e dando mais poder de manipulação ao usuário.

Um pouco depois, o surgimento da *arquitetura cliente-servidor* impôs um novo perfil à classificação dos computadores; atualmente há apenas os servidores e as máquinas-clientes, que podem ser PCs ou estações de trabalho.

Os servidores, como o próprio nome já diz, são equipamentos cuja principal atividade é tornar disponíveis (servir) seus recursos. Existem cinco tipos básicos de servidores:

» servidores de domínio (autenticação e políticas de rede): permitem ou não que pessoas possam utilizar os recursos da rede e definem a gama de serviços que podem utilizar, limitando sua área de ação;

» servidores de bancos de dados (armazenamento e segurança dos dados): usados para centralizar, organizar, compartilhar e disponibilizar os dados gerados na organização;

» servidores de aplicação (disponibilização de aplicações de execução remota, aplicações de duas ou mais camadas): concentram aplicativos comuns utilizados em toda a empresa que podem ser mais bem gerenciados de um único lugar, sendo executados em todas as máquinas possíveis;

» servidores de recursos (impressão, armazenamento ou arquivos): usados para centralizar elementos gerados no trabalho da organização que não formam dados gerencias, tais como propostas, fax e controles internos não vinculados ao sistema de informação. Também controlam uma fila de impressão, centralizando o serviço;

» servidores de serviços de internet (páginas, correio eletrônico, serviços de mensagens instantâneas, grupos de notícias etc.): usados para organizar e gerenciar os serviços ligados à internet.

Apesar de não ser muito comum na prática usada pelas empresas devido a custos, é importante que cada servidor tenha um único serviço, pois, dependendo da quantidade de clientes que o acessam, pode gerar pontos de congestionamento na rede como um todo, tornando o uso desse serviço e outros desconfortáveis para os usuários.

Os *computadores-clientes* são qualquer máquina que pertença à rede capaz de acessar os recursos dos servidores e disponibilizar alguns recursos locais. A arquitetura cliente-servidor iniciada com a tecnologia conhecida como *ethernet* teve a sua maior aplicação com a definição de uma rede com as mesmas características da internet para o uso interno da organização.

As redes de computadores corporativas são o conjunto de acessórios e componentes responsáveis pelo tráfego dos dados por toda a organização. Elas podem ser classificadas quanto ao seu porte, ou seja, quanto ao número de máquinas e serviços disponíveis, como:

» grupo de trabalho (*workgroup*): normalmente redes de pequeno porte em que todas as máquinas são clientes e servidores ao mesmo tempo. Redes

CAPÍTULO 4 • FUNDAMENTOS DO USO DE TECNOLOGIA DE INFORMAÇÃO

características de micro, pequenas e médias empresas. O nível de segurança é baixo;

» domínio (*domain*): redes de maior porte, em geral possuem um servidor central que permite ou não que um usuário se conecte à rede. O domínio permite ainda o estabelecimento de políticas de rede, que definem os privilégios de cada usuário que pode se conectar à rede. Garante um nível maior de segurança à corporação. Todos podem trocar dados entre si, mas a centralização das tarefas de maior responsabilidade fica a cargo de um servidor.

Elas também podem ser classificadas quanto à abrangência como:

» PANs (Personal Area Network, ou redes pessoais): são caracterizadas pelas redes, normalmente sem fio, definidas entre dispositivos computacionais e outros dispositivos, tais como um fone ou computador de mão, utilizando a tecnologia *Bluetooth*.[6]

» LANs (Local Area Network, ou redes de área local): são aquelas que interligam todos os computadores em um mesmo local físico, mesmo prédio ou mesma instalação industrial, também conhecida como redes locais;

» WANs (Wide Area Network, ou redes remotas): são aquelas que interligam computadores de vários locais geográficos, várias instalações industriais, várias filiais. Podem, inclusive, interligar as várias LANs de uma organização.

4.4 CONVERGÊNCIA COMUNICAÇÕES-COMPUTADORES

O desejo dos seres humanos de compartilhar dados e informações levou ao desenvolvimento de técnicas, padronizações, equipamentos e metodologias que permitiu a grande evolução a que se deu o nome de redes. Os exemplos mais notáveis de redes são as telecomunicações que, com seu grande ícone representado

---

6   *Bluetooth*: protocolo padrão de comunicação projetado inicialmente para o trabalho com baixo consumo de energia e baixo alcance.

pelo telefone fixo, permitiram a comunicação entre pessoas e equipamentos distantes em milhares de quilômetros.

Os meios de comunicação de todo o mundo se desenvolvem com base nos padrões definidos pelas telecomunicações, que são um conjunto de técnicas, regras e equipamentos que permitem o tráfego de dados por meios eletrônicos, na maioria das vezes entre grandes distâncias. Todos os nossos meios de comunicação atuais utilizam esse conceito, como é o caso da televisão, do rádio, dos sistemas de telefonia padrão e celular.

Todos esses dispositivos têm em comum o uso de um transmissor (dispositivo que envia os dados), um meio de transmissão (forma como os dados são transmitidos) e um receptor (dispositivo que recebe os dados). Os sistemas de telecomunicações podem transmitir textos, imagens gráficas, sons e informações de vídeo.

A mesclagem dos sistemas de telecomunicações com os sistemas de computação criou a área denominada telemática, responsável pelo grande avanço tecnológico e científico de nossa atualidade.

Figura 4.2 A evolução e a popularização das diversas tecnologias

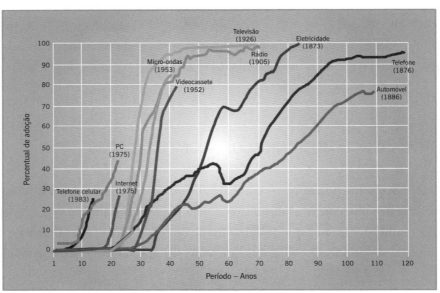

Fonte: Desenvolvido pelo autor.

CAPÍTULO 4 • FUNDAMENTOS DO USO DE TECNOLOGIA DE INFORMAÇÃO

O surgimento dessa área e seus elementos e serviços acessórios possibilitou o acesso *on-line* de informações e o compartilhamento e a transmissão de dados entre os sistemas de informação das filiais de uma mesma organização.

Os sistemas de telemática compreendem, inclusive, os sistemas de transmissão de dados utilizando redes de computadores e podem ser mais bem definidos como o conjunto de dispositivos de *hardware* e de *software* para controlar o tráfego de dados. Dentre seus vários componentes, podemos destacar:

» computadores que processam informações;
» terminais de acesso ou qualquer outro dispositivo que acessa os centros de dados (caixas eletrônicos de bancos, celulares com WAP[7] etc.);
» canais de comunicação, ou seja, as conexões para transmissão dos dados, que podem ser cabos, fibras ópticas, micro-ondas, sinais de rádio, satélites, entre outras formas de transmissão sem fio;
» processadores de comunicações, como *modems*, multiplexadores, concentradores. Esses dispositivos possuem uma função de controle e apoio nas telecomunicações;
» *softwares* de comunicações, programas ou sistemas que controlam as atividades de entrada e saída, métodos de transporte, protocolos e outras funções da rede.

As redes de computadores são, atualmente, os mecanismos de telecomunicações mais utilizados nos sistemas de informação. Nas empresas elas podem estar disponíveis basicamente de duas formas:

» redes cabeadas: são aquelas que utilizam um cabo, normalmente de par trançado, para ligar um equipamento computacional à rede e, consequentemente, aos servidores e outras máquinas. São consideradas as redes mais seguras devido à necessidade de se conectar fisicamente a um ponto interno da empresa. Observe a Figura 4.3.

---

7   O protocolo WAP (Wireless Application Protocol) é um protocolo de comunicação que possibilita o tráfego de dados entre dispositivos de mão, como celulares e computadores de mão para acesso à internet, e consultas bancárias.

Figura 4.3 Conexões de uma rede cabeada

Fonte: Acervo do autor.

» redes sem fio: exemplificada na Figura 4.4, trata-se de um tipo de rede que está se popularizando rapidamente devido à flexibilidade imposta para a sua montagem e manutenção. Também conhecidas como *wifi*[8] ou redes *wireless*, podem permitir que um trabalhador tenha acesso ao que precisa estando em um restaurante, shopping, hotel ou outros lugares públicos que disponibilizam esse tipo de conexão. Dentro de uma empresa pode representar muita flexibilidade, principalmente quando escritórios têm mudanças de *layout* ou posicionamento, além da não obrigatoriedade de passagem de cabos em todas as salas da empresa. Pode ter problemas de segurança mais facilmente devido ao fato de o sinal se espalhar por toda uma área.

Figura 4.4 Elementos de uma rede sem fio

Fonte: Acervo do autor.

---

8   O *wifi* (Wireless Fidelity – fidelidade sem fio) diz respeito a redes sem fio, normalmente restritas a poucos metros, para possibilitar o acesso a dispositivos móveis.

CAPÍTULO 4 • FUNDAMENTOS DO USO DE TECNOLOGIA DE INFORMAÇÃO

As redes de computadores permitem a definição de uma estrutura em que a interoperabilidade[9] possibilita a comunicação entre computadores de arquiteturas diferentes.

A topologia da rede é um apelido dado ao arranjo dos cabos usados para interconectar os clientes e servidores. Ela representa algumas implicações sobre a maneira como o sistema operacional de rede, juntamente com os dispositivos de rede (*hub, switch* etc.), e os computadores-clientes promovem o fluxo de informações sobre a rede.

Tabela 4.1 Comparação de vantagens e desvantagens entre topologias

TOPOLOGIA	*LAYOUT*	VANTAGENS	DESVANTAGENS
Em estrela		É mais tolerante a falhas. Fácil de instalar usuários. Monitoramento centralizado. Expansão por cascateamento.	Custo de instalação maior (mais cabos). Falha no ponto central afeta todas as estações. Limite de estações é o limite do ponto central.
Em anel (*Token ring*)		Razoavelmente fácil de instalar. Requer menos cabos. Desempenho uniforme. Dispositivos especiais podem melhorar a confiabilidade.	Se uma estação para, todas as outras param. Os problemas são difíceis de isolar. Pode ter atrasos ampliados.
Em barramento		Simples e fácil de instalar. Requer menos cabos. Fácil de entender.	A rede fica lenta em períodos de uso intenso. Os problemas são difíceis de isolar. Baixa confiabilidade. Problemas de conexão param toda a rede.

A arquitetura cliente-servidor estabeleceu uma série de tecnologias inovadoras e, entre elas, o surgimento de alguns padrões que tentam facilitar a transmissão dos dados digitais.

Um dos grandes obstáculos encontrados é a dificuldade de transmissão de dados entre arquiteturas de *hardware* diferentes. Um dos avanços utilizados atualmente para solucionar esse tipo de problema é o conjunto de protocolos TCP/IP

---

9   Interoperabilidade é a capacidade de operação independentemente de arquitetura, ou seja, independentemente da família de computadores e sistemas operacionais.

(Transfer Control Protocol/Internet Protocol, ou protocolo de controle de transmissão/protocolo de internet) e as redes do tipo ISDN (Integrated Services Digital Network, ou rede digital de serviços integrados) e do tipo DSL (Digital Subscriber Line, ou linha digital de assinatura).

Com essas padronizações, os progressos da internet foram inevitáveis e de muito proveito para toda a sociedade, pois a internet e o conjunto de serviços que ela possibilita permitem as mais diversas aplicações em tempo real, antes impossíveis.

Uma das funções básicas das redes locais é o compartilhamento de recursos caros e especializados (sejam equipamentos, programas, base de dados ou vias de comunicação) entre os vários usuários da rede.

Qualquer computador existente na rede pode ser um servidor que oferece algum tipo de serviço que se pode acessar por outro computador-cliente. Os diversos tipos de servidores são diferenciados pelo tipo de programa que eles têm e algum tipo especial de equipamento de que disponham.

Entre os serviços mais comuns, temos o compartilhamento de arquivos, os sistemas de gerenciamento de bancos de dados, o compartilhamento de impressoras, o autenticador de usuários, a administração dos serviços de rede, a criptografia, o correio eletrônico etc.

Podem existir computadores na rede cuja única função seja disponibilizar alguns desses serviços aos outros computadores ou atuar, ao mesmo tempo, como clientes de outros servidores.

Entre os diversos tipos de servidores, podemos destacar:

4.4.1 Servidores de arquivos

O servidor de arquivo tem como função oferecer a seus clientes o serviço de armazenamento e acesso a informações bem como o de compartilhamento de disco. Ele controla unidades de disco ou outras unidades de armazenamento, podendo aceitar pedidos de transações das estações-clientes e atendê-los, utilizando os seus dispositivos de armazenamento.

Um servidor de arquivo geral é aquele que pode aceitar transações independentes do sistema operacional do cliente. Nesse caso, existe um sistema de arquivo padrão da rede, utilizado pelo servidor de arquivos, no qual os vários arquivos das demais estações da rede devem ser convertidos (pelos protocolos de rede) para comunicação com o servidor. Sendo adotada essa solução, todos os arquivos da rede são potencialmente acessíveis a todas as estações, independentemente das estruturas de arquivos individuais.

4.4.2 Servidor de impressão

O servidor de impressão tem como finalidade oferecer serviços de impressão a seus clientes. Um servidor de impressão típico tem vários tipos de impressoras acopladas, cada uma delas adequado à qualidade ou à rapidez de uma aplicação particular, ou até tamanhos específicos de papel e formulários especiais.

Esse tipo de servidor possibilita o gerenciamento de filas de impressão (*spooling*), que atende às solicitações do usuário de acordo com a ordem de envio da requisição do serviço.

4.4.3 Servidor de autenticação

Esse tipo de servidor consiste em uma estação especial de frente responsável pela realização de todos os procedimentos de verificação da identidade do usuário e políticas de acesso à rede, bem como da interface com os dispositivos usuários, de modo que lhes possibilite o uso da rede. Essa estação também é responsável pelas políticas de uso dos diversos itens da rede, definindo os privilégios de cada usuário.

Sua importância está no fato de permitir a administração centralizada da infraestrutura de rede, reduzindo trabalhos avançados e permitindo o melhor gerenciamento.

4.4.4 Servidor *gateway*

Esta é uma estação da rede que oferece a seus clientes serviços de comunicação com outras redes. A ligação entre redes pode ser realizada por repetidores ou pontes, mas, quando se trata de interligação de redes distintas, o uso de *gateway* é indispensável.

Também conhecido como portão de saída, ele é a base para conectar todas as máquinas de uma rede corporativa à internet. Se for instalado como Servidor Proxy poderá compreender os serviços de *gateway*, *webcache* e aplicação de segurança por meio de *firewall*.

O *webcache* é um mecanismo de auxílio à resposta de solicitações de conteúdos da *web*, pois mantém uma cópia de todas as páginas e outros elementos solicitados por navegador. Numa solicitação posterior, a resposta será dada diretamente do servidor sem a necessidade de gerar tráfego intenso na ligação com a rede pública. Esse conteúdo possui uma data e um horário de expiração (validade) que força o *webcache* a buscar uma cópia mais atualizada do documento *web*.

O *firewall* será discutido detalhadamente em capítulos seguintes, mas, de imediato, um *firewall* é um mecanismo que controla quais solicitações podem entrar ou sair da rede corporativa para a rede pública.

4.4.5 Servidor de administração de redes

Esse tipo de servidor promove a monitoração do tráfego, de um estado da rede, do desempenho de qualquer estação da rede, assim como o meio de transmissão e outros sinais, ações necessárias para o gerenciamento da rede a fim de detectar erros, o diagnóstico e as resoluções de problemas da rede, por exemplo, falhas, problemas de desempenho, congestionamentos momentâneos etc.

Implantar esse tipo de servidor em um ambiente corporativo pode ser importante para a realização de manutenção preventiva, principalmente em situações em que as interrupções possam representar prejuízos consideráveis.

4.4.6 Servidor de banco de dados

Esse servidor é utilizado para centralizar os dados gerados no dia a dia da organização, promovendo seu controle, as políticas e a segurança de uso etc. Normalmente, esse tipo de servidor vincula-se a uma arquitetura de sistemas de informação de três ou mais camadas.

Ele pode ser utilizado atualmente para manter tanto o sistema de informação da empresa quanto outros serviços ligados à transformação de dados em informações e conhecimento com a integração com ferramentas de Business Inteligence, Reporting, Sistemas de Suporte a Decisão e Sistemas Especialistas.

4.4.7 Servidor de aplicação

Esse tipo de servidor leva a centralizar uma ou mais aplicações da organização sem que seja necessário instalá-las em todas as máquinas-clientes. Possibilita a execução de aplicações remotas, ou seja, pode-se usar um aplicativo que não esteja fisicamente instalado na máquina-cliente. Possui uma grande vantagem quando é necessário algum tipo de atualização no sistema de informação, pois altera o conteúdo de apenas uma máquina. Como desvantagem, vale salientar que esse tipo de aplicação pode gerar um ponto de gargalo, tornando a rede empresarial lenta.

CAPÍTULO 4 • FUNDAMENTOS DO USO DE TECNOLOGIA DE INFORMAÇÃO

Com a tendência de desenvolvimento de sistema de gestão com interface *web*, esse tipo de servidor tem sido cada vez mais comum nas organizações. Junto com a filosofia de arquiteturas orientadas a serviços, inclusive a integração com fornecedores e distribuidores é foco para o uso desse tipo de servidor.

4.4.8 Servidor de internet

Possibilita a administração dos diversos tipos de serviços proporcionados pela internet. Utilizado para gerenciar os serviços da *web*, correio eletrônico, transmissão de arquivos etc. Em muitas empresas, ainda é um tipo de servidor normalmente terceirizado pelos grandes provedores.

4.5 INTERNET X INTRANET X EXTRANET

O desenvolvimento da internet pode ser resumido em duas importantes décadas: 1960 e 1970. Na década de 1960, o Departamento de Defesa dos Estados Unidos desenvolveu um sistema de comunicação com o uso de redes de computadores. Essa comunicação tinha como principal meta manter as bases militares em contato constante, na tentativa de evitar ataques nucleares. Nesse momento, a Guerra Fria trazia, apesar de seus efeitos terríveis, um benefício colateral à humanidade com a tecnologia que serviu de berço para a internet.

Durante a década de 1970, esse sistema de comunicação foi expandido, incorporando universidades e, na década de 1980, incluindo qualquer pessoa que possuísse um computador e desejasse estar conectado à grande rede.

Do ponto de vista técnico, a internet é uma conexão de todas as redes do mundo, mas, do ponto de vista do usuário, ela representa a possibilidade, quase infinita, de acesso a serviços *on-line*, comunicação entre pessoas ou troca de dados entre computadores.

A melhor definição para internet é rede de redes, ou seja, uma interligação de várias redes em todo o mundo utilizando os mesmos padrões de comunicação, causando uma revolução nas telecomunicações.

Para perceber melhor a revolução causada pela internet perante as telecomunicações, basta observar a Tabela 4.2 que compara a expansão da telefonia e da *web*.

Tabela 4.2 Comparação do crescimento telefone × *web*

O TELEFONE	demorou 74 anos para atingir	50 milhões de usuários
A WEB	demorou 4 anos para atingir	

O crescimento exponencial desse tipo de rede junto com a popularização dos computadores pessoais e a necessidade de usuários residenciais e pequenos escritórios acessarem-na trouxeram a obrigatoriedade da criação de uma nova linha de empresas prestadoras de serviços.

O provedor é uma empresa prestadora de serviços que aluga uma linha telefônica especial (*backbone* ou satélite) para rateá-la entre seus usuários, oferecendo-lhes a possibilidade de, por meio de uma ligação local, acessarem qualquer informação que esteja disponível no mundo. Mesmo esse tipo de empresa passou por mudanças consideráveis nos últimos cinco anos, pois a disponibilização e a popularização das conexões de banda larga (conexões DSL) definiram novos rumos no acesso à internet.

Atualmente, os provedores de acesso se concentram em prestar serviços em portais para conquistar novos clientes e manter os clientes existentes, diante de questionamentos judiciais sobre a necessidade de provedor em conexões do tipo banda larga. Apesar da situação ainda não estar totalmente definida, a necessidade de sobrevivência dessas empresas promoveu a diversificação de atividades.

Inicialmente, os provedores eram utilizados pelos usuários e empresas para ter acesso a todos os serviços da grande rede; depois, passaram a possibilitar a criação de uma série de portais que permitem novas maneiras de fazer negócio.

Para entender esse crescimento, a Tabela 4.3 apresenta uma comparação dos usuários da internet em 2000 e 2011.

CAPÍTULO 4 • FUNDAMENTOS DO USO DE TECNOLOGIA DE INFORMAÇÃO   95

Tabela 4.3 Estatísticas de usuários de internet no mundo

REGIÃO	POPULAÇÃO (2011, ESTIMADO)	USUÁRIOS DA INTERNET		CRESCI-MENTO (EM %)
		31/12/2000	31/12/2011	
África	1.037.524.058	4.514.400 (0,44% da população)	139.875.242 (13,48% da população)	2.988,4
Ásia	3.879.740.877	114.304.000 (2,95% da população)	1.016.799.076 (26,21% da população)	798,6
Europa	816.426.346	105.096.093 (12,87% da população)	500.723.686 (61,33% da população)	376,4
Oriente Médio	216.258.843	3.284.800 (1,52% da população)	77.020.995 (35,62% da população)	2.244,8
América do Norte	347.394.870	108.096.800 (31,12% da população)	273.067.546 (78,60% da população)	152,6
América Latina/ Caribe	597.283.165	18.068.919 (3,03% da população)	235.819.740 (39,48% da população)	1.205,1
Oceania Austrália	35.426.995	7.620.480 (21,51% da população)	23.927.457 (67,54% da população)	214,0
Mundo	6.930.055.154	360.985.492 (5,21% da população)	2.267.233.742 (32,72% da população)	528,1

Fonte: Internet World Stats, 2011.[10]

De acordo com a Tabela 4.3, o número de cibernautas em todo o mundo já ultrapassou 2,2 bilhões. Esse estudo indica que a região asiática ocupa o primeiro lugar em termos de cibernautas, com um número em torno de 1 bilhão de usuários conectados. Os países da Europa ocupam o segundo lugar com 500 milhões, seguido pela América do Norte com aproximadamente 273 milhões de usuários. Depois, vem a América Latina, com 235 milhões, os países da África, 139 milhões, o Oriente Médio, 77 milhões, e a Oceania, Austrália, com aproximadamente 23 milhões de usuários.

A América Latina teve o terceiro maior crescimento em número de usuários. Esse fato chama a atenção, pois a realidade nessa região é diferenciada, tendo em

---

10 Internet World Stats. Internet users in World by Geographical Regions in 2011. Disponível em: <http://www. internetworldstats.com/stats.htm>. Acesso: em 17 mar. 2012.

vista que os problemas estruturais de linhas telefônicas, mesmo com a popularização da banda larga, junto com a baixa renda *per capita* que atrapalham o processo de crescimento.

A redução de preço dos computadores pessoais e a popularização da banda larga podem ser considerados os grandes impulsionadores do quadro favorável a um crescimento ainda maior. O estudo também aponta o crescimento médio de 528,1% no mundo com relação aos usuários de internet.

Segundo o Comitê Gestor de Internet Americano, o crescimento do número de domínios de 1995 até 2005 obteve um crescimento de 72,81%; além disso, de janeiro de 2000 até julho de 2005, ocorreu um crescimento de 487,97% no número de domínios no mundo.

No Brasil, segundo o Núcleo de Informação e Coordenação do Comitê Gestor de Internet (NIC.br), o número de domínios registrados ultrapassou a marca de 2 milhões de domínios no fim do primeiro semestre de 2010, conforme apresentado na Tabela 4.4.

Tabela 4.4 Número de domínios registrados no Brasil

DOMÍNIOS NO BRASIL			
Tipo de domínio	Quantidade		Crescimento
	2006	2012	2006 a 2010
Entidades	826.111	2.756.732	233,70%
Universidades	2.294	3.455	50,61%
Pessoas físicas	3.167	9.175	189,71%
Profissionais liberais	25.531	51.352	101,14%
Total	857.103	2.820.714	229,10%

Fonte: Núcleo de Informação e Coordenação do Comitê Gestor de Internet (NIC.br).

O Brasil é o primeiro no *ranking* latino-americano de usuários de internet, sendo responsável por 45,78%, seguido pela Argentina (16,18%) e Colômbia

CAPÍTULO 4 • FUNDAMENTOS DO USO DE TECNOLOGIA DE INFORMAÇÃO   97

(14,44%).[11] O Brasil apresenta um crescimento exponencial que cria forte estímulo para o mercado de eletrônicos desenvolver produtos voltados à conexão de redes e telecomunicações.

O tráfego mundial, apesar da crise de mesmo âmbito no ano de 2009, aumentou na ordem de 79%; no Brasil, 44% da população está conectadas,[12] com 97% das empresas do país[13] tendo acesso contínuo à internet. Esses números mostram que a grande rede pública não foi afetada pela crise.

Como já se discutiu, a Internet é o nome dado ao conjunto de tecnologias que permitem a definição, disponibilização e acesso a uma lista muito grande de serviços *on-line*. No conjunto de milhares de serviços disponíveis, destacam-se:

» *Web* ou www: serviço de páginas em formato HTML, utilizado para requisição de documentos por demanda, inclui troca de informações e marketing empresarial ou pessoal. Esse serviço pode ser considerado a maior biblioteca do mundo, em que toda informação que alguém disponibilizou pode ser acessada por qualquer pessoa em qualquer lugar;

» correio eletrônico ou *e-mail*: serviço que permite a troca de mensagens no formato eletrônico entre duas ou mais pessoas. Além do envio de mensagens, esse serviço permite que arquivos de diversos formatos sejam enviados anexados a elas;

» grupo de notícias: é um serviço sem fins lucrativos, para quem deseja participar, para discussão de diversos assuntos em murais eletrônicos. Atualmente, esse serviço encontra-se em desuso como consequência da popularização das redes sociais que permitem uma interação quase em tempo real ou com suas variações em serviços de RSS que mescla e encaminha notícias de diversas fontes que o usuário "assina".

» mensagens instantâneas: um dos serviços mais utilizados na atualidade, pois permite a troca de mensagens *instantaneamente* com um ou mais usuários

---

11 Dados de acordo com Internet World Stats. *Internet usage and population statistics for South America*. Disponível em: <http://www.internetworldstats.com/stats15.htm>. Acesso em: 17 mar. 2012.

12 *Cresce índice de brasileiros com acesso ao computador. Jornal da Globo*/G1. Disponível em: <http://g1.globo.com/Noticias/Tecnologia/0,,MUL147588-6174,00.html>. Acesso em: 26 jun. 2012.

13 TIC Empresas 2010. Disponível em: <http://www.cetic.br/empresas/2010/index.htm>. Acesso em: 17 mar. 2012.

on-line. Além de permitir a comunicação em tempo real com pessoas distantes, também tem sido utilizado por empresas para suporte, atendimento a cliente, mecanismos de marketing direcionado etc.

» FTP:[14] a transferência de arquivos é um serviço para troca de arquivos de qualquer tipo, sendo que o recebimento de arquivos é chamado *download* e o envio de arquivos, *upload*;

» bate-papo (IRC):[15] é um serviço que permite a conversa *on-line* pelo teclado, via voz (com a existência de um dispositivo multimídia) ou pelo vídeo (com o uso dos dispositivos *webcam*). Esse serviço atualmente encontra-se em desuso devido a evolução dos serviços de mensagens instantâneas;

» redes sociais: são portais exclusivos e sem custo que permitem uma interação de um usuário com outros usuários, empresas, instituições etc. Ele representa a febre atual pela forma como a exposição se torna potencializada. É importante lembrar que isso causa fatores positivos e negativos tanto para as pessoas como para as empresas e para a própria sociedade. A forma como se relaciona nesse serviço pode representar benefícios ou malefícios, pois as opiniões podem ser potencializadas com essa ferramenta. São exemplos: Facebook, Twitter, Linkedin, Google+ etc.

Do ponto de vista das organizações, a internet possui excelentes vantagens, entre elas:

» canais de contato e de suporte: maneira fácil e sem grandes despesas de as empresas manterem contato com seus clientes e fornecedores; possibilita, de forma direta e econômica, a venda de produtos e serviços a clientes de todo o mundo. Atinge mercados antes difíceis de participar, principalmente se a empresa planejar corretamente seu uso nas redes sociais;

» pesquisa *on-line*: permite a obtenção de informações diversas (cotação de dólar, índices econômicos, bolsa de valores etc.) e o acompanhamento de novidades da *web*;

---

14 O FTP (File Transference Protocol) é o protocolo de transferência de arquivos, um conjunto de protocolos utilizado para o envio e o recebimento de arquivos de diversos formatos, utilizando como base a grande rede mundial internet.

15 O IRC (Internet Relay Chat) é o conjunto de protocolos que possibilita o diálogo entre duas ou mais pessoas em tempo real, utilizando o teclado.

CAPÍTULO 4 • FUNDAMENTOS DO USO DE TECNOLOGIA DE INFORMAÇÃO   99

» publicação na *web*: facilita a divulgação mundial de produtos, serviços e *sites* com o uso de catálogos eletrônicos com novas experiências aos usuários e clientes. A recepção de informações sobre opiniões, críticas e sugestões também pode ser potencializada com a aplicação de redes sociais nos negócios;

» facilidade de oferta de prestação de serviços: por se tratar de um mecanismo de comunicação prático, econômico e ágil, e estar disponibilizado 24 horas por dia, qualquer pessoa pode, de sua casa, prestar serviços pela internet. É importante salientar que ela também pode tornar a gestão de uma empresa mais eficiente e dinâmica.

Existe um serviço especial orientado para as organizações que se iniciou com as telecomunicações e posteriormente melhorado com o uso da internet, serviço esse denominado de EDI[16] (Electronic Data Interchange, ou intercâmbio eletrônico de dados). Ele é uma troca direta de documentos padronizados para efetuar transações comerciais, tais como boletos, bilhetes de passagens, pedidos de compra etc. Esse tipo de serviço é diferente do correio eletrônico, pois possui uma transação real, cujo alicerce são grandes contratos que as empresas fecham entre sistemas de informação.

Podem-se demonstrar muitas outras aplicações da internet na área de negócios, mas, agora, será dada a devida atenção a cada tecnologia envolvida nesse sistema e a cada ferramenta utilizada.

Em resumo, a internet torna mais rápido o acesso às informações, melhora a comunicação e a colaboração entre pessoas e organizações, acelera a divulgação de novos conhecimentos e facilita as novas técnicas de comércio.

A internet teve um crescimento tão importante e suas padronizações foram tão interessantes para a sociedade e para as empresas que surgiram algumas variações próprias para o uso empresarial.

Uma delas é a intranet,[17] que pode ser entendida como uma rede corporativa que engloba todos os padrões da internet e, consequentemente, todos os serviços que ela oferece. É responsável pelo aparecimento de novas ferramentas administrativas totalmente portáveis.

---

16 O intercâmbio eletrônico de dados é uma das primeiras formas de transações eletrônicas entre organizações.

17 Rede exclusiva de uma empresa que segue os mesmos padrões de comunicação e de serviços da internet.

A grande diferença entre a internet e a intranet é que esse tipo de rede tem acesso limitado exclusivamente aos usuários da rede corporativa. Sua principal função é o compartilhamento dos dados e recursos computacionais da empresa entre os funcionários, minimizando o tráfego pela rede com o uso do padrão de IPs.[18]

A intranet ajuda a empresa a melhorar a sua capacidade de coletar, organizar e ter acesso imediato a todas as informações. Ela é utilizada para:

» aumentar o tempo produtivo, usando o compartilhamento de documentos comuns, como manuais de treinamento, modelos de documentos, formulários e políticas internas;
» reduzir distâncias, tirando proveito de reuniões virtuais, colaboração de documentos e trabalhos em grupo;
» permitir a transferência de conhecimento pela reutilização de documentos eletrônicos e estratégicos armazenados que foram utilizados com sucesso;
» permitir o acesso rápido de gerentes e responsáveis pela tomada de decisão aos relatórios necessários no tempo oportuno.

Figura 4.5 Exemplo de intranet corporativa

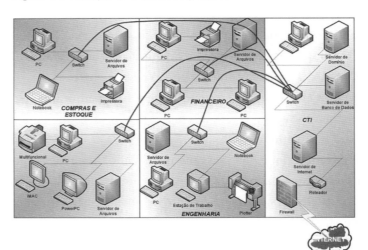

---

18 O IP (Internet Protocol, ou protocolo de internet) controla os endereçamentos de cada máquina na rede; é comparável ao RG (Registro Geral ou Identidade) das pessoas.

A intranet promove a combinação do melhor da tecnologia cliente-servidor com o melhor da tecnologia da internet para criar um ambiente de fácil implementação, manutenção, atualização e utilização, além de representar uma maneira rápida de obter informações.

A extranet, por sua vez, pode ser definida como uma parte da intranet que fica disponível na internet para acesso ao público em geral (clientes, fornecedores etc.) com acesso controlado a algumas áreas. É muito utilizada para aumentar os serviços disponíveis aos clientes, agregar valor a produtos ou para criar novas maneiras de comercialização dos produtos ou serviços da organização.

Figura 4.6 Arquitetura de uma extranet

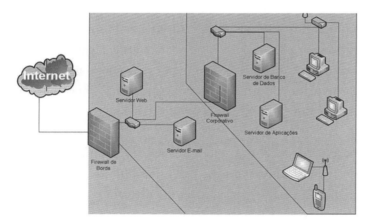

É importante salientar que, apesar de a internet possuir muitos pontos positivos, também cria novos desafios e problemas à medida que vai ficando mais popular. Para usar a internet, as empresas precisam conhecer de forma muito clara as questões relativas à segurança de dados e de transações, as questões concernentes à cultura das pessoas e as diferenças regionais e a própria sobrecarga de informações que pode gerar nos usuários.

4.6 TECNOLOGIAS DE ARMAZENAMENTO

Como tecnologias de armazenamento entendam-se todos os dispositivos utilizados para salvaguardar os dados em ambientes em que não existe a necessidade de meios elétricos para mantê-los em formato digital, de modo que possam ser armazenados e recuperados a qualquer momento.

As unidades de armazenamento podem ser classificadas como:

» unidades de armazenamento magnético;
» unidades de armazenamento óptico;
» unidades de armazenamento eletrônico.

Apesar do grande avanço existente na área da telemática, a maneira mais utilizada para o armazenamento de dados ainda é o meio magnético, como discos magnéticos metálicos (*winchester* ou disco rígido) e flexíveis. Atualmente, os computadores pessoais costumam já possuir pelo menos um disco rígido e, opcionalmente, uma unidade leitora de disco flexível de 3,5" (disquetes)[19], sendo que este último já passa a ser raridade por existirem meios mais rápidos e adequados para guardar uma maior quantidade de informação como, por exemplo, o *pen drive*. O aumento considerável das unidades de armazenamento magnético, chegando aos Terabytes (1 TB), junto com a flexibilização desses dispositivos na forma portátil, tem fortalecido seu uso.

Computadores novos já saem de fábrica com unidades de disco rígido, portas para dispositivos USB e *slots* de leitura de cartões. Esses dois últimos são tecnologias que se encaixam em dispositivos de armazenamento eletrônico.

A extrapolação dos dispositivos de armazenamento eletrônico nos conhecidos Discos de Estado Sólido (SSD – Solid State Disk) promete uma nova revolução em velocidade, capacidade de armazenamento, segurança e confiabilidade com o uso desse tipo de dispositivo.

Existem ainda outros dispositivos magnéticos flexíveis de mais alta capacidade de armazenamento, como o *zip drive*, *jazz drive*, a fita *dat*, as unidades *Bernoulli* etc. Essas unidades magnéticas permitem leitura e gravação, ou seja, podem ser reutilizadas para gravação de outros dados mediante a exclusão de dados desatualizados. Apesar de antigas, ainda são empregadas em sistemas de cópia de segurança em muitas empresas.

---

19 Um dos únicos acessórios do computador que não sofreram melhorias drásticas e aumento de capacidade nos últimos quinze anos, com exceção de novos dispositivos não tão comuns. Mantém uma capacidade máxima de 1,44 MB.

CAPÍTULO 4 • FUNDAMENTOS DO USO DE TECNOLOGIA DE INFORMAÇÃO   103

As unidades de armazenamento óptico são os conhecidos CDs (Compact Discs) e DVDs (Digital Video Discs) para computador, também chamados de CD-ROM ou DVD-ROM, que armazenam informações pelo método de queima de depressões microscópicas em trilhas concêntricas.

Os CDs estão em desuso, pois os DVDs possibilitam desenvolver o mesmo trabalho com capacidade muito superior, mas algumas aplicações ainda obrigam o uso dos CDs ou, por questões de pouco espaço necessário, ainda se usa esse tipo de mídia de armazenamento.

Os CDs podem ser classificados como:

» CD-ROM/DVD-ROM (CD/DVD Read Only Memory): disco óptico que permite apenas leitura, ou seja, uma vez que a informação foi armazenada, não pode ser apagada ou alterada. Normalmente são fabricados em ambientes industriais;
» CD-R/DVD-R (CD/DVD Recordable): disco óptico com uma única possibilidade de gravação, utilizando dispositivos de gravação em PCs. Muito usado para a criação de cópias de segurança (*backups*) de dados;
» CD-RW/DVD-RW (CD/DVD Rewritable): disco óptico de fabricação especial que permite gravação, leitura e posterior exclusão de dados para próximas gravações na mesma mídia. Apesar do custo elevado quando comparado com o CD-R ou DVD-R, pode ser considerada a melhor opção em alguns casos.

O DVD é uma mídia que está substituindo quase por completo as aplicações de CDs, também um disco de armazenamento óptico, ele possui capacidade de armazenamento muito superior, no mínimo seis vezes maior, sem levar em conta a maior velocidade de leitura e gravação dos dados.

Possui muitas aplicações para armazenamento e recuperação de imagens de vídeo digital. Também conhecido como uma evolução do vídeo CD, pois possibilita alto grau de definição para imagens de filmes e sons de alta fidelidade, reinventando a indústria do entretenimento.

Novos padrões de armazenamento de dados, principalmente de áudio e vídeo, promovem um maior aproveitamento das tecnologias de armazenamento, pois possuem algoritmos de alto potencial de compactação, como:

» DivX: foi criado pela DivX Inc. na cidade de San Diego, Califórnia, Estados Unidos, com o objetivo de criar um padrão de armazenamento de filmes (áudio e vídeo) com redução considerável de espaço utilizado, mantendo a qualidade. No formato de código proprietário[20] ele encontra-se disponível para as plataformas Windows, Mac OS X e Linux.

» Xvid: criado como um *software* livre, ele é uma versão similar ao DivX com código aberto.[21] Elaborado por um grupo de programadores voluntários como protesto ao código fechado do DivX, está disponível para qualquer plataforma.

» MP3: criado pelo grupo alemão que padroniza o formato de compressão digital MPEG[22] em 1987, é uma inflexão de MPEG Layer 3 (MPEG na camada 3) e se popularizou apenas em 1996. Seu trabalho consiste em compactar áudio com perdas que são imperceptíveis ao ouvido humano.

As unidades de armazenamento eletrônico consistem em elementos que conseguem manter dados e informações no formato digital em dispositivos eletrônicos baseados em circuitos capazes de persistir o conteúdo sem uma fonte constante de energia. Esse tipo de dispositivo de armazenamento compreende os cartões SD, míni-SD, micro-SD, *pen drives.*

Também conhecidos como dispositivos SSD,[23] são especialmente utilizados em *pen drives,* máquinas fotográficas digitais, celulares e *smartphones*, além de outros dispositivos que usam desse artifício como memórias rápidas (*buffers*). Por não serem compostos de partes mecânicas e móveis, têm um tempo de acesso muito inferior quando comparados com os outros tipos de armazenamento, além de terem uma vida útil superior. Sua popularização tem sido muito grande diante do aumento exponencial da capacidade e redução considerável de preço em curto período de tempo.

---

20 O código proprietário é a modalidade de programas que são comercializados e não podem ser alterados pelos usuários.

21 O código aberto é a modalidade de programas cujo código-fonte é liberado para que entusiastas, usuários e profissionais da área possam fazer ajustes, conforme a necessidade.

22 MPEG é a abreviatura de Motion Picture Experts Group (grupo de especialistas em figuras em movimento).

23 O SSD (Solid State Drive) é o dispositivo de armazenamento de estado sólido, fabricado num processo muito semelhante ao dos microprocessadores.

4.7 BASES DE DADOS

Uma base de dados é o elemento mais importante num ambiente corporativo, tendo em vista que o seu conteúdo (dados e informações) será utilizado em diversos processos gerenciais e táticos da empresa. Em conjunto com todos os dispositivos de armazenamento descritos, existe a tecnologia de banco de dados, que leva à administração dos dados e informações utilizando toda a tecnologia das telecomunicações para que a informação requerida esteja no local desejado e seja obtida na hora desejada.

Um *banco de dados* torna possível o armazenamento dos dados comuns a todos os departamentos (subsistemas) da organização, que, com base nas mais novas tecnologias de banco de dados, possibilita a gravação de diversos dados nas mais diversas condições, o processamento de grandes volumes de dados, uma avaliação de alta velocidade e a recuperação por meio de processos aleatórios.

> **Banco de dados** é uma coleção de arquivos estruturados, não redundantes e inter-relacionados, que proporcionam uma fonte única de dados para uma variedade de aplicações.

Os dados gerados na organização precisam ser armazenados nos meios mencionados, respeitando determinadas estruturas que possibilitam a sua rápida recuperação. Eles são organizados nos sistemas de informação computadorizados segundo a hierarquia de bits e bytes (formato eletrônico de armazenamento de dados), que são entendidos pelos usuários segundo a hierarquia de bancos de dados, que obedece aos seguintes critérios:

» campos ou atributos: característica ou qualidade que representará determinada entidade (pessoa, lugar ou alguma outra coisa). Exemplo: nome do cliente, cidade do fornecedor;

» registros: conjunto de campos definidos que são suficientes para representar as informações desejadas referentes a uma entidade. Todos os dados de um único cliente;

» tabela: conjunto de registros relacionados. Relação de todos os dados de todos os fornecedores;

» banco de dados: conjunto de tabelas agrupadas.

Normalmente, uma tabela tem uma série de campos definidos para armazenar os registros das entidades desejadas e possui um ou mais campos-chave (chaves primárias), que é um campo com uma característica única para indicar a entidade. A chave pode ser um código único do cliente ou seu CPF. Existem também chaves primárias compostas que compreendem vários campos para identificar exclusivamente uma entidade.

Os bancos de dados podem ser classificados segundo sua forma de armazenamento e recuperação dos dados, que são:

» gerenciador de arquivos (GA): tipo de banco de dados que mantém um arquivo separado para cada tabela de registros utilizada. As formas de relacionamentos entre os arquivos são impostas por meio das linguagens de programação, por exemplo, Cobol, Clipper, Dataflex, Paradox etc.;

» sistemas de gerenciamento de banco de dados (SGBD): tipo de banco de dados que tem um único arquivo para armazenamento de todas as tabelas de registros e algumas outras características técnicas. Os dados nele armazenados ficam disponíveis para qualquer aplicação desejada.

Em um sistema de gerenciamento de banco de dados existem três tipos de linguagem a se utilizar:

» linguagem de definição de dados (DDL – Data Definition Language): define cada elemento de dado como ele deve aparecer no banco de dados. É a linguagem usada para modelar e definir o banco de dados;

» linguagem de manipulação de dados (DML – Data Manipulation Language): ferramenta especial usada para resgatar e manipular os dados do banco de dados por meio de determinadas técnicas. A mais conhecida é o padrão SQL (Structured Query Language, ou linguagem de consulta estruturada);

» linguagem de controle de dados (DCL – Data Control Language): permite impor as características de segurança no que diz respeito a autenticação e autorização de usuários, estabelecendo políticas de uso e elementos de auditoria de dados.

Figura 4.7 Exemplo esquemático de banco de dados centralizado

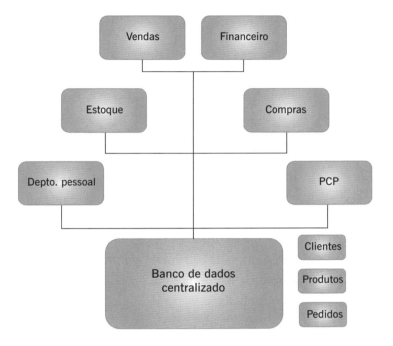

Os SGBD possuem grandes vantagens, entre elas podemos citar:

» independência dos dados: eles ficam disponíveis a qualquer aplicação simultânea;
» redução da redundância e da inconsistência dos dados: como os dados são centralizados, uma vez cadastrados, ficam disponíveis para qualquer departamento (ou subsistema) da empresa; caso ocorra uma tentativa de cadastrá-lo novamente, mensagens de alerta serão apresentadas ao usuários. Além disso, a centralização e a administração dos dados permitem a redução drástica de erros, pois tal estrutura possibilita a coesão dos dados com a realidade, tendo em vista a imposição de regras de negócio na estrutura do banco de dados;
» complexidade reduzida: o gerenciamento consolidado, seu acesso e sua utilização não necessitam de estruturas complexas;
» facilidade de acesso: a possibilidade de definir relacionamentos entre as tabelas faz com que os dados sejam facilmente resgatados, mesmo que estejam em tabelas diferentes.

Um SGBD multiusuário deve permitir que vários usuários acessem o banco de dados ao mesmo tempo. Esse fator é essencial para que múltiplas aplicações integradas possam acessar o banco.

Esse tipo de banco de dados deve manter o controle de concorrência para assegurar que o resultado de atualizações seja correto. Um banco de dados multiusuário deve fornecer recursos para a construção de múltiplas visões.

A correta definição do banco de dados da organização tem um impacto direto e profundo em todo o sistema de informações; sendo assim, o plano diretor de tecnologia da informação deve compreender também os projetos lógico e físico do banco de dados.

O projeto lógico do banco de dados define como os dados serão arranjados e organizados na perspectiva empresarial, e é representado por três etapas:

» identificação das funções que a solução deve executar;
» identificação dos dados exigidos para cada nível gerencial;
» agrupamento dos elementos de dados de uma maneira que a solução seja fornecida de modo simples e eficiente.

Um ponto de suma importância em SGBD é a existência de recursos para recuperação de falhas tanto de *softwares* quanto de *hardware*, incluindo Disk-Mirror[24] e Hot-Swap.[25]

Para as organizações que mantêm um extenso banco de dados, normalmente existe um grande número de profissionais envolvidos nas tarefas de desenvolvimento do projeto, das regras de utilização e da sua manutenção. São eles:

4.7.1 Administrador de banco de dados (DBA)[26]

A administração de recursos primários (o próprio banco de dados) e recursos secundários (SGBD e *softwares* relacionados) cabe ao administrador de banco de dados, que é responsável pela autorização de acesso ao banco de dados e pela coordenação e monitoração de seu uso.

---

24 Sistema tolerante a falhas que realiza a duplicação dos dados em uma unidade de disco reserva, criando um verdadeiro espelho do conteúdo da principal. Em caso de falha, basta atualizar o conteúdo de uma na outra ou efetuar a troca do equipamento.

25 Sistemas de *hardware* que permitem a troca de unidades de disco rígido sem a necessidade de desligar o equipamento; o mesmo que "troca a quente".

26 DBA ou Data Base Administrator.

CAPÍTULO 4 • FUNDAMENTOS DO USO DE TECNOLOGIA DE INFORMAÇÃO   109

4.7.2 Projetista de banco de dados

É responsável pela identificação dos dados que devem ser armazenados no banco de dados, escolhendo a estrutura correta para representá-los e armazená--los. Muitas vezes, esses profissionais atuam como assistentes do administrador de banco de dados, assumindo outras responsabilidades após a construção do banco de dados. Também é função do projetista avaliar as necessidades de cada grupo de usuários e definir os planejamentos apropriados, fazendo com que o banco de dados seja capaz de atender a todas elas, integrando-os.

4.7.3 Usuários finais

Existem basicamente três categorias de usuários finais do banco de dados que fazem consultas, atualizações e geram documentos:

» casuais: acessam o banco de dados casualmente, mas podem necessitar de diferentes informações a cada acesso; utilizam sofisticadas linguagens de consulta para especificar suas necessidades;
» novatos ou paramétricos: utilizam porções predefinidas do banco de dados, fazendo uso de consultas preestabelecidas exaustivamente testadas;
» sofisticados: aqueles familiarizados com o SGBD que realizam consultas complexas.

4.7.4 Analistas de sistemas e desenvolvedores de aplicações

Os analistas determinam os requisitos dos usuários finais e desenvolvem especificações para transações que atendam a esses requisitos. Já os desenvolvedores implementam essas especificações como programas, testando, depurando, documentando e realizando a manutenção do banco de dados. É importante que tanto analistas quanto desenvolvedores estejam a par dos recursos oferecidos pelo SGBD.

4.8 TECNOLOGIAS DE ENTRADA E SAÍDA

Os dispositivos de entrada e saída são os grandes responsáveis pela interação dos computadores com os usuários e têm papel fundamental na qualidade do sistema de informações, por isso devem ser corretamente escolhidos. Sua velocidade e facilidade de operação têm influência direta em todo o sistema de informações da organização.

Os dispositivos de entrada mais conhecidos são os teclados de computadores e os dispositivos apontadores (*mouses*), básicos e necessários para o próprio funcionamento dos computadores atuais.

O avanço da tecnologia possibilitou que novos dispositivos de entrada de dados pudessem auxiliar no aumento da eficiência de uma organização, com destaque para:

» sistemas de reconhecimento óptico: atualmente são utilizados em larga escala os sistemas de códigos de barra para organização e processamento de produtos e matéria-prima. Esses sistemas, além de minimizarem erros humanos, permitem uma maior velocidade de entrada de dados no sistema de informações. Existem outras maneiras ópticas de reconhecimento, como os sistemas OCR para reconhecimento da escrita e os sistemas de visão computacional, que permite a comparação de produtos com um padrão e o sucateamento automático de peças que não satisfazem algumas características mínimas do padrão;

» sistemas de computação de mão: são sistemas computacionais remotos que permitem a instalação de aplicativos específicos para a força de vendas ou para funcionários que necessitam executar a coleta de dados em campo. É o caso dos computadores de mão (*palmtops*, *pocket*-PCs, *handhelds*) e dos coletores de dados (uso industrial);

» sistemas de reconhecimento multimídia: são sistemas que podem reconhecer a voz e até permitem o uso de programas que digitam automaticamente ao se fazer um ditado com o uso de microfones. Tais dispositivos também estão sendo usados em serviços de mensagens instantâneas para substituir ligações telefônicas e para promover reuniões *on-line*. Utilizam elementos como microfones, *headsets*, *webcams* etc.

Os principais dispositivos de saída são as conhecidas impressoras, as plotadoras (impressoras de maior porte utilizadas principalmente para projetos de engenharia), os terminais de consulta (quiosques)[27] e os dispositivos de saída de áudio multimídia.

---

27 Esses dispositivos têm sido bastante utilizados em shopping centers e parques para disponibilizar pontos de acesso a diversas informações para clientes e visitantes, tais como localização de lojas ou brinquedos de um parque, ou até informações sobre o horário de funcionamento.

CAPÍTULO 4 • FUNDAMENTOS DO USO DE TECNOLOGIA DE INFORMAÇÃO   111

Como uma evolução natural também podemos citar os equipamentos multi-funcionais que imprimem, fazem cópias de documentos, digitalizam fotos e funcionam como aparelho de fax. Aparelhos desse tipo, inclusive, podem ser ligados diretamente na rede corporativa sem necessidade de escravizar uma máquina para gerenciá-lo.

4.9 CONCEITOS E COMPONENTES DE *SOFTWARES*

Os *softwares* são conjuntos de instruções que executam os processamentos necessários a cada atividade, por isso são classificados de acordo com a sua área de aplicação. Normalmente, requerem uma instalação para que todos os seus componentes sejam corretamente posicionados em pastas específicas na máquina, de modo que não causem problemas em sua execução.

Da mesma forma, o processo correto para excluir um programa é promover a sua "desinstalação", pois, caso contrário, muitos elementos podem permanecer no computador como lixo, o que resultará na degradação do desempenho da máquina.

4.9.1 *Software* básico

É o principal programa de um computador. Também conhecido como sistema operacional, ele é responsável pela harmonia de todas as atividades do equipamento. Antigamente, para os computadores pessoais, o principal sistema operacional era o MS-DOS (Microsoft Disk Operation System), que tinha seu funcionamento em modo texto, ou seja, ambientes em que a interação com a máquina, os resultados e processamentos eram expostos em formato de texto.

O surgimento das interfaces gráficas (GUI[28] – Graphic User Interface, ou interface gráfica do usuário), idealizadas inicialmente pela Xerox, causou uma revolução na forma de operação dos equipamentos: a informática ficou mais fácil de ser usada e os computadores passaram a ser mais comuns em pequenas e médias empresas, bem como nas residências.

Atualmente, tem-se uma grande variedade de sistemas operacionais, com destaque para a família Windows (XP, Vista, Windows 7 e Windows 8) da

---

28 A concepção de Interface Gráfica do Usuário introduziu a "computação fácil de ser utilizada".

Microsoft, Linux e suas diversas distribuições (Red Hat, Suse, Debian, Ubuntu etc.) e o Mac OS (System, Mac OS X, PowerOS, OS X Lion, OS X Mountain Lion, iOS) da Apple.

4.9.2 *Software* aplicativo

É um programa ou conjunto de programas (pacotes de aplicativos) em que cada um tem uma função específica, como processadores de textos, planilhas de cálculo, gerenciadores de apresentação e pequenos gerenciadores de bancos de dados. Nesse grupo também estão pacotes de função específica, como programas contábeis para pequenos escritórios. Entre os mais conhecidos, estão o Office, da Microsoft, o StarOffice, da Sun Microsystem, o Lotus SmartSuite, da IBM, o Corel Suíte, da Corel, e o OpenOffice, da OppenOffice.org.

4.9.3 *Software* de computação gráfica

É um programa criado especialmente para o tratamento de imagens ou criação de desenhos.

Ele pode ser dividido em três famílias:

» programas gráficos de *bitmaps*: conjunto de programas para manipulação de imagens gráficas, como fotos e imagens, que são armazenadas e processadas como matrizes de pontos coloridos;
» programas gráficos vetoriais: conjunto de programas para criação, edição e/ ou organização de imagens vetoriais, que são imagens que têm "equações matemáticas". Muito utilizadas para desenvolvimento de projetos, animações de tamanho reduzido etc.;
» programas gráficos de animação: usados para manipular animações de *bitmaps*, vídeo digital etc.

4.9.4 Linguagem de programação

Programa utilizado para criação de aplicativos personalizados. Normalmente é uma linguagem de programação de nível mais alto que a utilizada por programadores ou funcionários de empresas para criar aplicações que satisfazem características específicas. São exemplos o Microsoft Visual Basic, o Java da Sun Microystem, o Delphi da Embarcadero, o projeto Lazarus para Linux etc.

CAPÍTULO 4 • FUNDAMENTOS DO USO DE TECNOLOGIA DE INFORMAÇÃO   113

Atualmente, utilizam-se, na maioria dos casos, linguagens de programação orientadas a objetos e a eventos pela facilidade de criação de ambientes padronizados e pelo aumento da produtividade de programação.

4.10 SISTEMAS OPERACIONAIS

Como já apresentado, os sistemas operacionais são os *softwares* básicos necessários para quaisquer equipamentos, tanto é assim que podem ser confundidos com a "alma da máquina", pois sem eles o computador não funcionaria.

Entre as principais funções do sistema operacional, encontramos a alocação e a designação de recursos do sistema, o controle da utilização dos recursos e das tarefas do computador, a contabilidade do uso dos recursos e o monitoramento das atividades do sistema de computador.

Os sistemas operacionais podem ser classificados em *monousuários,* que são os que não promovem distinções entre os utilizadores do sistema computacional, não possuem controles de segurança para os arquivos existentes nele e não têm suporte a redes de computadores; e *multiusuários*, aqueles que têm funções e ferramentas para participar do compartilhamento de dados e recursos com o uso de redes de computadores, conseguindo, inclusive, promover a diferenciação dos usuários que têm acesso ao computador.

Eles podem ter dois modos de trabalho: *modo texto* e *modo gráfico*. No primeiro, impera a digitação. Os processamentos são solicitados e executados em uma tela escura e com texto como principal forma de comunicação de entrada e saída. No modo gráfico, existe a interface gráfica com o usuário, que normalmente utiliza um dispositivo apontador, no caso, o *mouse*. Tem um ambiente muito mais atraente para o usuário, configurando uma tendência para os programas e sistemas.

Alguns sistemas operacionais podem ter os dois modos de funcionamento, ficando a critério do usuário selecionar o modo desejado. É muito comum existirem computadores em uma empresa que têm um sistema operacional que já inicializa em modo gráfico, mas o sistema de informação da empresa funciona em modo texto. São exemplos desse tipo os sistemas construídos em Clipper, Dataflex, Cobol etc. Os sistemas operacionais ainda podem ter algumas características que os diferenciam, como a multitarefa, que é a possibilidade de executar várias tarefas ao mesmo tempo. Existem alguns sistemas operacionais que contam com uma multitarefa real, e outros que fazem uma troca entre os processos dos programas que é quase imperceptível na chamada multitarefa preemptiva.[29]

Eles são divididos em sistemas operacionais para computadores pessoais (como o Windows 95/98/Me, também chamado de família Windows 9x, as versões Home Basic e Home Premium do Windows Vista, Windows 7 e Windows 8, além do Mac OS e Mac OS X) e sistemas operacionais para computadores corporativos (Windows NT/2000/XP junto com as versões do Windows Vista, Windows 7 e 8 conhecidas como Professional e Business, Linux, Unix, Novell Netware etc.).

Uma boa escolha de sistema operacional implica equipamentos estáveis e confiáveis para a execução do sistema de informações da empresa. Além de definir as facilidades de operação geral para os usuários e controle das características de rede. Assim, modismos à parte, na escolha do sistema operacional devem se levar em consideração os impactos na mudança, a manutenção, adaptações nos aplicativos e sistemas existentes, bem como o custo de sua implantação. Todas essas características devem ser observadas para que o ambiente de tecnologia da empresa possa tirar o máximo proveito das ferramentas computacionais.

4.11 LINGUAGENS E AMBIENTES DE PROGRAMAÇÃO

As linguagens de programação são os programas utilizados para a construção de outros *softwares* específicos para suprir determinadas necessidades da empresa. Para as pessoas envolvidas com o desenvolvimento desses aplicativos, é importante conhecer o conjunto dessas linguagens, pois cada uma delas foi concebida para resolver determinado tipo de problema.

Atualmente, além da possibilidade de se utilizar uma linguagem para desenvolver um programa ou um sistema de maior porte para o controle das diversas atividades da empresa, existem os pacotes para modelagem de aplicações corporativas, inclusive com suporte a desenvolvimento distribuído.

O uso de ferramentas Case (Computer Aided Software Engineer, ou engenharia de *software* auxiliada por computador) define um nível de produção de

---

29 Uma simulação da execução de múltiplas tarefas, utilizando breves tempos de ócio do processador, seria uma multitarefa virtual quase imperceptível ao usuário. Ela tira proveito da possibilidade de interromper um processo e retomá-lo no ponto em que parou.

CAPÍTULO 4 • FUNDAMENTOS DO USO DE TECNOLOGIA DE INFORMAÇÃO   115

sistemas muito mais eficiente e permite que os programadores fiquem isentos de tarefas repetitivas e cansativas.

Os geradores de aplicações são pacotes de *software* que podem gerar aplicações de sistemas de informação completas sem programação personalizada. O único trabalho do usuário é especificar o que precisa ser feito, e o gerador de aplicações cria o código apropriado. São exemplos: GAS Pro, Genexus, Esculptor, entre outros.

Um ambiente de desenvolvimento, também conhecido como IDE (Integrated Development Environment, ou ambiente de desenvolvimento integrado), é um *software* que tem uma interface com diversas ferramentas para melhorar e automatizar o uso de determinada linguagem de programação. Sendo um acessório para a linguagem de programação, ele permite encontrar diversas ferramentas que possam aperfeiçoar o processo de desenvolvimento de um aplicativo, *software* ou sistema. Suas principais ferramentas são o editor de código com reconhecedores de palavras reservadas e outros elementos de um programa, ferramentas para depuração e inspeção do sistema em desenvolvimento, acesso a plataformas de banco de dados e arquivos, compilador e *link*-editor etc.

Normalmente, aliado a linguagens do tipo RAD (Rapid Application Development, ou desenvolvimento rápido de aplicações) são exemplos o Visual Studio. Net, da Microsoft, para as linguagens Visual Basic.Net, Visual C#.Net, Visual J#. Net e Visual C++.Net; o Eclipse; e o Netbeans para o desenvolvimento em linguagem Java; MonoDevelop para o desenvolvimento em linguagem C# em ambientes Unix e Linux etc.

As linguagens de programação dividem-se em três grupos:

» linguagem procedural interpretada: classe de linguagens de programação criada para apresentar as linguagens no meio comercial. Apresenta muitas facilidades e requer pouca necessidade de conhecimentos técnicos extraordinários. O programa é criado definindo-se uma sequência lógica de processamento e necessita do executável para executar o programa toda vez que for solicitado. Tem a vantagem de utilizar poucos recursos do equipamento, mas sua execução é mais lenta. Exemplos: Basic, DBase II e III Plus, Dataflex etc.;
» linguagem procedural compilada: classe de linguagens de programação para desenvolvimento de aplicações em modo texto. Reúne um conjunto muito grande de opções, cada uma com ênfase em determinada característica. O

programa é criado definindo-se uma sequência lógica estruturada de ações e, no final, é compilado e transformado em um executável independente. Apresenta a vantagem de ser um executável rápido, mas consome muitos recursos do equipamento. Exemplos: Linguagem C, Fortran, Pascal, Clipper etc.;

» linguagem orientada a objeto: classe de linguagens de programação para desenvolvimento de aplicações que tiram proveito da Interface Gráfica com o Usuário (GUI). Congrega uma grande biblioteca de objetos padronizados que facilita sua programação, a qual segue novos conceitos, como classe, hierarquia, polimorfismo, herança, encapsulamento; é orientada a eventos, ou seja, sua programação não ocorre com a criação de uma lista sequencial do que fazer, e, sim, programando-se os eventos desejados de cada objeto. Sua natureza orientada a objeto permite maior produtividade de construção de aplicações, pois possibilita o desenho físico dos componentes que irão interagir com o usuário.

A escolha correta para o desenvolvimento do sistema de informações pode definir o sucesso ou não de sua implantação, pois quanto mais recursos uma linguagem tiver, maior será o conjunto de opções disponíveis.

Atualmente, algumas filosofias de desenvolvimento de aplicações têm padronizado características importantes para a definição do sistema de informações. Aplicações de duas camadas (2-Tier) ou de três camadas (3-Tier) são responsáveis pelo alto grau de aproveitamento dos sistemas de informação.

Como aplicações 2-Tier entendam-se as aplicações em que o banco de dados centralizado em um servidor é completamente independente da aplicação (uso dos verdadeiros sistemas gerenciadores de banco de dados), qualquer mudança na aplicação ou no banco de dados é feita de maneira independente. As aplicações 3-Tier apresentam arquitetura diferenciada, tendo em vista que agora são três camadas. A primeira camada, denominada de apresentação, é a fatia da aplicação que fica em contato constante com o usuário. A segunda, chamada camada de negócios, normalmente possui um servidor específico, que é o servidor de aplicação. Nesse ponto, estão todas as regras de negócio (método de trabalho) componentizados;[30] tecnologias como COM/COM+, DCOM e Corba são

---

30 A componentização seria o equivalente a "em forma de componentes computacionais", que são regras mutáveis do negócio da organização embutidas no servidor de aplicação da própria componentização.

CAPÍTULO 4 • FUNDAMENTOS DO USO DE TECNOLOGIA DE INFORMAÇÃO

importantes nessa camada. A terceira, conhecida como camada de dados, também tem um servidor dedicado a essa tarefa – o servidor de banco de dados, que pode até compartilhar dados com servidores mais atuais ou com grandes *mainframes*, que são herança das antigas estruturas de CPD.

Essa arquitetura em camadas foi o passo inicial para uma nova modalidade de arquitetura de sistemas conhecida como SOA (Service Oriented Architecture, ou arquitetura orientada a serviços). Ela enfatiza a disponibilização das funcionalidades implementadas como serviços a serem prestados entre sistemas, independentemente da plataforma de *hardware* ou *software* e da linguagem utilizada. Ela permite atingir o mais alto nível de reutilização de componentes em forma de regras de negócios, pois possibilita a implementação de sistemas N-Tier (N camadas).

O N simboliza que o número de camadas agora é um valor qualquer, pois uma empresa pode embutir em seu sistema serviços prestados pelos sistemas de seus fornecedores, instituições bancárias, transportadoras etc. e, ainda, prestar serviços mediante seu sistema para clientes, distribuidores, revendedores etc.

Seu principal alicerce é a computação distribuída com base nos padrões abertos que regem a internet. Em complemento aos benefícios técnicos existentes nessa arquitetura, destacam-se também os conjuntos de boas práticas e políticas de base que facilitam os procedimentos de encontrar, definir e gerenciar os serviços prestados pelos sistemas.

A construção de *software* que estabelece a base dessa arquitetura é conhecida como Web Services (serviços *web*), que se aproveita de padrões abertos e protocolos padrão para prover esse tipo de serviço pela *web*, não impondo barreiras técnicas a sua implementação e manutenção. Segundo o Gartner Group, "mais do que uma tecnologia, a SOA também influencia regras e processos de negócios, além de muitas vezes implicar reengenharia de *software* simultaneamente".

Bill Gates, em seu livro *A empresa na velocidade do pensamento*,[31] diz que a empresa tem um sistema nervoso central, comparado ao sistema nervoso humano, que proporciona um fluxo de informações bem integrado, dirigido para a parte correta da organização no momento certo.

---

31 GATES, Bill. *A empresa na velocidade do pensamento – com um sistema nervoso digital*. São Paulo: Companhia das Letras, 1999.

Como atualmente o fluxo de informações em uma empresa ocorre na forma digital com o uso de redes de computadores, define-se essa filosofia como sistema nervoso digital (DNS – Digital Nervous System), ver a Figura 4.9.

Figura 4.9 Sistema nervoso digital da organização

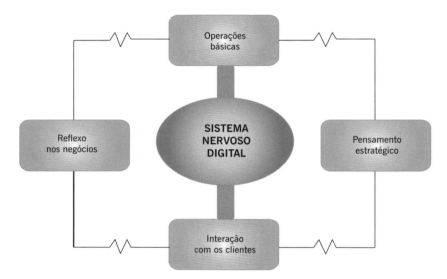

Um sistema nervoso digital compreende os processos que ligam intimamente todos os aspectos de ações e pensamentos de uma empresa e que dão os sinais necessários para que o conhecimento empresarial seja aplicado para resolver problemas.

As operações básicas, como produção, marketing e gestão financeira, somadas ao retorno sobre as informações dos clientes, são eletronicamente acessíveis aos profissionais do conhecimento da empresa, que utilizam ferramentas digitais para se adaptar e reagir do modo mais dinâmico possível.

A disponibilidade imediata das informações precisas faz com que o pensamento estratégico deixe de ser uma atividade isolada para se tornar um processo de evolução, integrado às atividades normais da empresa.

Nesse conceito, as empresas precisam visualizar a tecnologia como um elemento que possa prover um ambiente de programação para tornar a empresa mais competitiva, disponibilizando as informações dentro e fora dela, permitindo decisões mais dinâmicas, usando o padrão da internet para ter alcance global e grandes capacidades de comunicação.

CAPÍTULO 4 • FUNDAMENTOS DO USO DE TECNOLOGIA DE INFORMAÇÃO   119

Esse quadro pode ser imposto com o uso da arquitetura SOA, que consiste em um modelo de desenvolvimento de aplicações e alguns conceitos orientando os desenvolvedores a impor as características a seguir para seus sistemas de informação:

» desenvolver aplicações robustas,[32] escaláveis,[33] distribuídas[34] e em múltiplas camadas;
» estender dados existentes e aplicações externas para suportar internet e seus padrões abertos;
» suportar uma ampla gama de dispositivos de clientes, ampliando o alcance das aplicações externas, inclusive com suporte a dispositivos móveis.

O principal objetivo dos sistemas de informação é permitir um fluxo de informações rápido e confiável e fazer com que a tomada de decisão seja consistente e ágil.

Dessa forma, se a organização conseguir desenvolver ou terceirizar o desenvolvimento de soluções dinâmicas e flexíveis a ponto de otimizar o seu fluxo das informações – informações essas que podem ser facilmente integradas à estrutura existente –, o sucesso é garantido.

Esse quadro depende quase exclusivamente da correta escolha do ambiente a ser utilizado para o desenvolvimento do sistema de informações que suporte essas novas arquiteturas e tecnologias, principalmente aquelas voltadas para a internet.

4.12 PACOTES E APLICATIVOS PERSONALIZADOS

Agora que o conceito de linguagens de programação já foi definido e, com isso, o conceito de aplicativos personalizados foi apresentado, é interessante conhecer a diferença entre usar pacotes de aplicativos e usar o desenvolvimento de aplicativos personalizados para suprir as necessidades da empresa.

Os pacotes de aplicativos são muito utilizados para determinadas funções, como no caso de processadores de textos, planilhas de cálculo, programas de

---

32 Que têm alto potencial de responsabilidade de processos e suporta, uma alta carga de processamento.

33 São aquelas que podem ser facilmente atualizadas sem grandes esforços e que crescem facilmente.

34 Apresentam suporte de funcionamento para redes com distribuição de esforços.

editoração eletrônica, programas para desenvolvimento de projetos de engenharia, entre outros.

Os pacotes são programas escritos e codificados por empresas de prestação de serviços e disponibilizados no mercado para serem adquiridos pelas pessoas e/ou organizações.

No que diz respeito à empresa, os pacotes são um meio muito fácil de minimizar o desenvolvimento interno. A Tabela 4.5 mostra as vantagens e as desvantagens do uso de pacotes na organização.

Tabela 4.5 Prós e contras do uso de pacotes

VANTAGENS	DESVANTAGENS
Custo de aquisição inferior ao gasto com desenvolvimento.	Dificilmente as necessidades da empresa são todas satisfeitas.
Período de implantação reduzido.	Alguns pontos do *software* podem usar padronizações diferentes das definidas na organização.
Segurança de *software* pré-testado.	Dependência de suporte técnico do fabricante do *software*, quando disponível.

O uso de pacotes é muito aconselhável em casos de:

» programas financeiros e contábeis que necessitam suprir exigências legais e sofrem frequentes modificações em decorrência das mudanças na legislação;
» aplicações extremamente complexas para desenvolvimento interno, como programas CAD (Computer Aided Designer, ou projeto auxiliado por computador), CAE (Computer Aided Engineer, ou engenharia auxiliada por computador) e CAM (Computer Aided Manufacturing, ou manufatura auxiliada por computador), entre outras;
» existência de aplicações com altíssimo grau de independência dos outros departamentos da empresa;
» exigências de curta implantação que precisam ser satisfeitas. Nesses casos, pode-se optar também por aluguel ou *leasing*.

A organização precisa saber optar quando é necessário desenvolver alguma ferramenta específica e quando é necessário utilizar um pacote existente no

CAPÍTULO 4 • FUNDAMENTOS DO USO DE TECNOLOGIA DE INFORMAÇÃO   121

mercado, pois em muitos casos em que se "reinventa a roda" os prejuízos decorrentes podem ser irreversíveis.

4.13 TECNOLOGIAS INOVADORAS

A era da informação envolve mudanças tecnológicas dos últimos 50 anos, essas mudanças representam benefícios, impactos, mudanças de paradigmas e dúvidas tanto para a sociedade toda quanto para as empresas.

Não se pode negar que a tecnologia foi sinônimo de integração, versatilidade, confiabilidade e atualização, quando bem empregada. Ainda assim, continua sendo improvável arriscar previsões totalmente certeiras sobre as tecnologias do futuro, mas explorar tendências e se basear nas pesquisas científicas da área pode ser um ato mais consciente.

Na primeira edição deste livro, os destaques discutidos neste tópico envolviam a plataforma XML, a aplicação crescente da internet como meio para negócios, a convergência multimídia e suas aplicações, a segurança para transações eletrônicas e o comércio eletrônico.

Acredita-se que as tendências pressupostas na primeira versão deste livro, publicado inicialmente em 2004, foram satisfeitas, pois a plataforma XML chega ao ano de 2012 com grande utilização e muitas novas possibilidades de uso.

Um bom exemplo da aplicação da tecnologia XML foi o movimento iniciado pelo governo federal brasileiro com a NFe (Nota Fiscal Eletrônica). Essa nova modalidade de documento fiscal é totalmente baseada em XML junto com o uso de certificados digitais com criptografia para garantir sua autenticidade.

Outra justificativa encontra-se no fato do uso da internet pelas empresas cujo número de serviços aumentou consideravelmente, inclusive com aplicações de negócio utilizando-se as redes de relacionamento virtual, tais como, wikis, analíticas de negócios e analíticas de satisfação.

O maior exemplo da convergência multimídia pode ser visualizado com visitas a *sites* como:

» Picasa (http://picasa.google.com/) ou o Flickr (http://www.flickr.com/) para compartilhamento de fotos;

» Orkut (http://www.orkut.com.br/) e Facebook (http://pt-br.facebook.com) para relacionamento e compartilhamento de diversos conteúdos;

» YouTube (http://www.youtube.com/?gl=BR&hl=pt) e MSN Vídeos (http://video.msn.com/?mkt=pt-br) para compartilhamento de vídeos.

Além disso, os grandes portais de notícias *on-line* também apresentam claramente as aplicações da convergência da multimídia, são exemplos:

» Globo.com (http://www.globo.com/);
» Terra Notícias (http://www.terra.com.br/portal/);
» UOL (http://www.uol.com.br/).

Entre os que foram destacados anteriormente é importante salientar o YouTube, fundado em fevereiro de 2005 por Chad Hurley, Steve Chen e Jawed Karim, ex-funcionários do PayPal.[35] Esse serviço utiliza o formato do Adobe Flash para que seus usuários possam carregar e compartilhar vídeos na forma digital, inclusive manter armazenados nos seus servidores e visualizá-los em outros *sites*.

Para se ter uma ideia da popularidade desse serviço, segundo France Presse (apud Google),[36] o YouTube recebe 20 horas de vídeo a cada minuto, o que em 2007 eram seis horas de vídeo por minuto.

Agora, no que diz respeito às tendências pode-se enfatizar:

» Arquitetura SOA e Web Services;
» Plataformas com base na internet;
» Interfaces inovadoras;
» Mobilidade;
» Tecnologia da informação verde;
» Certificados Digitais e Assinatura Digital;
» Vídeo *on-line*;
» Computação na nuvem.

---

35 O Paypal (https://www.paypal.com/br) é um famoso *site* ligado ao gerenciamento de transferência de fundos e pagamentos *on-line*.

36 PRESSE, F. *YouTube ganha 20 horas de conteúdo a cada minuto*. Disponível em: <http://g1.globo.com/Noticias/Tecnologia/0,,MUL1162693-6174,00.html>. Acesso em: 26 jun. 2012.

CAPÍTULO 4 • FUNDAMENTOS DO USO DE TECNOLOGIA DE INFORMAÇÃO   123

A arquitetura SOA e o uso de Web Services apresentam o fortalecimento do XML e da internet como elementos estritamente necessários para o desenvolvimento de transações eletrônicas e para o relacionamento das pessoas. O alicerce do Web Service é a serialização de dados, que consiste em expressar os dados em formato XML. O formato XML (eXtensible Markup Language – linguagem de formatação estensível) é uma linguagem semelhante ao HTML (Hyper Text Markup Language – linguagem de formatação de hipertexto) para a troca de dados utilizando os padrões abertos da internet.

Ele possibilita a troca de dados entre os sistemas de empresas sem depender de uma plataforma de *hardware*, *software*, linguagem de programação ou banco de dados específicos. Usam-se arquivos em formato de texto simples para a definição de dados em um formato hierárquico e arquivos XSL para definir as características desses dados.

Figura 4.10 Exemplo de dados em formato XML

```
 1   <?xml version="1.0" encoding="utf-8" ?>
 2   <TABELA>
 3     <REGISTRO>
 4       <CODIGO>1</CODIGO>
 5       <NOME>MEMÓRIA</NOME>
 6     </REGISTRO>
 7     <REGISTRO>
 8       <CODIGO>2</CODIGO>
 9       <NOME>PROCESSADOR</NOME>
10     </REGISTRO>
11     <REGISTRO>
12       <CODIGO>3</CODIGO>
13       <NOME>PLACA-MÃE</NOME>
14     </REGISTRO>
15     <REGISTRO>
16       <CODIGO>4</CODIGO>
17       <NOME>DISCO RÍGIDO</NOME>
18     </REGISTRO>
19   </TABELA>
```

O arquivo XSL (eXtensible Stylesheet Language – linguagem de estilos estensível) é o vocabulário de XML para definir a tipagem dos dados e, inclusive, impor limitações e regras. Com os Web Services e o XML, as empresas poderão integrar e comunicar seus sistemas de informação sem grandes dificuldades.

Os sistemas distribuídos com base na arquitetura SOA com o uso de Web Services são um território ainda muito pouco explorado pelas empresas; as possibilidades são infinitas e a necessidade de integração com a cadeia de suprimentos de uma empresa são bons argumentos para iniciar processos de verificação de sua aplicação.

Segundo Paulo Otellini, presidente da Intel Corporation, a computação não está mais confinada ao PC – ela está em todos os lugares. Dessa forma, a preocupação da empresa em aplicar essa tecnologia deve envolver possibilidades de acesso a conteúdo por celulares e outros dispositivos diferenciados.

As plataformas com base na internet são aplicações que vão tirar total proveito dos padrões abertos da internet e seus serviços para definir aplicativos que serão executados em diversos dispositivos apenas com o uso de navegadores.[37] Esses dispositivos envolvem computadores de mesa, *notebooks*, *netbooks*,[38] computadores de mão (Palms e Pocket PCs), *smartphones*, TV digital e outros dispositivos inteligentes.

Já é possível, há algum tempo, implementar um sistema de gestão completo baseado em ambiente *web*, ou seja, não é necessário promover instalações em cada máquina sendo obrigatório apenas um navegador para ter acesso ao sistema, o que já é padrão nos sistemas operacionais atuais. Além disso, diversas aplicações que utilizam plataformas *web* estão sendo criadas para suprir necessidades dos novos dispositivos computacionais, principalmente os móveis (*smartphones*) e para a TV digital.

As empresas poderão tirar proveito dessas plataformas tecnológicas para desenvolver novas modalidades de produtos ou serviços, mesmo que isso seja apenas para agregar valor a produtos e serviços que já existem fisicamente.

No que diz respeito a interfaces inovadoras, nos próximos anos, os *softwares* e serviços prestados na internet devem passar por reformulações consideráveis para promover experiências diferenciadas aos usuários.

Aplicações de tecnologias como Adobe Flash e Microsoft Silverlight junto com Ajax[39] e Json,[40] devem reinventar as interfaces com o usuário para a *web* e para alguns dispositivos inteligentes.

Experiências 3D, simulação da realidade em ambientes virtuais, visão panorâmica em montagens fotográficas e vídeos interativos devem compreender as novas aplicações de usabilidade nas interfaces homem-máquina.

---

37 Os navegadores são programas utilizados para solicitar, visualizar e interagir com páginas *web*.

38 O *netbook* é um *notebook* com capacidades reduzidas (peso reduzido, pequena ou média dimensão e baixo custo). É utilizado, normalmente, em serviços baseados na internet, como navegação na *web* e *e-mails*.

39 Ajax (Asynchronous Javascript and XML, javascript e XML assíncrono) é uma tecnologia para aplicações *web* que aumenta a interatividade das aplicações por meio de chamadas assíncronas.

40 Json (Javascript Object Notation) é a notação de objetos javascript, um formato alternativo para o XML na plataforma Ajax.

Essas experiências serão amplificadas com o uso de dispositivos que possibilitam a manipulação da interface com os dedos para realizar tarefas, além da aplicação de sensores para coletar dados de movimento, velocidade etc. Alguns desses dispositivos já são encontrados no mercado, mas ainda não são tão populares.

Figura 4.11 Dispositivos para amplificar a experiência do usuário

Fonte: Acervo do autor.

Outra tecnologia de ênfase para os próximos anos que, apesar de já ser bastante empregada, deve reinventar as formas de interação entre pessoas e entre pessoas e empresas são as redes sem fio (Wireless). A quantidade de dispositivos que permite ter acesso a esse tipo de rede cresceu consideravelmente, e as iniciativas de governos municipais e estaduais para criar redes sem fio, que estão disponíveis em boa parte das cidades, serão os grandes impulsionadores da verdadeira mobilidade. A quantidade de conexões sem fio cresceu de 233 mil para 1,31 milhão em um ano, segundo a Reuters.[41]

A mobilidade real é aquela que possibilita a um usuário do serviço movimentar-se em grandes distâncias mudando entre as estações de base da rede sem ter interrupção do serviço.

Também deve ser dada atenção para a onda e a necessidade da visão e da consciência ecológica que as pessoas e as empresas estão desenvolvendo para impor a produtos e serviços que formam a chamada TI verde. Dispositivos computacionais e plataformas de *software* são aplicados para reduzir impactos na natureza e resguardar os recursos do planeta. Exemplos disso são os computadores

---

41 REUTERS. Brasil ultrapassa 10 milhões de conexões de internet banda larga. Disponível em: <http://g1.globo.com/Noticias/Tecnologia/0,,MUL730922-6174,00-BRASIL+ULTRAPASSA+MILHOES+DE+CONEXOES+DE+INTERNET+BANDA+LARGA.html>. Acesso em: 26. jun. 2012.

alimentados por baterias recarregáveis de grande autonomia, monitores e televisores baseados em LEDs, dispositivos que usam energia solar ou movimento para carregar baterias etc.

No que diz respeito a plataformas de *software*, as empresas e os gerentes de TI cada vez mais procuram alternativas de aplicação de tecnologia para reduzir o consumo de papel e energia. O intercâmbio de documentos, propostas, manuais de produtos e de operação de equipamentos em formato digital é uma das grandes aplicações de *software* pela causa "verde".

Formatos consagrados no mercado como o Adobe Reader (arquivos PDF) e Microsoft XPS (arquivos XPS) são boas alternativas para intercâmbio de documentos que, inclusive, podem contar com assinaturas digitais e criptografia para assegurar a autenticidade e a integridade dos documentos. Um estudo encomendado pela Symantec para a Applied Research mostra que 73% das empresas brasileiras entrevistadas têm a intenção de aderir a iniciativas verdes.[42]

Os certificados digitais e a assinatura digital cada vez mais vão fazer parte tanto da vida das empresas quanto da vida das pessoas. O uso do e-CNPJ e do e-CPF são bons exemplos disso.

Figura 4.12 Certificados digitais

Fonte: Certisign, 2009.

Iniciativas como a NFe (Nota Fiscal Eletrônica) e procedimentos ligados à Cetesb, que exigem uma assinatura digital para autenticar os documentos, mostram

---

42 MORAES, Maurício. Gadgets verdes. Revista *Info Exame*, ago. 2009, p. 35.

CAPÍTULO 4 • FUNDAMENTOS DO USO DE TECNOLOGIA DE INFORMAÇÃO

que o uso dessas tecnologias é inevitável. Documentos de identificação pessoal, cartórios *on-line*, etiquetas de identificação de produtos etc. vão utilizar essas tecnologias brevemente, no entanto, alguns já a utilizam.

Como já foi discutido, um dos serviços que envolve a integração multimídia que mais cresceu nos últimos anos foi o vídeo *on-line*. Simbolizado pelo YouTube, o compartilhamento de vídeos *on-line* continua sendo uma tendência, seja por *hobby* do ponto de vista dos usuários, seja por uma visão de oportunidade do ponto de vista das empresas.

Os vídeos *on-line* podem ser usados para promover treinamentos, capacitação rápida, apresentação de características de produtos, demonstração do processo de fabricação etc. Inclusive, isso pode ser realizado de forma simples e barata.

Lojas virtuais, como a Americanas.com, já utilizam esse tipo de procedimento para demonstrar o funcionamento de produtos em seu *site*, hospedando o vídeo no YouTube e tendo um *link* que apresenta o vídeo na página do produto no próprio *site* da loja virtual. A própria evolução do endereçamento dos computadores na internet conhecida como IPv6 (Internet Protocol version 6 – protocolo de internet versão 6, também conhecido como IPng [Next Generation – nova geração]), que deve ampliar consideravelmente a faixa de endereços possíveis para computadores no mundo, também tem a pretensão de ampliar aplicações que exploram vídeos e transmissões em tempo real.

Melhorias estruturais foram impostas para permitir a escalabilidade de máquinas e melhorar aspectos da prestação de alguns serviços na internet, entre eles, segurança, confiabilidade e integridade de dados. Outra tendência a ser discutida que apresenta prós e contras de responsabilidade, por isso precisam ser considerados de modo veemente antes de sua adoção, é a chamada computação na nuvem (Cloud Computing).

A computação na nuvem compreende um grande conjunto de serviços acessíveis pela internet para prover a mesma infraestrutura de um sistema operacional remotamente. É como utilizar um computador remoto com todas as configurações e instalações necessárias, inclusive com seus arquivos, podendo ser acessado de qualquer lugar que proporcione acesso à internet.

Por um lado, o uso desse tipo de serviço pode reduzir muito os custos com TI e representar altíssima flexibilidade pelo acesso em qualquer lugar a qualquer hora. Por outro lado, os arquivos e programas instalados se tornam escravos do servidor da computação em nuvem, dependendo do serviço, sua inatividade pode representar atrasos e prejuízos consideráveis. Sem contar com queda e indisponibilidade da conexão com a internet.

Dos itens apresentados neste tópico, muitos serão detalhados em capítulos posteriores para melhorar a visão de seu uso como mecanismo que permite alavancar os negócios da empresa. Apesar de serem tendência e muitos já possuírem aplicações atualmente, a empresa precisa promover uma análise para considerar seu uso e prioridades de sua aplicação.

TERMOS E CONCEITOS IMPORTANTES

- CD-R
- CD-ROM
- CD-RW
- CPD
- CI
- CTI
- *Disk-mirror*
- Domínio
- PC (Computadores pessoais)
- *Workstation* (estação de trabalho)
- Extranet
- FTP
- *Workgroup* (grupo de trabalho)
- *Hot-swap*
- Intranet
- IP
- LAN
- *Mainframe*
- Minicomputadores
- Sistema de gerenciamento de banco de dados (SGBD)
- Supercomputadores
- TCP/IP
- Tecnologia da Informação (TI)
- Unidade Central de Processamento (UCP)
- XML (eXtended Markup Language)

CAPÍTULO 4 • FUNDAMENTOS DO USO DE TECNOLOGIA DE INFORMAÇÃO   129

- WAN
- WAP
- *Tablet*
- *Smartphone*
- *Firmware*
- USB
- *Blu-ray*
- Servidor
- *Wifi*
- DSL
- SOA
- SSD
- Case
- *Pen drive*

 QUESTÕES PARA DISCUSSÃO

1. Como se pode definir o termo telemática?
2. Defina tecnologia da informação e computador.
3. Como podem ser classificadas as redes de computadores com relação a seu porte?
4. O que é topologia de rede?
5. Qual é a função de um servidor de autenticação?
6. Qual é a diferença entre internet, intranet e extranet?
7. Uma empresa pode ter uma extranet como parte de sua intranet? Explique.
8. O que é o serviço *web* da internet?
9. Defina correio eletrônico.
10. O que você entende por DVD? Onde ele se aplica?
11. O que é um banco de dados?
12. Quais são os tipos de programas para gerenciar dados existentes?
13. Mencione e explique duas características de um verdadeiro gerenciador de banco de dados.
14. O que são sistemas OCR?
15. O que você entende por interface gráfica?
16. O que é um *software* de computação gráfica?
17. Cite duas razões que definem a necessidade do uso de pacotes.

18. Como pode se definir a TI verde?
19. Qual é a função de um administrador de banco de dados?
20. Quais são os tipos de sistemas operacionais computacionais?
21. Do ponto de vista empresarial, o que representa a internet?
22. Como pode ser descrito um sistema em três camadas (3-*Tier*)?

 ESTUDO DE CASO

Um balanço da tecnologia da informação no Brasil

A informática, apesar de extremamente conhecida, demorou muito tempo para se tornar popular no Brasil. Por muitos anos, possuir computadores era privilégio das grandes corporações, especificamente no Brasil eram utilizados os grandes *mainframes*, na década de 1950, no setor bancário. Nessa época, os computadores eram equipamentos enormes, caríssimos, sistemáticos (principalmente com relação à climatização e estática) e lentos quando comparados com os atuais.

Ainda nessa época, os computadores funcionavam no período noturno para o processamento dos dados dos dias anteriores. A mentalidade existente na época era da mecanização, a qual pode ser traduzida na transformação de atividades repetitivas executadas pelos trabalhadores em atividades mecânicas executadas pelo computador.

Os maiores especialistas em construção desses sistemas mecanizados eram os analistas de sistemas, que, por não serem grandes conhecedores dos processos empresariais, criavam algo que se assemelhava ao executado manualmente sem nenhum tipo de racionalização ou melhoria. Outro ponto a destacar é que nem sempre os processos da empresa estavam corretamente definidos ou documentados sendo mecanizados mesmo assim.

Essa metodologia errônea de concepção dos sistemas permaneceu até 1970, quando o aparecimento dos computadores de terceira geração mudou drasticamente a utilização de computadores deslocando o poder de processamento para as mãos dos usuários. Nessa época, a capacidade de capturar e recuperar dados se tornou mais simples e apareceu a possibilidade de transmissão de dados em lote utilizando o telefone e reduzindo distâncias.

Nesse momento, a informática passou a ser aplicada aos processos administrativos, contábeis e operacionais, já os processos de gestão ficaram para muito mais tarde. Até essa época, os vícios incorporados aos sistemas existentes acabam por dificultar o

CAPÍTULO 4 • FUNDAMENTOS DO USO DE TECNOLOGIA DE INFORMAÇÃO   131

trabalho de atualização desses sistemas mantendo-os em funcionamento até hoje, pois tamanha é a responsabilidade dos mesmos na empresa.

Esses sistemas, denominados Sistemas Legados, foram os grandes responsáveis pelo alvoroço na passagem para o século XXI.

Já nos anos 1980, a grande popularização dos microcomputadores e o desenvolvimento dos novos padrões de rede com a internet permitiram a transmissão de dados em tempo real e a informática passou a fazer parte dos processos de negócio.

Os anos 1990 foram promissores, o mais alto ponto de popularização dos computadores aconteceu com sua quase conversão em eletrodoméstico. A informática passou a ser chamada tecnologia da informação e incorporou, além do conhecimento em tecnologia e *software* aplicativos, o conhecimento de processos, dos produtos, dos negócios e das políticas.

Os anos 1990 deixaram claro a popularização dos computadores em fenômenos de venda como a Fenasoft com um crescimento na área de equipamentos, *software*s e serviços vinculados a computadores na ordem de 265,02% entre os anos de 1991 e 1999.

A partir de 2000 o foco ficou concentrado em *gadgets* eletrônicos (celulares, *smartphones*, *netbooks* e *tablets*) juntamente com os computadores, mas os *softwares* e serviços ganharam destaque, como apresentado na tabela abaixo com os números do mercado brasileiro de *software* e serviços.[43]

ANO	POSIÇÃO MUNDIAL	(BILHÕES DE US$)		
		SERVIÇOS	*SOFTWARE*	TOTAL
2004	15ª	3,62	2,36	5,98
2005	12ª	4,69	2,72	7,41
2006	13ª	5,83	3,26	9,09
2007	12ª	6,93	4,19	11,12
2008	12ª	10,00	5,00	15,00
2009	12ª	9,91	5,45	15,30
2010	11ª	13,53	5,51	19,04

---

43 ABES. *Mercado brasileiro de Software* – panorama e tendências. Resumo dos relatórios da Abes de 2005 a 2011. Disponível em: <http://www.abes.org.br/templ2.aspx?id=306&sub=306>. Acesso em: 15 set. 2012.

132   SISTEMAS DE INFORMAÇÃO

O quadro deixa claro que o Brasil tem evoluído seus investimentos em tecnologia da informação aplicada quando se percebe que os números evoluem com um notório crescimento para *softwares* e serviços agregados.

Isso representa um fortalecimento da área de TI como forma de aplicação no desenvolvimento de negócios e atividades corriqueiras.

Nesse quadro de evolução os trabalhadores, de forma geral, foram "obrigados" a aceitar e utilizar o ferramental de tecnologia da informação e sua integração com os sistemas de gestão o que resultou em novas necessidades em que se destaca a geração de informações consolidadas de produtos, clientes, fornecedores e departamentos, modificando a forma de definição e armazenamento dos dados.

Nesse momento, a concepção de sistemas voltou-se à necessidade das empresas agregando exigências internas (processos e políticas) e externas (mercado, fornecedores e clientes).

Os poucos anos decorridos do século XXI já estão recheados de novidades, e as inovações não devem faltar nos anos que estão por vir. Tanto que já fazem parte do nosso dia a dia aplicações multilíngue, a famosa linguagem do E (*e-commerce*, *e-learning*, *e-business*, *e-government* etc.), *streaming* etc.

E o ponto de integração entre o velho e o novo deve continuar existindo, assim, um profissional da área deve conhecer toda essa evolução histórica.

❓ Questões do estudo de caso

1. Como a tecnologia era aplicada na organização num primeiro momento?
2. Em que pontos desse relato as redes de computadores tiveram papel fundamental no desenvolvimento?
3. Quando a informática mudou para tecnologia da informação o que aconteceu nas organizações com relação aos sistemas?

APLICAÇÕES DE TECNOLOGIA NAS EMPRESAS

"Os talentosos atingem metas que ninguém mais pode atingir; os gênios atingem metas que ninguém mais consegue ver."

Artur Schopenhauer (1788-1860)

AO FINAL DESTE CAPÍTULO, VOCÊ VAI:
1. Compreender as novas modalidades de negócios e aplicações de tecnologia nos processos empresariais, seus pontos fortes e fracos.
2. Saber as diversas modalidades de negócios eletrônicos e dados importantes para o desenvolvimento dessas modalidades.
3. Conhecer as ferramentas tecnológicas aplicadas diretamente ao desenvolvimento dos negócios e procedimentos da empresa.
4. Conhecer as novas modalidades de sistemas de informação: sua ênfase e características.

 ## 5.1 CONVERGÊNCIA TECNOLÓGICA

O desenvolvimento da tecnologia mostra que a cada ano que passa diversos dispositivos invadem o mercado com mais capacidade de processamento, funcionalidade, espaço para armazenamento, mobilidade e integração. Os computadores, de forma geral, têm evoluído com a definição de projetos de *multicore* que ampliam consideravelmente a capacidade de processamento sem grande aumento de velocidade. A tecnologia *multicore* diz respeito a processadores com diversos "núcleos" que, na verdade, parte do núcleo principal é implementada mais de uma vez, formando estruturas que permitem um processador preemptivo[1] próximo do multiprocessamento real.

Essa tecnologia tem sido estendida a outros dispositivos portáteis ou não, para melhorar a forma como as pessoas usam essas tecnologias e se relacionam.

A decorrente popularização, principalmente em razão da queda de preços, dos *smartphones* junto com a implantação das redes de banda larga celular e seus pacotes de dados disponibilizaram no mercado um nicho muito grande de oportunidades de negócio que podem ser exploradas por produtos de bits e serviços prestados. Além disso, o crescimento no número de *notebooks* e a adoção dos *netbooks*, também devido à enorme queda de preços, colocam as pessoas num patamar de uso da tecnologia em qualquer lugar, a qualquer hora, o que antes era apenas uma pretensão.

É lógico que tudo isso não seria uma excelente fatia de negócios se o desenvolvimento das redes sem fio e das redes celulares não acompanhassem a evolução dessas tecnologias. A mobilidade se aproxima do seu nível ótimo, aliada às conexões de banda larga, cabeadas ou não. Além disso, o aproveitamento dessas tecnologias pelas empresas não deve ser visto apenas como uma legião de clientes em potencial para um novo conjunto de produtos e serviços. O próprio desenvolvimento e o acompanhamento dos negócios de uma empresa têm grandes benefícios com o aproveitamento dessas tecnologias. Qualquer gerente, diretor, presidente ou proprietário pode ter acesso a serviços especiais que podem ser acessados por quem tem o privilégio para isso, e poderão expor dados, informações e conhecimento que dissecam completamente a empresa.

Por todos esses fatores apresentados é justificável que as empresas e, principalmente, os profissionais ligados à definição de estratégias da organização concentrem esforços para entender e acompanhar a evolução e aplicação das tecnologias a serem discutidas neste capítulo.

---

1   Preemptivo é um tipo de processamento que pode interromper a atividade e retomá-la novamente no ponto em que fora interrompida.

5.2 TRANSAÇÕES ELETRÔNICAS

A grande característica inovadora da internet e todo o ferramental que a utiliza como meio para o desenvolvimento de seus serviços têm sofrido constantes atualizações e composições para que funções e serviços mais inovadores ainda possam ser concebidos. Esse cenário traz ao mercado novos padrões de funcionamento, novos métodos comerciais e, inclusive, novas modalidades de produtos. É evidente que as eficiências propostas por ela são muito poderosas para serem ignoradas.

Nesse grande conjunto de ferramentas inovadoras da internet, o *e-business* mostra-se uma excelente prática para vincular tecnologia e negócios como forma de fortalecer as empresas. O *e-business* (negócios eletrônicos) pode ser definido como o uso da tecnologia da informação, como computadores e telecomunicações, para automatizar a compra e venda de produtos, bens e serviços entre empresa e consumidor e empresa e empresa.

Do ponto de vista da gestão, o e-*business* é um planejamento da imersão da organização na internet com o propósito de automatizar suas diversas atividades, como a comunicação interna e externa, a transmissão de dados, o contato com clientes e fornecedores, o treinamento de pessoal etc. Assim, o *e-business* é muito mais do que apenas criar um *site* de internet, um catálogo eletrônico de produtos ou comercializar produtos por esse meio. Ele deve ser levado a sério principalmente no que diz respeito aos planejamentos e no processo de imersão do negócio da empresa para o formato eletrônico e digital.

O surgimento, o desenvolvimento e crescimento exponencial da internet permitiram que novas modalidades de fazer negócios entre as empresas surgissem para tirar proveito das tecnologias inovadoras existentes.

O *e-business* não compreende apenas comércio, mas também qualquer tipo de prestação de serviços, troca de informações e disponibilização de informações. Quando essa área é alvo de estudo, centenas de siglas e termos em inglês causam certo desconforto no correto entendimento do processo; além disso, é importante salientar a comum confusão de definições que se estabelecem entre o *e-business* e o *e-commerce*.

O *e-business* pode ser definido como a estratégia de posicionamento da empresa na internet; já o *e-commerce* é um dos componentes do *e-business* com o intuito de controlar a atividade de vendas pelo uso de meios eletrônicos.

O *e-commerce*, ou comércio eletrônico, é considerado uma atividade promissora, pois a gestão de um negócio na internet possibilita atingir mercados antes não atendidos sem a necessidade de aumentar a infraestrutura física. A venda direta aos consumidores resulta em considerável aumento dos lucros da empresa com a redução de atravessadores e maior controle das operações.

> **Comércio eletrônico (*e-commerce*):** qualquer forma de transação de negócios na qual as partes interagem eletronicamente, em vez de efetuarem compras físicas ou contato físico direto.

Na realidade, o processo de comércio eletrônico significa que vários conceitos de gestão e de tecnologia devem interagir. Esses conceitos focam uma parte do relacionamento da empresa (empresa-fornecedores, empresa-clientes etc.). Dependendo do tipo de negócio e da cultura empresarial, esses conceitos ganham maior ou menor importância, exigindo níveis distintos de implantação.

O comércio eletrônico faz com que as organizações sejam mais eficientes e flexíveis em suas operações internas. Entre as melhorias de caráter externo podemos destacar a aproximação com seus fornecedores e maior agilidade para atender às necessidades e às expectativas de seus clientes.

A integração de procedimentos e de sistemas da empresa com sua cadeia de suprimentos (fornecedores, distribuidores, representantes etc.) passa a ser um ponto-chave para o sucesso do comércio eletrônico. Uma empresa não consegue desenvolver de forma apropriada o seu *e-commerce* se não tiver, por exemplo, fornecedores confiáveis e com logística apurada.

Quando se fala em comércio eletrônico, qualquer empresa passa, normalmente, por cinco fases no posicionamento do negócio na *web*, que representam amadurecimento e quebra escalonada de paradigmas no que diz respeito ao uso dessas tecnologias para alavancar os negócios da organização. Elas podem ser definidas como:

» presença *on-line*: descoberta da internet pela empresa, normalmente compreende a colocação no ar de um *site* para que a empresa possa ter um endereço a fim de prover algumas informações básicas de seus produtos,

CAPÍTULO 5 • APLICAÇÕES DE TECNOLOGIA NAS EMPRESAS 137

formas de o usuário entrar em contato com ela ou obter sua localização. Algumas vezes, concentra-se em um catálogo eletrônico para exposição de sua variedade de produtos;

» negócios *on-line*: nesta fase, o *site* da organização se transforma em uma maneira alternativa de fazer negócios, podendo apenas utilizar troca de dados na função logística para substituir outros meios, como telefone e fax. Nesse ponto, alguns traços de SCM (Supply Chain Management)[2] levam à ocorrência de compras *on-line* por transação eletrônica de pedidos disponibilizadas por alguns fornecedores com uso de EDI sem integração entre os sistemas das empresas envolvidas;

» negócios *on-line* integrados: o canal eletrônico passa a ser uma peça-chave nos negócios da organização, tendo integração com os seus sistemas e processos internos. Nesse ponto, a relação com o cliente é fortalecida, e operações de retenção do cliente e fortalecimento da marca são percebidas. A integração entre sistemas da empresa, seus fornecedores e distribuidores é quase total, permitindo a troca eletrônica de dados sem a necessidade de redigitação;

» negócios *on-line* avançados: nessa fase, a empresa procura estabelecer uma reformulação dos seus processos de negócio para ampliar seus mercados. Uma fusão de elementos da organização com o relacionamento com o cliente e a cadeia de suprimentos é encarada como uma vantagem competitiva. Aplicações de marketing *one-to-one* são uma característica relevante desse tipo de negócio. Com os fornecedores são estabelecidas relações estreitas, como controle de estoque pelo fornecedor ou reposição contínua de produtos (*just-in-time*);

» *e-business* total: nessa fase, as relações de negócio entre consumidor-empresa-fornecedor passam a ser de parceria completa. São perceptíveis nas empresas um modelo virtual, produção específica para um cliente e compartilhamento de informações e receitas com outras organizações.

As mudanças nessa área são muito dinâmicas, e os dados estatísticos demonstram a necessidade natural de as organizações planejarem seu futuro nessa nova

---

2   *Supply Chain Management*, ou gerenciamento da cadeia de fornecimento, é o estudo de soluções para resolução de problemas de distribuição e logística existentes em empresas que terceirizam parte de seu processo e muito importante para *sites* de comércio eletrônico.

realidade. A seguir, alguns dados dessa evolução comercial que afeta organizações de todos os portes.

Segundo estudos do Ibope Nielsen Online,[3] no segundo trimestre de 2012 o número de internautas que navegaram a partir de sua residência ou no trabalho chegou a 48,3 milhões de usuários. Quando se consideram os acessos públicos – *lan houses*, bibliotecas, escolas e telecentros –, esse número chega a 83,4 milhões de usuários com mais de 16 anos.

A previsão de negócios *on-line* para o Brasil em 2012 é de R$ 23,4 bilhões, segundo o relatório *WebShoppers* 25ª edição. O quadro real dos negócios *on-line* pode ser visto com detalhes no relatório *WebShoppers 25ª*. O balanço final para 2011 tem um caráter positivo tendo em vista que foi atingida a marca de R$ 18,7 bilhões em faturamento. Isso representa um aumento de 26% quando comparado a 2010, que já teve um crescimento incomum (40%). O relatório também evidencia 9 milhões de novos e-consumidores em 2011, o que totaliza 32 milhões de pessoas que já tiveram alguma experiência de compra por transações eletrônicas. O valor médio das compras ficou em R$ 350,00 com uma ligeira queda com relação a 2010, em que a compra de produtos para a Copa do Mundo aumentou o valor do *ticket* médio (R$ 373,00). Os produtos mais comprados nessa modalidade de comércio compreendem eletrodomésticos e artigos de informática.

A evolução da aceitação do comércio eletrônico na primeira década do século XXI pode ser percebida pelos números apresentados na Figura 5.1.

Figura 5.1 Faturamento com transações eletrônicas no Brasil (1ºˢ semestres)

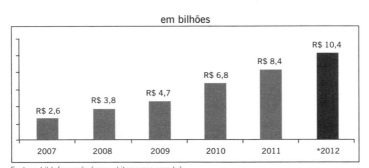

Fonte: e-bit Informação (www.ebitempresa.com.br).
*Previsão

---

3 IBOPE. Acesso à Internet no Brasil chega a 83,4 milhões de pessoas. Disponível em: <http://www.ibope.com.br/pt-br/noticias/paginas/acesso-a-internet-no-brasil-chega-a-83-milhoes-de-pessoas.aspx>. Acesso em: 17 set. 2012.

CAPÍTULO 5 • APLICAÇÕES DE TECNOLOGIA NAS EMPRESAS 139

A potencialidade desse mercado pode ser evidenciada pela grande presença de computadores (54%), linhas telefônicas (37%), conexões de banda larga (68%) e celulares (87%) na maior parte dos domicílios.[4]

Diversos estudos também demonstram que o maior número de acessos é feito por pessoas na faixa de 18 a 34 anos, principalmente na maior fatia de internautas que se encontra entre 15 e 24 anos, e que os internautas economicamente ativos têm ensino superior ou estão cursando (90%).[5]

É importante destacar que no total de internautas brasileiros, boa parte (84%) encontra-se nas classes A e B, mas as classes C e D têm aumentado sua adesão, principalmente em função de escolas, bibliotecas, telecentros e *lan houses*, que atraem muito o público com até um salário mínimo (16%).

A frequência no uso e os hábitos dos usuários se modificaram em consequência da internet, com destaque para os fatos apresentados no Quadro 5.1.[6]

Quadro 5.1 Mudança de hábitos dos internautas e frequência de uso

71,0% acessam a internet pelo menos uma vez por dia.
74,8% navegam pelo menos uma hora a cada acesso.
82,0% dos internautas mudaram seus hábitos diários de entretenimento.
74,6% reduziram o tempo que passam vendo TV.
53,0% preferem a internet como principal entretenimento.
76,0% reduziram as horas de sono (navegando entre 18 e 6 horas).

Além disso, muitos internautas preferem realizar suas operações pela *web*, desde compras de vários gêneros, consulta e operações bancárias e entrega de imposto de renda até investimentos financeiros.

---

4   Cetic.br. *Pesquisa sobre o uso das tecnologias da informação e da comunicação no Brasil* 2011. São Paulo: NIC.br, 2012. Disponível em: <http://cetic.br/usuarios/tic/2011-total-brasil/index.htm>. Acesso em: 17 set. 2012.

5   LIMA, Maria Claudia. *Os geeks na web*: o perfil de quem curte tecnologia. 5 set. 2011. Disponível em: <http://www.navegg.com/os-geeks-na-web-o-perfil-de-quem-curte-tecnologia/>. Acesso em: 17 set. 2012.

6   Domínio Digital. Muita internet e pouco sono. Disponível em: <http://dominiodigitalg6.blogspot.com.br/2009/11/muita-internet-e-pouco-sono.html>. Acesso em: 26. jun. 2012.

140   SISTEMAS DE INFORMAÇÃO

Qualquer empresa que deseje desenvolver novas formas de comercialização precisa conhecer o perfil dos internautas com o intuito de suprir informações de *e-business*, como as mostradas nas Tabelas 5.1 e 5.2.

Tabela 5.1 Porcentagem de internautas e horas que permanecem conectados de acordo com o sexo

SEXO		
	Internauta	Horas conectados
Homens	53,41%	9h21
Mulheres	46,59%	6h20

Fonte: Painel Ibope/NetRatings. CETIC.br, out. 2009.

Tabela 5.2 Perfil do usuário de internet no Brasil por faixa etária sobre o total de entrevistados

FAIXA ETÁRIA	
10-15	53%
16-24	61%
25-34	41%
35-44	26%
45-59	13%
Acima de 60	2%

Fonte: CETIC.br, 2008.

Como benefícios do comércio eletrônico, podemos destacar:

» papel: a redução do uso e armazenamento de papel, sejam informativos ou documentos, dando lugar aos formatos digitais de armazenamento, o que, inclusive, é uma tendência da TI verde;

» tempo: o tempo das transações é muitas vezes um fator significativo para o sucesso da organização, e as transações eletrônicas podem economizar um tempo valioso;

CAPÍTULO 5 • APLICAÇÕES DE TECNOLOGIA NAS EMPRESAS

» distância: a internet permite a redução das fronteiras físicas, o que se traduz na projeção de uma empresa local em um distribuidor global. Métodos eficientes de transporte permitem atingir mercados em outros estados ou países sem a necessidade de inflar a estrutura física da empresa;

» custos com pessoal: a manipulação de grandes quantidades de papel para resolver as transações necessárias ao funcionamento da empresa exige a utilização de uma grande quantidade de pessoal. As transações eletrônicas e, em consequência, a economia de papel permitem uma redução significativa de funcionários juntamente com os custos envolvidos para desenvolver essa atividade de comércio;

» relações com os clientes: o comércio eletrônico resulta em uma relação muito mais estreita entre a empresa, seus clientes e fornecedores. Promoções e produtos orientados a clientes individuais é uma realidade muito simples de ser imposta nesse tipo de comércio;

» facilidade de uso e melhor controle: as empresas, e mesmo os usuários, estão optando pela realização de suas operações no modo eletrônico, pois essa modalidade permite o controle mais apurado dos acontecimentos, além da extrema facilidade de operação. Uma das maiores heranças da internet é a redução de processos burocráticos, ou seja, os processos ficam mais simples.

A internet vem modificando a maneira como as pessoas se relacionam, comunicam, aprendem e compram. As organizações precisam estar atentas para essas características a fim de se adequarem às novas realidades do mercado. Para que uma organização possa competir no terceiro milênio, ela deve, pelo menos em parte, tornar-se digital.

Segundo Andy Grove, presidente da Intel, a previsão para os anos 2000 era que nos cinco anos seguintes todas as empresas serão empresas eletrônicas ou, do contrário, não serão mais empresas. Essa afirmação mostrou-se muito verídica, pois as empresas que se mantêm no mercado têm pelo menos parte de suas transações ocorrendo de forma eletrônica, seja para a comunicação por *e-mail* seja por transações que ocorrem eletronicamente.

As pequenas e as microempresas começam a descobrir as oportunidades da internet, que possibilitam a ampliação de seus mercados sem a necessidade de ampliar sua estrutura física.

142 SISTEMAS DE INFORMAÇÃO

Segundo Louis W. Gerstner, presidente do conselho e diretor-presidente da IBM até 2002, o *e-business* é muito mais que simplesmente comércio, ele é a possibilidade de operacionalizar, além do comércio eletrônico, quaisquer outro tipo de transação entre funcionários dentro de uma empresa, entre uma empresa e seus fornecedores e distribuidores, entre médicos e pacientes, governos e cidadãos, professores e alunos e até a comunidade e seus líderes políticos.

O comércio eletrônico possui formas diferentes de implementação, sendo que cada tipo tem características específicas e alvos diferentes. Algumas empresas atacadistas estão até usando essas diferenças para atingir mercados antes cobertos por seus revendedores, o que lhes permite reduzir o número de atravessadores e efetuar a comercialização a preços mais baixos. Essas modalidades são descritas a seguir.

5.2.1 B2B (Business to Business)

Termo utilizado para representar as transações eletrônicas vinculadas a processos de compra e/ou venda que envolvem produtos, bens, serviços, dados e informações usando como meio elementos de telemática, como redes de computadores privadas, portais empresariais em forma de extranet e a própria rede pública (internet). No caso de uso de redes privadas, seu uso é normalmente restrito a parceiros de negócios que desenvolvem todo o processo de compra e/ou venda por meio de formulários eletrônicos integrados a seus sistemas de informações empresariais.

Essa modalidade de transação eletrônica pode compreender também um mercado seguro (*marketplace*), também conhecido como portal B2B, em circuito fechado, que possibilita o desenvolvimento de transações comerciais entre parceiros verticais ou transversais de uma indústria ou negócio de um ou mais mercados.

O portal B2B é o facilitador de transações que busca os produtos, bens ou serviços em diversos fornecedores participantes, viabilizando o financiamento da operação e providenciando a melhor logística para que a mercadoria chegue a seu destino. O principal objetivo do portal é minimizar os custos do comprador e fortalecer a sua cadeia de suprimentos.

Um bom exemplo dessa modalidade de comércio eletrônico seria uma organização que usa uma rede pública ou privada para solicitar produtos a seus fornecedores, receber pedidos de seus vendedores e fazer pagamentos. Essa categoria

CAPÍTULO 5 • APLICAÇÕES DE TECNOLOGIA NAS EMPRESAS 143

de transações eletrônicas vem sendo desenvolvida já há muitos anos, principalmente pelo uso de ferramentas EDI (Eletronic Data Interchange, ou troca estruturada de dados por meio de uma rede de dados), utilizando-se ou não de uma rede privada (VPN – Virtual Private Network).

Além de integrar todos os participantes da cadeia comercial e disponibilizar informações atualizadas sobre os produtos, a importância do B2B provém da colaboração *on-line*, da automação e da integração das operações de negócio.

A utilização de um portal B2B por uma empresa possibilita:

» a integração com outras empresas em uma comunidade de negócios;
» a criação de um ambiente de relacionamento e troca de informações entre os parceiros de negócio;
» às empresas estar na dianteira dos processos de compra e venda pela *web*, sem a necessidade de arcar com os custos e riscos estabelecidos pela responsabilidade de ter um *site* de comércio eletrônico próprio.

Para a organização que faz parte de um portal B2B, podemos destacar as seguintes vantagens:

» menor custo de compras e menor volume de estoques;
» mais eficiência, simplicidade, flexibilidade e agilidade no processo de compra;
» acesso instantâneo a uma grande variedade de produtos e serviços oferecidos por uma ampla gama de fornecedores;
» acesso instantâneo a informações técnicas, variedade de produtos, assistência técnica etc.;
» flexibilidade para comparação de preços, condições de pagamento, prazos de entrega etc. de uma grande variedade de fornecedores;
» mais facilidade de negociação com os fornecedores;
» mais garantia de seriedade e honestidade dos parceiros comerciais e de cumprimento dos prazos de entrega.

Existem várias modalidades de portais B2B, como pode se verificar nos Quadros 5.2 e 5.3.

144   SISTEMAS DE INFORMAÇÃO

Quadro 5.2 Modalidade de portais B2B

B2B público	Vários fornecedores disponibilizam seus produtos para venda a outras empresas em determinado segmento de mercado.
B2B particular	Um único fornecedor vende seus produtos para seus representantes, revendedores e lojistas.
B2B compras	Solução para grandes compradores. Nesse caso, os diversos fornecedores divulgam seus produtos para a empresa compradora.

Quadro 5.3 Tipos de negócios B2B

TIPO DE NEGÓCIO	DESCRIÇÃO	EXEMPLOS
Canal eletrônico	*Sites* que permitem transações eletrônicas usando a internet, substituindo o velho EDI.	Pão de Açúcar (www.grupopaodeacucar.com.br) e Dell Computer (www.dell.com.br).
E-marketplace	*Sites* que agrupam clientes e fornecedores num mesmo ambiente virtual, facilitando a negociação em tempo real.	Portal Mão na Roda (www.portalmaonaroda.com.br) e Mercado Eletrônico (www.me.com.br).
E-procurement	*Sites* que realizam a cotação *on-line* de produtos com vários fornecedores, fechando a transação com a ajuda de um ERP.	Mercado Eletrônico (www.me.com.br) e Já Cotei (www.jacotei.com.br).
Apoio logístico	*Sites* que fornecem serviços de apoio logístico, como entrega e estocagem de produtos.	Webb (www1.webb.com.br) e NetEnvios (brasil.netenvios.com).

Como principais vantagens do envolvimento da organização com um portal B2B, destacamos a redução de custos de estoque e dos ciclos de venda, melhoria na tomada de decisão de investimento, aumento da capacidade de previsão e aprimoramento do atendimento ao consumidor.

5.2.2 B2C (Business to Consumer)

Modalidade de transações eletrônicas para desenvolvimento de vendas direcionadas ou cruzadas e a formação de comunidades de interesses comuns, que são especialmente grandes para empresas pontocom e também para o desenvolvimento de negócios baseados na *web* que dispõem de capacidade para integrar suas operações de venda e prover serviços ágeis e personalizados de atendimento e suporte ao consumidor.

Essa modalidade equivale, em grande parte, ao varejo eletrônico e prestação de serviços agregados a essa modalidade, seu crescimento continua sendo considerável (39,2% em 2009 e 27% no primeiro trimestre de 2010)[7] com uma previsão de crescimento de 22%.[8]

Existem *shopping centers* eletrônicos (portais) com grande variedade de produtos, desde bolos e vinhos até equipamentos eletrônicos, eletrodomésticos, computadores e carros.

Figura 5.2 Operações realizadas em um portal B2C

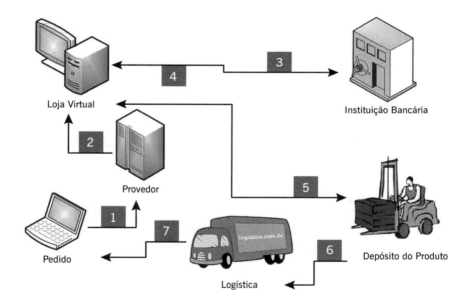

Os portais B2C muitas vezes são *sites* que centralizam produtos de diversos fornecedores. Quando um pedido é feito, um banco ou instituição financeira vinculados ao portal verificam o crédito pelo cartão de crédito ou pelos novos

---

7 ECommerceday. *A força do e-commerce*. Disponível em: <http://www.ecommerceday.mx/wp-content/uploads/2010/10/Visa-America-Economia-Estudo-Regional-eCommerce-Parte-1.pdf>. Acesso em: 15 jun. 2012.

8 Web ExpoForum. *E-commerce no Brasil deve crescer 22% e atingir US$ 18,7 bilhões este ano, prevê eMarketer*. Disponível em: <http://www.webexpoforum.com.br/26/01/2012/e-commerce-no-brasil-deve--crescer-22-e-atingir-us-187-bilhoes-este-ano-preve-emarketer/>. Acesso em: 17 set. 2012.

cartões eletrônicos, havendo também a opção de impressão de boleto *on-line*. Em caso de crédito positivo ou pagamento do boleto *on-line*, o pedido é confirmado e enviado para o fornecedor, que entrega o produto no local definido pelo consumidor.

O comércio eletrônico B2C permite que a organização diminua a quantidade de intermediários, o que possibilita a redução de preços. Além disso, oferece a oportunidade de disponibilizar novos produtos ou serviços e, implicitamente, conquistar novos mercados.

Esse quadro define a importância dessa modalidade de comércio no planejamento estratégico da empresa.

Além disso, esse tipo de comércio permitiu até mesmo a criação de uma nova família de produtos, os "produtos de bits", pois a comercialização de *softwares* (programas), aplicativos, músicas no formato digital (MP3), apostilas e livros eletrônicos (*e-books*) é feita por meio de um pagamento por cartão de crédito, boleto ou depósito bancário, em que a pessoa recebe uma senha para acessar a página do produto e efetuar o *download*.

Segundo estudos, os primeiros portais B2C representam uma gota no oceano, pois a grande facilidade de compra de produtos pelo computador sem que o cliente saia de casa, com serviços de entrega num prazo de 30 minutos a dez dias úteis (nos grandes centros), possibilitando ainda o pagamento com o cartão de crédito, demonstra ser uma estrutura extremamente atraente.

Diante das diversas potencialidades disponíveis nesse modelo de negócios eletrônicos, podem-se destacar:

» comunicação instantânea: integração dos diversos participantes do desenvolvimento do negócio usando meios eletrônicos para agilizar consideravelmente toda a troca de dados e informações;

» ampliação de alcance: a disponibilização de produtos e serviços nessa modalidade tem alcance ilimitado, pois qualquer pessoa em qualquer lugar do mundo pode ter acesso a esse sistema de compra bastando ter acesso à internet;

» personalização: esse modelo permite, e até exige, a personalização de alguns itens, assim essa estratégia deve estar sempre presente em projetos de negócios nesse modelo;

» redução de intermediários: a redução de intermediários e atravessadores implica uma redução de custos e aumento de competitividade;

CAPÍTULO 5 • APLICAÇÕES DE TECNOLOGIA NAS EMPRESAS

» disponibilidade 24×7: os produtos e serviços disponíveis nesse modelo de negócios estão à disposição dos clientes 24 horas por dia nos sete dias da semana.

Seus grandes desafios envolvem a adequação da organização ao dinamismo da internet que, normalmente, implica reestruturação de políticas e processos. Nesse ponto, o grande desafio está no fato de existir algum tipo de resistência por parte dos trabalhadores e problemas de engessamento de processos e políticas da empresa.

Outro desafio a ser considerado para promover um negócio B2C está na integração e distribuição. A integração envolve o fato de que um comércio eletrônico não abarca apenas a venda de produtos, assim empresas parceiras para transações financeiras e para logística e entrega de produtos precisam ser integradas e ter responsabilidades no processo de desenvolvimento do negócio. Além disso, a aplicação da tecnologia para promover, agilizar, documentar e implementar segurança em negócios desse tipo deve ser sempre supervisionada para não chegar ao ponto de defasagem tecnológica, bem como o eterno cuidado com modismos tecnológicos mantendo o foco da empresa no desenvolvimento do negócio com a análise técnica das funcionalidades dessas tecnologias.

O sucesso dessa modalidade de negócios eletrônicos está intimamente ligado à capacidade da empresa de fidelizar clientes utilizando processos para adquirir dados do perfil do cliente, e o uso de mecanismos de suporte ao relacionamento com o cliente é essencial. A veracidade dos dados e informações expostos por meio desse tipo de transação deve estar acompanhada do cumprimento de prazos, garantias etc.

O modelo B2C pode existir em três modalidades, como mostra o Quadro 5.4.

Quadro 5.4 Modalidades de negócios B2C

MODALIDADE	DESCRIÇÃO	EXEMPLOS
Loja virtual	*Site* utilizado para comercialização de produtos, normalmente, com uma linha específica ou com um grande conglomerado de produtos.	Submarino, Americanas.com, Saraiva.com.br, Compra Fácil etc.
Serviços *on-line*	*Sites* cuja finalidade é oferecer serviços. Seu principal exemplo são os Internet Bankings, além de empresas que promovem cursos *on-line*, educação a distância, serviços de recursos humanos etc.	Esab, Catho online, EAD Virtual etc.
Leilões *on-line*	*Sites* especializados em promover vendas de produtos novos ou usados ou leilão por maior valor.	E-Bay, Mercado Livre, e-Bit etc.

5.2.3 Business to Employee (B2E)

Novo tipo de transação eletrônica que pode ser considerada uma linha intermediária entre o B2B e B2C. Quando as empresas começaram a construir suas intranets, esses *sites* internos eram mais utilizados para agilizar a comunicação e a transmissão de instruções administrativas. Agora, à medida que as organizações avançam em seus negócios *on-line*, as linhas se confundem entre a comunicação da empresa com seus empregados e suas atividades de comércio eletrônico.

Iniciativas como treinamento corporativo (*e-learning*), avaliações de recursos humanos, capacitação e reciclagem de conhecimento, endomarketing, portal de documentos e normas digitais, recrutamento e seleção (*e-Recruitment*) são as tarefas mais comuns nesse tipo de transação eletrônica.

Apesar de ser pequeno o aproveitamento do trabalho remoto (e-trabalho), que também é um tipo de interação B2E, essa iniciativa tem aumentado com a popularização da internet, segundo o NIC.br (2012), em 2006 apenas 15% dos funcionários tinham acesso remoto a conteúdos do trabalho, em 2008 esse valor subiu para 21% chegando a quase 50% em 2012.

5.2.4 B2M (Business to Management ou e-gov)

Também conhecida como B2G (Business to Government) é uma modalidade que aborda todas as transações entre empresas e organizações governamentais. Essa categoria é recente, mas tem grande possibilidade de expansão rápida devido à perspectiva do governo usar suas operações para despertar o crescimento das transações eletrônicas. Nesse caso, o fornecedor cadastra seus produtos e preços no portal do governo, que abre licitações eletrônicas e efetua todo o processo de compra no formato eletrônico.

No Brasil, essa modalidade tem sido cada vez mais potencializada com novas possibilidades de interações com o portal e-gov (*e-Government*, disponível em <http://www.governoeletronico.gov.br>). Os estados também possuem suas versões de governo eletrônico destacando os serviços de nota fiscal eletrônica, pregão eletrônico etc.

5.2.5 C2M (Consumer to Management)

Categoria especial conhecida como transações entre consumidor e administração pública, ela compreende todo o tipo de transação eletrônica entre pessoas

CAPÍTULO 5 • APLICAÇÕES DE TECNOLOGIA NAS EMPRESAS 149

físicas e jurídicas com os departamentos do governo. No Brasil, existem vários exemplos vencedores de utilização dessa modalidade: Receita Federal, Detran, Ministério do Trabalho, Correios.

O caso mais bem-sucedido e conhecido é o *site* da Receita Federal, vinculado ao Ministério da Fazenda. Nesse *site*, o serviço de entrega da declaração do Imposto de Renda foi responsável pelo recebimento de 92% do total de declarações, resultando 11 milhões de brasileiros contribuintes e, segundo o *site* da Receita Federal, em 2012 foram entregues 25 milhões de declarações. Essa iniciativa torna-se muito interessante para a sociedade, pois reduz drasticamente a burocracia implícita nos serviços governamentais e impõe um dinamismo no uso desses serviços. O próprio governo tira proveito dessa modalidade pela Portaria nº 375, de 24/01/2001, que estabeleceu a obrigatoriedade do uso do meio eletrônico a partir da competência de novembro de 2001.

5.2.6 C2B (Consumer to Business)

Modalidade diferenciada das demais, pois o princípio de sua interação deve partir do cliente ou consumidor de um produto ou serviço. Seu principal foco encontra-se no estabelecimento de negócios que partem de uma pessoa física para uma empresa ou instituição, seja para disponibilizar um produto, seja para prestar serviços como autônomo. Ele também envolve o desenvolvimento de transações eletrônicas com base no preenchimento de cadastros por meio de *sites* diretamente por pessoas físicas com o objetivo de participar de sorteios ou promoções autorizando o uso desses dados como forma de contato ou recepção de *e-mail* marketing.

Sua característica marcante está no fato de ocorrer uma inversão no sentido do desenvolvimento do negócio, cuja origem é uma pessoa física que pode ou não ser um cliente da empresa.

5.2.7 C2C (Consumer to Consumer)

Nessa modalidade são desenvolvidas transações eletrônicas entre pessoas físicas seja para compra/venda de produtos ou para troca de produtos novos ou usados. *Sites* de leilão ou vendas para pessoas físicas entram nessa modalidade. Também pode ser considerado um braço do B2C com *sites* como Mercado Livre e E-Bay.

150   SISTEMAS DE INFORMAÇÃO

5.3 COMÉRCIO ELETRÔNICO

A evolução do comércio eletrônico está intimamente ligado à combinação de mudanças na gestão do negócio e aplicação de inovações tecnológicas. O elemento considerado chave para a sua implantação é a internet.

Como uma nova forma de utilização da rede pública como diferencial para o desenvolvimento de negócios, o *e-commerce* tem seu nascimento junto com o advento dos navegadores (*browsers*) e as capacidades multimídia impostas por ele no início dos anos 1990.

O movimento que culminou nesse novo modelo de negócios tem traços desde os anos 1970, compreendendo inovações como:

» EFT (Electronic Funds Transfer – transferência eletrônica de fundos), nessa inovação, a transferência de fundos entre empresas pode ser desenvolvida eletronicamente;

» EDI (Electronic Document Interchange – intercâmbio eletrônico de documentos), essa ferramenta tem suas primeiras aplicações em meados dos anos 1980 e permite a troca de documentos eletrônicos que representam rotinas documentadas de processos a serem desenvolvidas. Tarefas como transações financeiras desmembrando-se em outros tipos de processamento de transações passam a ser possíveis.

» IOS (Interorganizational System – sistema interorganizacional), essa inovação envolve os sistemas que permitem fluxos de dados e informações de forma automatizada entre empresas para permitir o correto funcionamento de suas interações no SCM (Supply Chain Management – gerenciamento da cadeia de suprimentos). Essa iniciativa permite aperfeiçoar a competitividade de todo um conjunto de empresas parceiras.

O comércio eletrônico precisa ser evidenciado como uma nova forma de percepção e interação entre a empresa e seus clientes, que agora serão virtuais. O quadro que evoluiu para essa modalidade de comércio foi marcado por procedimentos impostos ao mercado na década de 1980 juntamente com as inovações expostas anteriormente. Esses procedimentos envolviam o desenvolvimento de formas virtuais ou não presenciais de interação com o consumidor,

CAPÍTULO 5 • APLICAÇÕES DE TECNOLOGIA NAS EMPRESAS

como centrais de telemarketing, catálogos e contatos virtuais em substituição ao contato físico com o produto e, às vezes, até com o vendedor.

Além disso, a redução de intermediários e atravessadores nos comércios tradicionais para melhorar a margem de lucro de empresas já apontava para o comércio eletrônico junto com a promoção de ligações entre produtos e serviços semelhantes no que diz respeito à apresentação e consumo evidenciando características de qualidade, preço e garantia.

Tabela 5.3 Quantidade de e-consumidores no Brasil.

EM MILHÕES	2005	2006	2007	2008	2009	2010	2011
e-consumidores	4,8	7,0	9,5	13,2	17,6	23,4	31,9
% crescimento	41%	46%	36%	39%	33%	30%	37%

Fonte: WebShoppers, 2011.

Por esses motivos, o crescimento do comércio eletrônico foi exponencial e paralelo ao próprio crescimento da internet. Essa demasiada agilidade com que se estabeleceu o comércio eletrônico e as notícias veiculadas quase todos os dias sobre 2E (empresas eletrônicas) que encerraram suas atividades definem um quadro preocupante nas organizações que ainda não optaram por tal meio de comercialização, as quais podem assumir o risco de fechar ao optarem por entrar no comércio eletrônico.

A aplicação do comércio eletrônico no desenvolvimento do negócio de uma empresa não é, ainda, considerada uma obrigatoriedade, mas considerando a sua evolução e seus benefícios, uma empresa que pelo menos não impõe a sua presença na *web* provavelmente terá problemas num futuro próximo.

Nos primeiros anos da década de 1980, alguns procedimentos mercadológicos já sinalizavam para novas formas de interação do consumidor com as empresas, os quais são representados por:

» desmaterialização: este procedimento diz respeito a formas virtuais de interação com o consumidor simbolizado pelas centrais de telemarketing, uso de catálogos e contato virtual que substituem o contato físico;

» desintermediação: envolve a redução de uma ou mais empresas ou pessoas que intermediavam a venda de um determinado produto;
» afinidade de grupos de produtos e serviços: este procedimento diz respeito a ligação entre produtos e serviços com relação à sua forma de apresentação e consumo evidenciado por suas características de qualidade, preço e garantia.

Figura 5.3 Empresas que possuem *site*

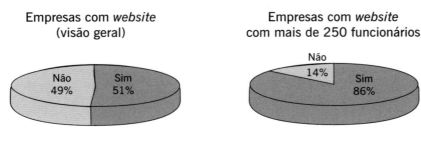

Fonte: CETIC.br, 2009.

O gráfico da Figura 5.4 representa a pesquisa do Cetic.br (2008) para definir quais são os recursos mais explorados pelas empresas ao se posicionar na internet, são eles:

a) catálogo de produtos e listas de preços;
b) suporte pós-venda;
c) sistema de pedidos ou reserva (carrinho de compras);
d) pagamento *on-line* ou completar transação.

Figura 5.4 Recursos mais oferecidos em *sites* empresariais

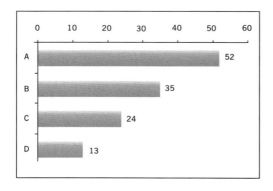

CAPÍTULO 5 • APLICAÇÕES DE TECNOLOGIA NAS EMPRESAS   153

Tabela 5.4 Retorno da *web* do ponto de vista das empresas

Divulgação da empresa	33%
Crescimento da empresa	27%
Maior interação com os consumidores	21%
Agilidade nas negociações	14%
Divulgação de lançamentos	7%
Conhecimento das necessidades do consumidor	3%
Nenhum retorno	3%

Com a tendência do aproveitamento das redes sociais para o fortalecimento da marca e para melhorar a interação com os clientes fiéis e potenciais, os dados da Tabela 5.4 tendem a ter uma mudança considerável na forma como as empresas visualizam as oportunidades com a internet. Muitos dos erros que levaram as empresas eletrônicas ao fechamento (bolha da internet) nos anos 2000 foram consequência da falta de planejamento ou até da falta de conhecimento dos elementos-chave que regem essa modalidade de comércio. Como ponto principal, é importante observar que os concorrentes podem se desenvolver mais rapidamente, deixando para trás, em muito, a organização que não se preocupa com tais elementos.

O ponto crucial para o correto estabelecimento do comércio eletrônico no desenvolvimento do negócio da empresa ou para o desenvolvimento de um segundo canal de negócios está na adequação do modelo de negócio ágil da internet, o qual possui diferenças com relação ao comércio tradicional.

As empresas acreditam que as principais vantagens de implementar um comércio eletrônico são:

Tabela 5.5 Principais vantagens do comércio eletrônico para as empresas

Redução de custos	74%
Redução no tempo de desenvolvimento da transação	69%
Melhoria na qualidade do serviço ao consumidor	69%
Aumento do volume de vendas	52%
Aumento do número de consumidores	52%

As organizações acreditam que as principais desvantagens do comércio eletrônico são os listados na Tabela 5.6.

Tabela 5.6 Desvantagens do comércio eletrônico na visão das empresas

Falta de sistemas seguros na *web*	61%
Dificuldade em atingir as classes mais baixas (caráter elitista)	48%
Dificuldade do consumidor no processo de tirar dúvidas	41%
Serviços de telecomunicações ainda caros	33%
Falta de mão de obra especializada	30%
Maior investimento em mídia segmentada	22%
Pagamento sem ser à vista	20%

Muitas organizações que dizem ter um sistema de comércio eletrônico, na verdade estão recebendo solicitações de produto por correio eletrônico (44%). Esse erro, apesar de parecer insignificante, deve ser repensado quando se entende que o correio eletrônico é uma das maneiras menos seguras de tráfego de informações e menos formal. Isso pode representar uma falta de profissionalismo da empresa e prejudicar tanto sua imagem na internet como até impactar no desenvolvimento do seu negócio convencional, se for o caso.

Usar o correio eletrônico como forma de transação eletrônica somente é possível para empresas e usuários que tenham uma assinatura digital,[9] de forma que possa ser possível enviar informações por correio eletrônico utilizando a criptografia (assunto a ser tratado mais à frente), com assinatura de *hash* de tamanho fixo ou mecanismos de PGP (Pretty Good Privacy).

A estrutura do comércio eletrônico exige um alto investimento em tecnologia; no Brasil, os números impressionam. No desenvolvimento do *site* do Submarino foram gastos com investimentos estrangeiros US$ 12 milhões, já no *site* Americanas.com foram gastos R$ 2 milhões. O amelia.com.br, criado para estabelecer a operação B2C do Grupo Pão de Açúcar, investiu em 2000 cerca de R$ 25 milhões em tecnologia. O *site* de leilão Lokau.com gastou US$ 800 mil em

---

9   A assinatura digital é um método de aluguel de uma chave privada de criptografia para a troca de dados e informações pela internet. Ela pode ser adquirida com a assinatura de um serviço do tipo Verysign ou Certisign.

CAPÍTULO 5 • APLICAÇÕES DE TECNOLOGIA NAS EMPRESAS   155

equipamentos de tecnologia, e o Carrefour pretende investir R$ 50 milhões.[10] Existem ainda muitas organizações que controlam transações realizadas por meio da internet de forma manual, não automática, o que facilita a ocorrência de erros humanos. Esse fato também resulta num atraso para a concretização da atividade, pois o efeito burocrático da organização e a necessidade de os dados passarem pelas mãos de várias pessoas não permitem um controle muito eficaz do andamento dos pedidos.

Um grande problema que envolve as empresas eletrônicas é o serviço de logística, pois, mesmo com a terceirização dessa atividade, muitas empresas ainda realizam esse tipo de solicitação de serviço manualmente, sem planejamento, e, como consequência, surgem os prejuízos de trabalhos refeitos. Inclusive, é importante destacar que o Submarino em sua fusão com as Americanas. com, no conglomerado conhecido como B2W, chegou a perder o posto de melhor site de compras virtuais por problemas em razao do processo de logística da empresa.

O comércio eletrônico deve ter como alicerce alguns procedimentos que minimizem a burocracia e persigam a excelência da atividade de comércio. Transações como informações do cliente, por exemplo, os contatos com a instituição financeira e com a transportadora devem ocorrer de modo eletrônico, mantendo o sigilo da operação e permitindo a integração com um sistema CRM para definição do perfil do cliente.

Os negócios eletrônicos, principalmente os que realizam o comércio eletrônico, envolvem pontos importantes, que são:

» Propaganda: promovendo um paralelo com o comércio convencional, a boa apresentação de um produto implica sua rápida venda. Assim, o comércio eletrônico deve ter seus *sites* repletos de boas imagens e informações completas do produto, preço e formas de pagamento. A página inicial (*home page*) é uma boa estratégia para incentivar o cliente a ver o restante do *site* com a apresentação de promoções e destaques.

---

10 *Folha Online*. Disponível em: <http://www1.folha.uol.com.br/folha/dinheiro/ult91u700567.shtml>. Acesso em: 13 abr. 2010.

» Evidenciamento: neste caso, a promoção diz respeito a promover e chamar a atenção do consumidor para produtos específicos, utilizando ou não incentivos de curto prazo, como bônus, descontos, "milhagens" etc. Planos de e-marketing que envolvem *banners*, *e-mails*, mala direta eletrônica ou promoções *hot-sell*[11] são as melhores práticas para fortalecer as vendas.

» Comunicação: semelhante ao que ocorre no comércio convencional, o processo de venda de um produto no comércio eletrônico tem fases bem definidas. As interações com o cliente precisam ser eficientes com o uso de canais de comunicação rápidos, precisos e transparentes.

» Processo de vendas: o processo de vendas virtuais conta com o interesse inicial do próprio cliente, sendo assim, pode-se considerar que metade do processo de venda já está concluído. A outra metade depende das características de apresentação dos produtos e suas respectivas informações. Um grande diferencial para alavancar esse processo seria apresentar informações de comparação com produtos concorrentes, diferenciais do produto, depoimentos da experiência de clientes com o produto, análise de jornalistas e demais informações que incentivem a sua compra.

» Formas de pagamento: no Brasil os consumidores ainda possuem uma grande desconfiança em usar o cartão de crédito em compras virtuais mas, segundo o Cetic.br, a proporção de indivíduos que tiveram problemas de segurança na internet por incidente com cartão de crédito representa 1% do total de usuários internautas. Ainda nessa pesquisa, o cartão de crédito representa 61% das operações realizadas, seguido pelo boleto bancário com 36%. Nesse cenário, pode-se notar que o cartão de crédito pode ter seu uso sempre incentivado, mas devem existir outras formas de pagamento, como boleto bancário, depósito identificado, cheque eletrônico pré-datado etc.

» Pós-venda: o processo de pós-venda representa uma garantia adicional do ponto de vista do consumidor virtual. Assim, é muito importante estar disponível procedimentos de *tracking* de pedidos (evolução logística da entrega), processos de troca ou devolução de produtos, perguntas e respostas frequentes etc.

---

11 *Hot-sell* são promoções de vendas-relâmpago que ocorrem em sites de comércio eletrônico.

CAPÍTULO 5 • APLICAÇÕES DE TECNOLOGIA NAS EMPRESAS

» Segurança: é um elemento-chave nos procedimentos que envolvem transações eletrônicas, pois principalmente os usuários sem conhecimento técnico ou grande experiência com computadores têm muita desconfiança em realizar compras virtuais, em especial com cartão de crédito. Assim, é importante ter a maior quantidade possível de mecanismos de segurança (SSL, criptografia, certificados digitais etc.) que sejam justificáveis. Além de impor tais mecanismos, é importante expor claramente a existência deles para tranquilizar os usuários.

» Estoque: nesse requisito, a gestão pode ser a mesma do comércio convencional, mas o estoque vinculado ao *e-commerce* deve estar fisicamente separado do convencional. Esse pequeno procedimento pode representar um aumento considerável na eficiência da gestão e uma grande eficácia no processo de vendas virtuais.

» Logística: outro ponto de destaque no processo de vendas *on-line*, os quais, normalmente, são efetuados por terceiros. Esse processo pode representar grandes problemas para a empresa de comércio eletrônico se não for eficaz. Também é importante destacar que a entrega de produtos pode ser realizada para grupos de produtos ou produtos individuais, como um procedimento padrão para cativar o cliente. A agilidade de entrega é um fator marcante, por isso essa informação no *site* deve ter sempre o dobro da duração esperada. Por fim, o preço do frete é outro fator de destaque, pois pode ter um impacto muito negativo na venda de produtos *on-line*.

» Monitoramento: esse ponto está intimamente ligado aos elementos de tecnologia da informação, pois um monitoramento eficiente somente pode ser executado com sistemas informatizados precisos. Os procedimentos de acompanhamento do pedido, pagamento e entrega devem estar integrados com parceiros (bancos, instituições financeiras e empresas de logística) para que o retrabalho não seja um gargalo no desenvolvimento da transação eletrônica.

Em 1997, a IBM promoveu uma campanha de divulgação do *e-business* que prega a existência de uma série de atitudes empresariais para a maximização de resultados com essa nova modalidade de comércio. Essas atitudes podem ser resumidas como o "ciclo do *e-business*". Esse ciclo define com clareza a necessidade de a empresa optar pela nova forma de comercialização (mudar), implementar tecnologias, *softwares* e acessórios para promover novo processo de negócio, manter nova estrutura com segurança, possibilitar a ampliação e estabilidade para possuir uma base de conhecimento de negócio (KM) de modo a realimentar todo o ciclo e promover seu crescimento como empresa.

Figura 5.5 Ciclo do *e-business*

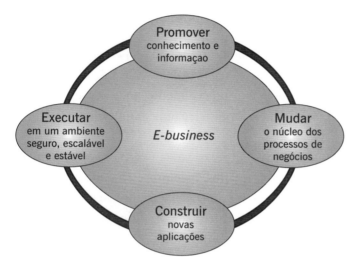

Segundo estudos da PriceWaterhouseCoopers, existem cinco elementos-chave para qualquer tipo de transação baseada no *e-business* que os tomadores de decisão de qualquer organização devem levar em consideração para sobreviver no mercado do novo milênio: experiência com o cliente; modelos de negócio; reconhecimento do mercado; poder da marca; e atração de talentos.

5.3.1 Experiência com o cliente

Essa característica se resume no fato de que no sistema de comercialização tradicional o contato físico possibilita a interação mais próxima com o cliente, principalmente se for executado pelas empresas que desejam manter a fidelidade desse cliente. Dessa maneira, ele fica na expectativa de receber tratamento especial semelhante ou superior ao modelo eletrônico de negócios.

Hoje, mesmo com os grandes avanços da telemática, as organizações que ainda não possuem desenvolvimento tecnológico avançado e/ou aquelas que mantêm processos de negócios complicados não conseguem estabelecer experiências positivas com o cliente. Os clientes eletrônicos exigem cada vez mais detalhes e atenção quando visitam um portal de comércio eletrônico (B2B ou B2C). Eles esperam diversão, entretenimento e uma experiência proveitosa que ainda não tenha sido encontrada em nenhum outro *site*.

Tecnologias como Ajax, Json, Flash e Silverlight têm sido fortes aliadas para promover essa experiência diferenciada para o cliente, com *sites* repletos de dinamismo e interatividade. Mesmo assim, o novo padrão HTML 5.0 permite a realização de boa parte dessas potencialidades sem a necessidade de usar as tecnologias citadas anteriormente. Formas diferenciadas de estabelecer o contato com o produto e sua manipulação tridimensional ou até vídeos explicativos de seu uso e características são fortes aliados para o desenvolvimento dessa experiência. Inclusive já existem diversas empresas que utilizam mecanismos como YouTube para a apresentação de vídeo dos seus produtos e o Picasa para armazenamento e apresentação de fotos e imagens.

Os *sites* inovadores de comércio eletrônico têm criado sistemas de bonificação para visitas reincidentes, com recompensas ou acúmulo de bônus para sorteio de prêmios, descontos para produtos que o cliente apresentou interesse e não comprou etc.

No projeto e desenvolvimento de *sites* da modalidade B2B o foco deve ser a excelência do serviço e, em segundo plano, a personalização e o *design* arrojado do *site*. Para o projeto e desenvolvimento de *sites* B2C, o foco deve estar na sua personalização e *design* e, em segundo plano, na excelência do serviço.

O fato de deixar um tópico para segundo plano não significa que ele não seja importante, simplesmente quer dizer que deve ser direcionado com menos intensidade do que o foco principal. O serviço prestado é apenas um, a organização deve saber priorizar os investimentos naquilo que seu mercado está procurando (eficácia).

5.3.2 Modelos de negócio

Os diferentes tipos de transação eletrônica, principalmente os padrões B2B e B2C, exigem modelos de negócio diferentes para cada modalidade. Isso ocorre devido ao fato de o *e-business* reestruturar todas as relações comerciais do fornecimento de uma organização ligadas aos fabricantes, distribuidores, comerciantes e clientes.

O uso da tecnologia para o controle dessas relações permite que a ligação comercial empresa-parceiro ocorra em vários pontos de todo o processo, simultaneamente ou não, originando novos mercados e novas oportunidades.

Os modelos de negócio B2C (Business to Consumer) devem apresentar as seguintes características:

» eliminação de intermediários e venda direta a consumidor;
» criação de novos tipos de intermediários em segmentos em que havia poucos, como *sites* bancários que vendem serviços financeiros (seguros, empréstimos etc.) de outras instituições;
» criação de *sites* de comunidades de empresas que podem oferecer uma maior variedade de produtos num mesmo local;
» disponibilização de *sites* de mídia (rádio, televisão e mídia impressa) para suporte a promoções e aumento de audiência.

Os modelos de negócio B2B (Business to Business), por sua vez, devem apresentar as seguintes características:

» *sites* que dominem uma especialização exclusiva em uma única área, tornando-se a principal fonte de informações *on-line* e de oportunidades de negócio;
» *sites* de empresas que criam o relacionamento de clientes comerciais com fabricantes e fornecedores de serviço (*e-procurement*);
» *sites* de conhecimento funcional que acumulam informações e estão aptos a fornecer processos regulares, confiáveis e frequentes para aumentar a fidelidade do cliente.

5.3.3 Avaliação financeira

A avaliação financeira diz respeito aos modelos de avaliação de lucro e os fluxos de caixa tradicionais. No começo, os *sites* B2B executavam essa avaliação com base no número de clientes que o visitavam, o número de vezes que voltavam a visitá-lo e, consequentemente, deixavam de visitar o concorrente. Esse novo perfil de avaliação tem feito pressão nas organizações com o intuito de separar a empresa titular e o seu portal B2B. O principal motivo dessa atitude é a necessidade de uma avaliação completa do portal, que é prejudicada pela extrema relação de integração com a estrutura organizacional do negócio. Mesmo assim, é necessário que a organização possa medir os efeitos benéficos e maléficos da venda pela *web* sobre o sistema tradicional de vendas (força de vendas).

Outro ponto de destaque é a mudança de metodologia de avaliação de sites empregada pela maioria dos órgãos de desenvolvimento de estatísticas para o comércio eletrônico. Segundo a Nielsen/Netratings, a melhor técnica para avaliar um *site* ligado ao comércio eletrônico é o tempo em que o usuário permanece nele, ao contrário dos *page views* (visualizações de página). Tal método deve causar muitos impactos na forma de desenvolver o *webmarketing* de uma empresa, o que deve resultar em ganhos consideráveis para o desenvolvimento do negócio.

5.3.4 Poder da marca

Esse item diz respeito à utilização da marca da organização para criar clientes fiéis no intuito de se precaver contra as *i-brands*.[12] Essa preocupação baseia-se na tendência de essas marcas tentarem a imersão de seus produtos ou serviços no mercado tradicional e o fato de serem muito mais fortes na *web*.

A grandeza desse tipo de concorrência pode ser percebida no estudo que mostra que, nos Estados Unidos, das 50 principais marcas de B2C, 45 são *i-brands* e o restante são marcas diretamente ligadas à eletrônica ou à informação eletrônica. Atualmente, as *i-brands* são os negócios que estão mais fortemente presentes no mercado B2C. Aproveitando esse artifício, muitas empresas cujas marcas são muito conhecidas no comércio convencional promoveram *sites* de comércio eletrônico para inaugurar um novo canal de vendas e fortalecer ainda mais o seu negócio, são exemplos Pão de Açúcar, Casas Bahia, Lojas Americanas, Carrefour etc.

5.3.5 Atração de talentos

O déficit de mão de obra qualificada para a gestão e manutenção dos *sites* de comércio eletrônico é uma preocupação importante das organizações. Mesmo que nos últimos anos a existência de cursos de especialização, pós-graduação e MBA tenha disponibilizado para o mercado profissionais com as qualificações desejadas, as crises econômicas nos mercados eletrônicos têm gerado certo receio na escolha dessa carreira.

Esse fato, se mais bem examinado, pode gerar uma situação preferencial, pois como muitas empresas eletrônicas encerraram suas atividades (bolha da

---

12 Marcas exclusivamente virtuais, ou seja, da internet.

internet), os profissionais que nelas atuavam estavam disponíveis no mercado de trabalho com grande bagagem de conhecimentos positivos e negativos do comércio eletrônico. Resta às organizações filtrar o mercado, selecionar os profissionais de maior experiência e que tenham em mente novos desafios para potencializar seus negócios eletrônicos. O principal ponto dessa situação para o comércio eletrônico é definir qual é o melhor tipo de incentivo para atrair os mais talentosos.

Todo esse conjunto de características principais para *e-business* requer planejamento para a implantação desse novo método de comercialização, dedicando-se atenção especial às flutuações e ao dinamismo da área.

Quadro 5.5 Perfil do e-consumidor no Brasil

	2009	2011
Total de internautas	67,5 milhões	79 milhões
E-consumidores	17,6 milhões	23 milhões
Idade dos compradores *on-line*	25 e 49 anos (70%)	20 a 54 anos (78%)
Classes participantes atualmente	A, B e C	AB (61%) C (35%) DE (4%)
Região Sudeste (maior número de e-consumidores)	27%	37%
Faturamento do *e-commerce* no Brasil 2008 2009 2010	8,2 bilhões 10,6 bilhões 14,8 bilhões	18,7 bilhões

O Quadro 5.5 permite visualizar o mercado promissor para essa modalidade de comércio, de modo que uma empresa entrar nessa onda é praticamente obrigatório. Ele mostra um crescimento real mesmo com a crise econômica que assolou o mundo, mas é lógico que ainda não supera o comércio convencional.

Começou a se formar os grandes gigantes de vendas *on-line* que, inicialmente, eram formados apenas pela B2W (Submarino, Americanas.com e Shoptime), que detinha 31% do mercado de compras *on-line* em 2010, sendo ameaçado pelo grupo Nova Pontocom (Casas Bahia, Extra, Ponto Frio e Pão de Açúcar).

CAPÍTULO 5 • APLICAÇÕES DE TECNOLOGIA NAS EMPRESAS   163

Outras empresas estão começando a inovar para se diferenciar no mundo do comércio eletrônico, por exemplo, a Pixmania.com que, sendo uma empresa fundamentalmente de *e-commerce*, diversificou seus procedimentos com o estabelecimento de pontos físicos de retirada de produtos vendidos no seu *site* para melhorar a confiança e a agilização de entrega de produtos.

5.4 ERP (ENTERPRISE RESOURCE PLANNING)

Um sistema ERP, que é o correspondente em português para planejamento dos recursos empresariais, é uma arquitetura de sistemas de informação que facilita o fluxo de informações entre todas as atividades da empresa, como as quatro principais atividades da organização: fabricação, logística, finanças e recursos humanos. No Brasil, frequentemente também é conhecido como Sige (Sistemas Integrados de Gestão Empresarial) e tem seu foco na integração dos dados de todos os processos internos e externos da empresa de forma a centralizar seu armazenamento numa plataforma de banco de dados.

Seu desenvolvimento e implantação pode ter duas abordagens diferenciadas:

» funcional: promove a modulação por departamentos principais, normalmente ligados aos subsistemas da empresa, como finanças, controladoria, marketing e vendas, aquisições e compras, produção, recursos humanos etc.;

» sistêmica: promove a modulação baseada no fluxo de trabalho e no nível de responsabilidade do processo decisório, normalmente dividido em sistema de operações transacionais, sistema de informação gerencial, sistema de suporte à decisão e sistema de suporte executivo.

Dentro do processo evolutivo que resultou no ERP, destacam-se os seguintes marcos:

» Década de 1950: a introdução dos conceitos modernos ligados à gestão corporativa e controle de dados com tecnologia utilizando-se dos grandes *mainframes* e a existência dos CPDs são os elementos que caracterizam esta fase. Nessa época, a automação era cara, lenta e restrita, sendo aplicada principalmente ao controle de estoques permitindo uma considerável redução de tempo quando comparado com a mesma atividade manual.

» Década de 1970: com a invenção dos PCs e o início do processo de descentralização do processamento de dados, juntamente com a expansão econômica, a evolução dos sistemas de controle de estoques para os MRPs (Material Requirement Planning, ou planejamento das requisições de materiais) foi possível. Esta fase envolve a automação de tarefas parciais em várias fases do processo produtivo permitindo a sua gestão.

» Década de 1980: agora a popularização dos PCs permite que parte dos processamentos sejam desenvolvidos em cada mesa em uma organização. As redes de comunicação iniciam a definição de um quadro favorável à colaboração e a revolução na gestão da produção e logística. Departamentos de grande responsabilidade na empresa são incluídos na automação de atividades. O MRP evolui para o MRP II que agora significa Manufacturing Resource Planning, ou planejamento dos recursos de manufatura, e incorpora as atividades de gestão de equipamentos e mão de obra. Ainda nessa década, a comunicação com outros departamentos essenciais (finanças, recursos humanos, marketing e vendas, aquisição e compras) e sua junção no processo de automação já culminava na tendência do ERP.

» Década de 1990: diante dos efeitos da década anterior, a denominação ERP passa a ser justificável e o barateamento dos microcomputadores deixa um quadro favorável à arquitetura cliente-servidor e a distribuição do processamento. As flutuações impostas pela globalização fizeram com que esse tipo de sistema fosse crucial para o desenvolvimento do controle e gestão da empresa.

A arquitetura de um ERP conta com um banco de dados centralizado, operando em uma plataforma comum que interage com um conjunto integrado de aplicativos ou módulos, consolida todas as operações do negócio em um simples ambiente computacional. Essa arquitetura permite abordagens flexíveis e orientadas para o processo e podem maximizar as atividades de produção, gerenciamento de inventário e de cadeia de valor, controle financeiro, gerenciamento de recursos humanos e aprimoramento do relacionamento com o consumidor.

Esse sistema proporciona forte integração de informações e simplificação de processos de negócio para habilitar as organizações a serem eficientes e eficazes.

CAPÍTULO 5 • APLICAÇÕES DE TECNOLOGIA NAS EMPRESAS   165

Percebe-se ainda que uma organização integrada por um ERP e orientada para processos se caracteriza por uma noção de território[13] enfraquecida, nascendo uma forte noção de relacionamento e compartilhamento de informações aliada com a relação de simbiose entre o sistema e a organização.

O ERP, normalmente, é um conjunto de atividades executadas por um *software* multimodular para auxiliar a organização nas fases de negócio ligadas ao *Back Office*,[14] incluindo o desenvolvimento de produto, compra de itens, manutenção de inventários, contato com os fornecedores, atendimento ao cliente. Suas heranças vêm dos sistemas de MRP, sendo uma evolução natural na maneira como a organização visualiza suas oportunidades de negócio e interage com o mercado no qual se encontra.

Um bom planejamento de ERP deve:

» ter o perfil da empresa, ou seja, depois de uma revisão e racionalização de processos na empresa, o sistema deve se adequar às características, funcionalidades, procedimentos e processos dela. Não é aceitável que as empresas tenham de mudar seus procedimentos pela implantação de um ERP. Normalmente essa abordagem resulta em atrasos consideráveis que impedem a finalização de sua implantação;

» ser orientado ao fluxo de trabalho, isso implica que o ERP deve permitir que o fluxo de trabalho da empresa possa ser otimizado e não engessado como acontece em muitas situações. Se sua implantação seguir esse requisito, o sucesso do projeto acontece naturalmente pelo próprio envolvimento dos trabalhadores que se identificam com esse fluxo;

» compreender diversos níveis da empresa, ou seja, um ERP não é aquele que apenas controla as atividades básicas da empresa, mas permite o envolvimento e o cruzamento de dados com as atividades de gestão sem um cenário de montar quebra-cabeças com sistemas diferentes e sem uma integração direta.

---

13 O conceito de território se resume no fato de que os profissionais de um departamento se sentem donos das informações geradas por eles e as defendem com todas as forças com o intuito de se sobressair perante os outros departamentos. Pode ser feita uma correlação com a demarcação de territórios que os lobos fazem para afastar outros lobos curiosos.

14 O *Back Office* diz respeito às atividades de bastidores da empresa, ou seja, às atividades que a fazem chegar em um produto ou serviço a ser formalmente comercializado.

O uso de retrabalho em planilhas e geradores de gráfico é um grande empecilho ao sucesso de um ERP.

» promover o fluxo real dos dados por toda a empresa, isso significa que o sistema ERP deve ser um facilitador do fluxo de dados e da promoção da informação e conhecimento empresarial. Isso implica permitir o acesso instantâneo a todos aqueles que possuem o privilégio para desempenhar aquela atividade cujos dados são o produto de entrada.

A implantação de sistemas ERP só pode ser bem-sucedida se:

» existir o total comprometimento da alta direção no projeto em que estão indiretamente comprometidos os recursos financeiros para a execução do projeto e treinamento; o processo de implantação deve ser totalmente transparente;
» mantiver intercomunicabilidade com o mundo exterior: as pessoas que atuarão como colaboradores do sistema precisam estar envolvidas por conhecerem melhor o método de trabalho e as políticas da organização;
» existir a necessidade de gerenciar as expectativas: muitas vezes, a implantação de um novo sistema causa certo retardo nas atividades, ou seja, é necessário controlar os pequenos atrasos em decorrência do desempenho inicialmente inferior do novo sistema. Não se podem esquecer as vantagens que serão impostas: a habilidade de integração e as racionalizações ocorridas nessa mudança;
» não for definida uma data-limite para o projeto: o sistema só deve estar apto para o uso se, sobretudo, os usuários estiverem aptos e seguros disso. Normalmente, a implantação de um sistema é proporcional à capacidade de absorção de mudanças da organização, das pessoas e da tecnologia que está sendo utilizada;
» o escopo não for alterado durante a implantação: é indispensável começar utilizando o sistema como foi concebido e documentar as modificações para serem efetuadas pelo profissional responsável, além de aguardar uma nova versão. Alterações de escopo dão a falsa impressão de que a implantação não está saindo do lugar.

Uma empresa com um ERP de sucesso tem uma noção de território enfraquecida (duelo pelos dados entre departamentos) e, no lugar, emerge uma noção forte de relacionamento e compartilhamento. Isso resulta num processo claro de simbiose entre o sistema ERP e a empresa onde ocorre uma evolução natural na forma

CAPÍTULO 5 • APLICAÇÕES DE TECNOLOGIA NAS EMPRESAS   167

como a empresa visualiza oportunidades de negócio e interage com o mercado onde se encontra.

É importante concluir que os sistemas ERP têm como principal foco o aumento da eficiência, tendo em vista as transações internas da organização com seus funcionários e com as tecnologias utilizadas, e o aumento de eficácia, considerando-se as transações externas da organização com seus clientes e fornecedores, ou seja, esse tipo de arquitetura trata a empresa exatamente como um sistema aberto que é.

5.5 CRM (CUSTOMER RELATIONSHIP MANAGEMENT)

Na última década do século XX, as organizações se preocuparam na redução de custos e com a reestruturação dos processos, operações e políticas internas, criando uma visão apenas interna da organização. Os movimentos que resultaram no corte de custos e na reengenharia de processos causaram o distanciamento do cliente.

O CRM (gerenciamento do relacionamento com o cliente) é uma arquitetura que combina os processos de negócio e tecnologias que visam entender os clientes com respeito a quem são, o que eles fazem e do que gostam. Esse tipo de sistema, que auxilia uma empresa no desenvolvimento de suas atividades de interação com o cliente, permite uma aproximação ou reaproximação com clientes de forma a proporcionar-lhes uma experiência de "quase irmão", ou seja, ele permite estabelecer tratamentos e ações orientadas a clientes específicos de forma que indiretamente eles possam se sentir muito próximos da empresa e, consequentemente, sejam frequentadores assíduos de seu *site* ou da sua loja real ou virtual.

Essa nova arquitetura vem tomando corpo perante a preocupação com os sistemas ERP. Na realidade, o CRM é um elemento do ERP específico para o melhor gerenciamento, envolvendo os subsistemas de marketing, vendas, serviços, atendimento ao cliente, gestão do ciclo de pedidos e tecnologias. É um movimento corporativo para que a organização possa conhecer o perfil de seu cliente e, com base nesses dados, desenvolver um trabalho dirigido de fidelidade, pois, melhorando o relacionamento com o cliente, a organização pode melhorar seus lucros e reduzir custos. Esse tipo de sistema envolve soluções de *Front-Office*.[15]

---

15 O *Front-Office* diz respeito a tarefas dos canais externos da empresa, como a interação com o cliente.

Essa fase de gestão voltada ao intuito de cativar o cliente tem estabelecido uma nova definição de empresa denominada "empresa do relacionamento", que valoriza cada interação com o cliente.

Uma ferramenta CRM deve envolver a aquisição de dados que possam caracterizar o cliente de acordo com suas características culturais, sociais, pessoais e psicológicas. De posse da informação dessas características, podem ser traçados planos que permitam definir como um preço, concurso ou promoção afeta cada cliente. Além disso, ela deve auxiliar automaticamente a empresa a evoluir na relação com o cliente em seus níveis de interação, que são cliente propenso, cliente eventual, cliente regular, cliente preferencial, cliente associado, cliente parceiro ou defensor. Para que a ferramenta possa ser usada corretamente é necessário que a organização possa compartilhar e gerenciar o conhecimento obtido em todo seu processo de negócios para salientar as melhores características de estratégias de marketing.

O processo desenvolvido por um sistema CRM deve compreender um ciclo composto pelas seguintes ações:

» conhecer: esta ação envolve o processamento de diversas fontes de dados, tais como, cadastro de clientes, pedidos e seus itens, dados de pretensões do cliente etc. Esse processamento deve impor visões de conjuntos de dados e informações para traçar o perfil exclusivo de cada cliente em tempo real. Isso significa que é possível traçar e atualizar o ciclo de vida de cada cliente sempre que ele interagir com a empresa e envolver tal visão na experiência de negócios do cliente com a empresa;
» planejar: em posse do ciclo de vida do cliente em tempo real é necessário definir as estratégias e procedimentos a serem impostos aos perfis de um grupo segmentado ou até de um cliente específico;
» agir: após definir as estratégias a serem desenvolvidas é necessário implantá-las e monitorá-las para realimentar o sistema CRM e ampliar o conhecimento empresarial acerca do cliente, bem como o seu relacionamento com ele.

Por ser um processo cíclico, sua execução contínua leva a empresa a conhecer profundamente nichos de clientes e até padrões pessoais para otimizar suas estratégias de marketing e potencializar suas vendas.

O dinamismo imposto pelas transações eletrônicas no desenvolvimento dos negócios da organização acaba por impor dificuldades aos profissionais de marketing.

CAPÍTULO 5 • APLICAÇÕES DE TECNOLOGIA NAS EMPRESAS   169

O desenvolvimento de planos de expansão de mercado e planos de promoções e propagandas para esse modelo de negócio é afetado pela agilidade que ele possui.

O processo de reconhecer e enfocar grupos de clientes, de utilizar mídias virtuais para direcionar clientes tanto para lojas convencionais como virtuais, bem como o desenvolvimento de métricas de retorno sobre investimento em marketing podem ser de grande complexidade em empresas que não possuem um CRM de qualidade. Essa ferramenta possibilita ir muito além de estudar dados existentes que podem apenas expressar o passado e, no máximo, o presente. Seu processamento pode levar a empresa ao desenvolvimento de objetivos e metas que podem ser facilmente monitorados para alinhar as demais estratégias da empresa.

Assim, a implantação de um sistema CRM deve envolver as seguintes etapas:

1. alinhamento da estratégia de CRM com o planejamento estratégico da empresa;
2. reestruturação dos processos e procedimentos ligados ao relacionamento da empresa com seus clientes;
3. escolha dos melhores objetivos e metas voltados ao retorno sobre o investimento;
4. implementação dos elementos planejados.

Para melhor entender a importância do CRM para qualquer empresa, as questões mais importantes a serem respondidas são:

» Quanto custa conquistar um novo cliente?
» Qual é o custo de perder um cliente?
» Qual é o custo para manter um cliente fiel?

O interessante desse quadro é que muitas empresas ainda não sabem responder com precisão qualquer uma dessas perguntas. Inclusive, muitas desconhecem o verdadeiro conceito de CRM e os benefícios que ele pode ocasionar.

Algumas poucas empresas possuem algum tipo de ferramenta de CRM subaproveitada e não a consideram de grande importância, mas sim um mero requisito de mercado.

Apesar de iniciativas desde 1999, o CRM ainda é um ponto obscuro em empresas de todo o porte, em que, algumas, acreditam que apenas um mecanismo de SAC (Serviço de Atendimento ao Consumidor) é suficiente para promover a interação com o cliente.

O principal objetivo desse sistema é proporcionar vendas casadas e mensagens direcionadas a cada cliente e, com isso, aumentar o faturamento da organização – e principalmente o lucro – por meio de mais satisfação e retenção do cliente, bem como menores custos para adquirir e manter seus clientes fiéis.

Enquanto o marketing tradicional tem seu foco direcionado a campanhas publicitárias que possam conquistar novos clientes, o marketing com o uso de CRM procura entender, relacionar melhor e fidelizar os clientes existentes por meio do melhor conhecimento de suas preferências e desejos.

Projetos CRM numa organização permitem que seus clientes desenvolvam a visão mais aproximada no desenvolvimento de suas transações de negócios e permitem que a organização se torne uma empresa orientada ao mercado sendo sensível às suas percepções e esperanças.

Segundo estudos, conquistar um novo cliente chega a custar até dez vezes mais do que mantê-lo fiel usando campanhas de marketing individual e do ciclo de vida do cliente, e reconquistá-lo chega a ser 25 vezes mais caro do que mantê-lo.

Figura 5.6 Relação lucro *versus* investimento em clientes

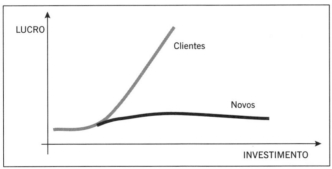

Fonte: Elaborado pelo autor.

Os sistemas de CRM permitem que as organizações possam responder às seguintes questões:

» Quais são as suas características de mercado?
» Qual é o perfil individual dos clientes?
» Quais são os hábitos de consumo de grupos específicos?
» Quais clientes são, ou poderão ser, fiéis e lucrativos?
» Quais são as taxas de retorno de minhas campanhas publicitárias?

CAPÍTULO 5 • APLICAÇÕES DE TECNOLOGIA NAS EMPRESAS   171

» Qual é a maneira mais eficiente de atingir meus consumidores? Quais mensagens? Quais canais?
» Que partes do meu *site* meus clientes visitam?
» Onde devo anunciar?

A telemática possibilitou a convergência das diversas mídias existentes, permitindo o grande desenvolvimento de ferramentas específicas para as aplicações e difusão dos sistemas CRM, das quais se podem destacar:

» Telefone
  › Central de Atendimento Inteligente (CTI);
  › Unidade de Resposta Audível (URA);
  › Telefonia por IP (Voice IP).

» Internet
  › *E-commerce*;
  › *E-business* (B2B, B2C, B2E etc.).

» Captação
  › *Notebooks, netbooks, handhelds* (*palmtops* e *pocket*-PCs), *tablet*-PCs e coletores de dados.

O conjunto de ferramentas disponíveis para o desenvolvimento de CRM e suas práticas são:

» automação da força de vendas: ferramentas auxiliares para equipes de vendas de forma a maximizar o acompanhamento em campo do desenvolvimento dos negócios e monitoramento de metas com o uso de elementos de captação citados acima;
» mineração de dados (*data mining*): ferramenta auxiliar de marketing para facilitar o processamento de dados e informações de forma a orientar campanhas, pesquisa de mercado e ações de telemarketing, televendas, vendas *on-line* e e-marketing;
» centrais de atendimento aos clientes: ferramenta acessória para auxiliar no contato com diversos níveis de clientes da cadeia produtiva (distribuidores,

representantes, varejistas e consumidores finais). Atualmente, mecanismos de integração computador-telefone (CTI – Computer and Telephone Integration) são a tecnologia de destaque ainda auxiliados pelo telefone e as ferramentas de internet;

» transações eletrônicas: envolvem a implementação de tecnologias para desenvolver *e-business*, tendo como fator marcante a junção do cliente na cadeia de suprimentos desenvolvendo atividades antes retrabalhadas pela empresa;

» atendimento de campo: ferramentas que visam ao desenvolvimento de um pós-venda com qualidade elevada. Pode envolver iniciativas de contratos de prestação de serviços, garantias estendidas, autorizações e notificações automatizadas etc. baseado em sistemas móveis;

» ferramentas para mensagens instantâneas: para promover um canal mais atualizado de interação com o cliente que envolve respostas rápidas e em tempo real. Por ser uma ferramenta muito comum, muitos consumidores consideram bem mais efetiva essa comunicação do que a realizada por *e-mail*;

» interface de redes sociais: o crescente uso dessa tecnologia pelas empresas mostrou que seu uso é um forte aliado para o desenvolvimento do relacionamento com o cliente. Sendo assim, as iniciativas de CRM devem compreender o uso de redes sociais como mecanismo de fidelização de clientes e, indiretamente, já utilizá-lo como aval para a conquista de novos clientes.

Esses sistemas podem ser divididos em quatro grupos:

» CRM colaborativo: compreende os canais convencionais de comunicação direta ou indireta com a empresa, podendo ser mantido *pelo cliente* ou *pela empresa*. Pode ser representado pelo telefone, fax, carta, *e-mail*, *site* e face a face.

» CRM operacional: é aquele que tem a função de manter e controlar o contato direto da *empresa com o cliente*. Esse canal, também denominado "interação com o cliente", utiliza atualmente os canais tradicionais (ponto de venda e vendedores tradicionais), além dos canais mais ligados à tecnologia, como centrais de atendimento telefônico e a própria internet. Nesse caso, predominam os *softwares* chamados *front office*, que incluem o sistema de vendas, marketing, pós-venda e automação de funções de apoio. Os dados gerados nesse grupo são do tipo transacionais ou OLTP (On Line Transaction Process).

CAPÍTULO 5 • APLICAÇÕES DE TECNOLOGIA NAS EMPRESAS 173

» CRM analítico: é executado com base nos dados contidos nas bases gerenciais da empresa (ERP) com aplicações de decisão (SSD – Sistemas de Suporte a Decisão – e SSE – Sistemas de Suporte Executivo). Sua função é analisar os dados colhidos pelas diversas fontes e gerar ensaios com tais informações, definindo previsões e tendências. Nesse caso, são utilizados os *softwares* chamados *Back office*, que fazem uso principalmente do banco de dados, em conjunto com aplicações de decisão, *data marts* de marketing, *data mining*, soluções de colaboração e fluxo de dados, gerando dados analíticos (Olap – On Line Analitical Process).

» CRM Social: modalidade de CRM voltada ao posicionamento da empresa nas redes sociais e seu uso como ferramenta de fidelização e aquisição de dados dos clientes baseados em seu perfil social. As campanhas nesse meio são indiretamente utilizadas para o efeito dual de fidelização de clientes ativos e conquista de novos clientes com base no relacionamento social da rede.

Figura 5.7 Ecossistema CRM

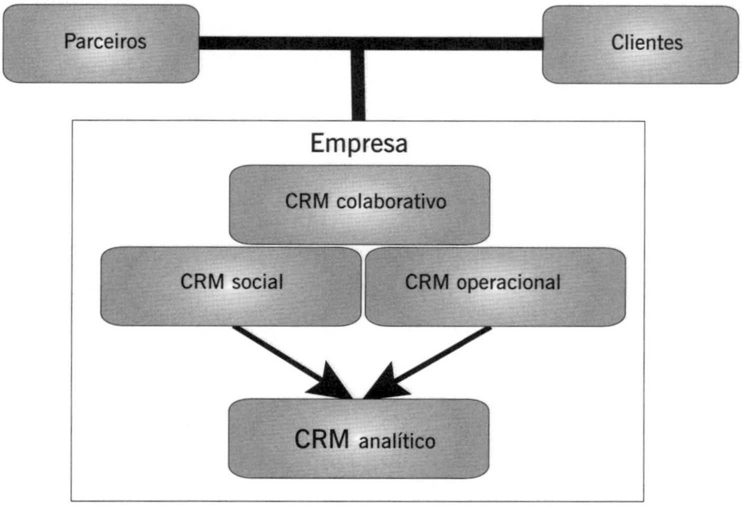

Fonte: Elaborado pelo autor.

Um sistema CRM bem implantado e bem utilizado permite melhorar:

» informações;

» a automatização de processos;

174   SISTEMAS DE INFORMAÇÃO

» o foco em parceiros;

» vendas cruzadas e casadas;

» marketing O2O (*One to One*, ou um a um);

» o *feedback* sobre o produto ou serviço.

Segundo Peppers&Rogers Group (2004), pouco mais de 80% das empresas ainda não possuíam investimentos na área de CRM.

Tabela 5.10 Investimentos em ferramentas básicas CRM

(%)	COMPANHIAS QUE JÁ INVESTIRAM EM
73%	Centrais de atendimento telefônico
69%	*Sites*
61%	Soluções de *Front Office*

Segundo o relatório da Symnetics,[16] 67,4% das empresas já possuem um direcionamento em relação ao CRM, mas apenas 10% delas têm essas ferramentas ativas.

É importante destacar que poucas organizações investiram em ferramentas mais sofisticadas como *sites* interativos, *data warehousing* (armazém de dados) e integração ERP com CRM. Elas estão fixando prioridades de investimento em funções de apoio que podem ser imediatamente operacionais.

Segundo Roberto Meir,

> uma estratégia de CRM permite às empresas compreender as experiências dos clientes com as marcas e enfocar a manutenção dos relacionamentos a partir dos registros e disponibilização das preferências individuais em qualquer hora ou local.[17]

Assim, podemos concluir que iniciativas de implantação de ferramentas CRM podem levar empresas a desenvolver os pontos fundamentais do marketing O2O da Peppers & Rogers Group. Esse modelo envolve:

---

16   *Excellence report. Symnetics Business Transformation*. Ano IV, n. 7, abr. 2000.

17   MEIR, Roberto. A nova era da economia da atenção. *B2B Magazine*, jan. 2002, p. 28-29.

CAPÍTULO 5 • APLICAÇÕES DE TECNOLOGIA NAS EMPRESAS   175

» identificar clientes individualmente;
» diferenciar por valor e por necessidades;
» interagir com cada cliente aplicando a diferenciação e documentar essas interações;
» personalizar os produtos e serviços.

Esse modelo, também conhecido como Idip, deve promover uma retroalimentação contínua da interação e personalização para potencializar a relação com o cliente e fidelizá-lo.

5.6 BI (BUSINESS INTELLIGENCE)

Conhecido em português como inteligência empresarial ou inteligência de negócios, trata-se de um conjunto de ferramentas e aplicativos que oferecem aos tomadores de decisão possibilidade de organizar, analisar, distribuir e agir, ajudando a organização a tomar decisões melhores e mais dinâmicas. O termo foi herdado do Gartner Group nos anos 1980 e descreve métodos e possibilidades para a empresa potencializar sua habilidade de acessar dados e transformá-los em informação e conhecimento para melhorar o processo decisório.

As ferramentas avançadas de inteligência empresarial fornecem uma visão completa do negócio e ajudam na distribuição uniforme dos dados entre os usuários, não importando onde esses dados estejam.

Suas principais fontes de aquisição de dados são:

» empresa;
» clientes;
» fornecedores;
» concorrentes;
» possibilidades de novos mercados;
» ambiente em que a empresa está inserida.

A maioria dos sistemas de ERP e sistemas de gerenciamento de clientes falha na geração de relatórios adequados para uma boa tomada de decisão. O principal objetivo das ferramentas de inteligência empresarial é transformar grandes quantidades de dados em informações de qualidade para a tomada de decisão, gerando, então, resultados diretos para a organização.

As ferramentas de BI possibilitam cruzar dados, visualizar informações em vários cenários e analisar os principais indicadores de desempenho empresarial. Por essas características, é o principal aliado para as tomadas de decisão de uma empresa e necessário para o bom gerenciamento da organização na era da informação.

As quatro principais ferramentas do conjunto de inteligência empresarial são o *data warehousing*, as ferramentas Olap, o *data mining* e as ferramentas de modelagem analítica e de previsões.

Um sistema de BI pode envolver desde planilhas eletrônicas e suas montagens especiais (tabelas dinâmicas, subtotais, funções de tratamento de bases de dados etc.), sistemas de informação executiva, sistemas de *reporting* (relatórios otimizados e dinâmicos), ferramentas de processamento analítico e estatístico e mineração de dados.

O uso dessas ferramentas integra os dados existentes nos sistemas ERP e CRM, proporcionando a fidelização de clientes, a otimização de alocação de recursos, o aumento de vendas cruzadas e casadas e a melhoria de qualidade de produtos e serviços prestados. Pode-se, então, concluir que a inteligência empresarial é um conjunto de ferramentas que possibilitam à empresa administrar o conhecimento potencial gerado pelas informações gerenciais.

Os principais resultados esperados com a aplicação de sistemas de inteligência de negócios na empresa são:

» gerar conhecimento empresarial e aprofundado do negócio;
» antecipação e aprendizado;
» melhoria na visão para implementação de novas ferramentas;
» visão sobre novos mercados, produtos e oportunidades de negócio.

Segundo artigo no *site* CIO,[18] na América Latina, estudos projetam que até 2013 serão investidos US$ 293 bilhões em tecnologia da informação que inclui investimentos em sistemas de BI. Essa tecnologia ocupa, segundo a pesquisa, pela quinta vez consecutiva uma das duas posições de maior investimento em tecnologia para negócios.

---

18 AFONSO, Rodrigo. Estudo aponta BI como prioridade de investimento em tecnologia. Disponível em: <http://cio.uol.com.br/tecnologia/2009/09/15/estudo-aponta-bi-como-prioridade-de-investimentos-em-tecnologia/>. Acesso em: 17 set. 2012.

CAPÍTULO 5 • APLICAÇÕES DE TECNOLOGIA NAS EMPRESAS   177

Nesse cenário, em que o BI ocupa as primeiras posições de maior investimento na empresa, um quadro diferenciado começa a ser definido no qual para cada usuário de informações operacionais existirão cinco usuários de informações gerenciais ou analíticas.

5.7 KM (KNOWLEDGE MANAGEMENT) E PAINEL DE CONTROLE DIGITAL

No passado, o valor de uma empresa era definido segundo seus ativos palpáveis, como equipamentos, instalações físicas, estoque etc. Agora, na era da informação, as características dinâmicas impostas mudaram essa maneira de atribuir valor, fazendo das informações um dos principais ativos da organização.

Assim, para que a empresa obtenha sucesso, é necessária uma superorganização das informações no que diz respeito à sua capacidade de coletar, organizar, acessar e tornar disponíveis essas informações no momento oportuno para o usuário oportuno.

O conceito de KM (Knowledge Management, ou gestão do conhecimento) parte do princípio de que a organização precisa capturar ou definir as informações na forma digital e utilizá-las para criar uma vantagem competitiva. A gestão do conhecimento é a capacidade de a empresa armazenar e disponibilizar as informações de maneira segura, confiável e de fácil acesso.

Essa ferramenta compreende a fusão do que é mais importante do negócio da organização com o conhecimento específico da atividade de cada trabalhador no desenvolvimento de sua função e no papel que desempenha na empresa. Sendo assim, é possível concluir que o uso de um sistema de gestão do conhecimento é a promoção do capital intelectual como elemento de competitividade.

Empresas que tenham algum profissional envolvido com gestão do conhecimento podem compartilhar e aprender com toda informação, experiência e ideias nelas disponíveis. O principal ponto da gestão do conhecimento é a promoção da colaboração do conhecimento tácito[19] e do explícito.[20]

---

19 O conhecimento tácito é todo conhecimento subjetivo, ou seja, construído com as próprias conclusões e experiências que uma pessoa tem no desenvolvimento da atividade sob sua responsabilidade e que, dessa forma, se torna muito difícil de ser explicitado.

20 O conhecimento explícito é todo conhecimento que pode ser facilmente externado em anotações, manuais e documentos.

Assim, o gerenciamento do conhecimento pressupõe que uma empresa precisa capturar e/ou definir as informações sob a forma digital e utilizá-las para criar uma vantagem competitiva.

Hoje, a maioria das empresas já congrega o mínimo de infraestrutura para implementação desse conceito, que inclui: computadores em rede formando uma intranet, correio eletrônico, internet e banco de dados.

A melhor maneira de implementar uma estrutura para gestão do conhecimento é por meio da utilização de tecnologias de colaboração, como o painel de controle digital.

O painel de controle digital (Digital Dashboard) é um ambiente de colaboração que utiliza os padrões de tráfego de informações da internet como o padrão HTML ou, de maneira mais resumida, é local comum para buscar informações de diversas fontes.

Pode ser uma solução customizada para profissionais do conhecimento (CIOs, administradores de informação e outros) que consolidam informações pessoais (reuniões, compromissos), de equipes (reuniões, troca de conhecimento etc.), da corporação (desenvolvimento dos planejamentos, estatísticas) e externas (bolsa de valores, posição do dólar etc.), por meio de ferramentas analíticas e de colaboração, acessadas com um único clique. Ele consolida todas as informações pertinentes ao processo de negócio em uma única interface, possibilitando a melhor tomada de decisão.

Figura 5.8 Exemplo de painel de controle digital[21]

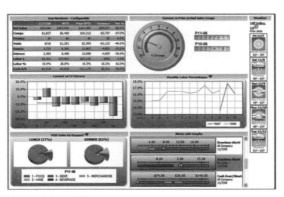

Fonte: Ctuit Radar, 2012.

---

21 Ctuit Radar. Disponível em: <http://www.ctuit.com/us/RADAR/Dashboards.aspx>. Acesso em: 17 mar. 2012.

Pode-se ressaltar ainda que esse sistema ajuda a minimizar a sobrecarga de informações, pois se concentra nas mais importantes e relevantes, ou seja, informações provindas das mais diversas fontes, de dentro ou de fora da empresa, como internet, sistemas legados, soluções departamentais, planilhas, documentos, mensagens eletrônicas etc., que podem ser processadas rapidamente.

5.8 IA (INTELIGÊNCIA ARTIFICIAL) E APLICAÇÕES DE DECISÃO

A inteligência artificial é o estudo e a criação de equipamentos que possam exibir qualidades semelhantes às dos seres humanos, incluindo capacidade criativa, de raciocínio e de bom-senso.

Essa definição torna-se pouco abrangente para a área, pois sabemos que o desenvolvimento da inteligência artificial envolve várias áreas de conhecimento diferentes, como:

» linguagem natural: essa área se concentra no reconhecimento e na geração da linguagem verbal (ler, escrever e falar) e também na execução de pesquisas solicitadas pelos seres humanos;
» robótica: essa área desenvolve sistemas físicos que podem desempenhar tarefas físicas, amplificando a capacidade humana, principalmente em ambientes perigosos ou letais;
» sistemas perceptivos: também denominados de sistemas de reconhecimento de padrões, estudam dispositivos que possam substituir os órgãos perceptivos dos humanos, como olhos, nariz e boca;
» sistemas especialistas: sistemas relativamente recentes que buscam a simulação do conhecimento e a tomada de decisão humana para a resolução de problemas;
» redes neurais: dispositivos de *hardware* (eletrônicos) e de *software* (programas) que simulam a estrutura física do cérebro, mais precisamente os neurônios;
» *softwares* inteligentes: produtos existentes no mercado que utilizam técnicas de inteligência artificial.

Entre os vários grupos existentes, deve-se dar mais atenção aos sistemas especialistas, ou sistemas de apoio à decisão, que constituem uma das últimas evoluções do pensamento em inteligência artificial. Nesse caso, o computador é utilizado para auxiliar ou, se preciso, substituir os tomadores de decisão. Esses sistemas, normalmente, são conhecidos apenas como Aplicações de Decisão.

Esse tipo de sistema congrega quatro componentes principais:

» base do conhecimento: são as normas ou regras utilizadas como meio para representar o conhecimento;

» equipe de desenvolvimento: são os engenheiros do conhecimento, especialistas sobre a base do conhecimento, que a traduzem em normas. Em geral, são profissionais treinados para extrair informações e conhecimento de outros profissionais;

» ambiente de programação: também conhecido como encapsulamento de inteligência artificial, é onde se codificam as normas estabelecidas utilizando alguma linguagem de programação. Atualmente, existe uma grande variedade de linguagens de programação para implementá-lo. No passado, utilizava-se o Lisp e o Prolog, mas essas linguagens são de difícil incorporação a um ambiente empresarial;

» usuário: sua função é interagir com o sistema para guiá-lo em direção à decisão.

As aplicações de decisão podem se basear em normas ou cenários, estabelecendo comparações com atividades semelhantes, e também nas chamadas aplicações de decisão CBR (Case Based Reasoning, ou raciocínio com base em casos), situação em que se cria um banco de dados de casos.

5.9 OUTRAS FERRAMENTAS E TENDÊNCIAS

Para uma organização, tomar decisões adequadas e dinâmicas pode ser seu trunfo para crescer ou mesmo permanecer no mercado devorador em que se encontra. Como forma de suprir essa necessidade, já foram detalhadas algumas arquiteturas para coletar, organizar, armazenar e disponibilizar todas as informações relevantes da sua existência. Como consequência direta desse quadro, algumas empresas não conseguem manipular os grandes volumes de dados gerados, o que resulta em uma massa crítica de informações no sistema empresarial não aproveitadas no seu processo diário.

CAPÍTULO 5 • APLICAÇÕES DE TECNOLOGIA NAS EMPRESAS   181

Em uma organização existem dois tipos de informações: as *operacionais* (transacionais), que são todas as informações geradas no dia a dia da empresa e manipuladas pelos seus sistemas operacionais – todos os processos da organização que estão em funcionamento geram informações operacionais, que são estudadas pelas ferramentas OLTP (On Line Transaction Processing); e as *gerenciais* (analíticas), que são todas as informações de caráter gerencial utilizadas para tomada de decisão, também chamadas de conhecimento potencial da empresa. Elas são geradas pelos sistemas informacionais da empresa e são estudadas com o auxílio de ferramentas Olap.

Uma ferramenta que permite gerenciar melhor essa grande massa de dados é o *data warehousing*, que possibilita a visualização dos fatores de influência direta na organização.

Data warehousing: sistema integrado de informações que se alimenta de fontes de dados de múltiplos sistemas e constitui a base de suporte para a análise e a tomada de decisão.

O processo intermediário do *data warehousing* de menor porte é chamado de *data mart*, que representa determinado aspecto do negócio da empresa. Um conjunto de *data marts* forma o *data warehousing*.

Segundo Paul Strassman,[22] o conhecimento e as informações estão tomando o lugar do capital como principal fonte de criação de riqueza; a organização de sucesso no século XXI será aquela que conseguir cultivar e tirar o melhor proveito dos seus ativos de conhecimento e informações.

Existem vários tipos de *data warehousing* de diferentes metodologias e tecnologias, mas todos com as seguintes características comuns:

» as suas informações são distribuídas pelas principais áreas da empresa, mostrando ao usuário um modelo de negócio baseado em informações de qualidade;

---

22 STRASSMAN, Paul. *The economics and politics of information management*. Disponível em: <http://www. strassmann.com/pubs/econ-polim.html>. Acesso em: 28 ago. 2012.

» os dados que são agrupados nessas informações podem ter sido originados de sistemas integrados ou isolados e são resumidos, depurados e apresentados num formato lógico e estruturado para os usuários;
» a arquitetura do *data warehousing* pode, e normalmente o faz, variar com o tempo, mostrando a natureza dinâmica do processo, principalmente em função das necessidades dos usuários.

Resumindo, o *data warehousing* é uma ferramenta para disponibilizar as informações corretas e confiáveis às pessoas adequadas no momento exato.

Para se processar um *data warehousing*, que haja uma metodologia que possa destacar as informações tendenciosas de toda a massa de dados. Para isso, existe o *data mining* (mineração dos dados), que é um método para processar a informação correta e orientar para a tomada de decisão.

> ***Data mining***: produção do conhecimento analisando dados, descobrindo tendências e fraudes. Esse processo usa algoritmos matemáticos para ajudar o usuário a chegar a conclusões que vão além da análise humana.

Ele pode ser utilizado em qualquer área, desde o comércio eletrônico até vendas, finanças, seguros, produção e saúde. Um bom exemplo seria um banco utilizando *data mining* para aprovar empréstimos pessoais baseados em perfis de clientes específicos.

TERMOS E CONCEITOS IMPORTANTES
- BI (Business Inteligence)
- B2B (Business to Business)
- B2E (Business to Employee)
- B2M (Business to Management ou e-government)
- C2M (Consumer to Management)
- CRM (Consumer Relationship Management)
- *Data mining*
- *Data warehousing*

- *E-business*
- *E-commerce*
- *E-maketplace*
- *E-procurement*
- ERP (Enterprise Resource Planning)
- KM (gestão do conhecimento)
- IA (inteligência artificial)
- O2O (Marketing One to One)
- Dashboard (Painel de Controle Digital)

 QUESTÕES PARA DISCUSSÃO

1. Defina comércio eletrônico.
2. A internet promoveu mudanças de hábitos das pessoas?
3. De acordo com as Tabelas 5.3 e 5.4, a que conclusões podemos chegar com relação ao mercado para comércio eletrônico?
4. Cite e explique dois benefícios do comércio eletrônico.
5. O que é B2B? Quais as suas modalidades?
6. Descreva com suas palavras o processo B2C.
7. Como pode ser definido um "produto de bits"?
8. Quais são os cinco elementos-chave para as transações de comércio eletrônico?
9. Como pode ser definido o termo ERP?
10. O que é CRM? Em que subsistema ele é mais bem aplicado?
11. Segundo a filosofia de uso do CRM, o que é mais caro: manter os clientes existentes ou conseguir novos clientes. Por quê?
12. Quais são os tipos de CRM existentes?
13. Defina inteligência empresarial.
14. As ferramentas de BI são integradas com quais sistemas?
15. Defina painel de controle digital.
16. Com relação aos tipos de informações existentes em uma organização, quais são as ferramentas utilizadas para analisá-las?
17. O que é *data warehousing*?

ESTUDO DE CASO

A realidade brasileira do e-commerce

A internet é uma ferramenta poderosa na modelagem de novos paradigmas influenciando todos os setores da economia. Para as empresas, isso representou uma ampliação de mercados, uma quebra de fronteiras, economia considerável em processos de interação com o cliente, novos canais de interação com os clientes e fornecedores, novas formas de comercialização etc.

O e-business (Eletronic Business – negócios eletrônicos) é uma nova modalidade de promover negócios entre empresas, empresas-governo, empresas-consumidor e empresas-funcionários. Entre os vários tipos de e-business, o mais conhecido é o e-commerce (comércio eletrônico), que compreende as transações comerciais eletrônicas entre empresas-consumidores utilizando a internet como ponto de venda.

Esse novo ramo de negócios já é parte da realidade brasileira e seu mercado mostrou-se muito promissor. De acordo com os dados de 2011 da Câmara Brasileira de Comércio Eletrônico discutidos no artigo da PEGN,[23] apenas 20% do faturamento resultante das negociações na internet é das micro e pequenas empresas, apesar de representarem 98% das empresas formais do país.

Isso indica que as iniciativas para o comércio eletrônico são muito pouco aproveitadas por empresas desses portes, e isso pode representar uma dificuldade financeira como consequência de um mercado muito restrito.

O uso da internet como canal de negócios para a empresa tem, notadamente, quatro fases, em que se destacam:

» Fase presencial: neste ponto, as empresas mostram a sua cara na internet, criando um site com suas principais informações para contato.

» Fase comunicação: após certo amadurecimento e visualização da internet como integradora de negócios, ela passa a ser um canal mais eficiente de comunicação

---

23 *Fatia das pequenas no e-commerce é de apenas 20%. Pequenas Empresas Grandes Negócios. PEGN.* 30 mai. 2011. Disponível em: <http://revistapegn.globo.com/Revista/Common/0,,EMI237278-17180,00-FATI A+DAS+PEQUENAS+NO+ECOMMERCE+E+DE+APENAS.html>. Acesso em: 18 set. 2012.

CAPÍTULO 5 • APLICAÇÕES DE TECNOLOGIA NAS EMPRESAS   185

com os clientes. Cria-se um canal de suporte e tira dúvidas além da apresentação de um catálogo eletrônico de produtos e serviços.

» Fase negócios *on-line*: após um grande amadurecimento e o alinhamento dos planejamentos empresariais com o canal internet, a criação de um *site* específico para comércio eletrônico é inevitável. Nesse ponto, técnicas de administração que envolvem traços marcantes de tecnologia devem ser definidas.

» Fase integração *on-line*: o desenvolvimento do comércio eletrônico exige a racionalização de processos empresariais e integração com o sistema de gestão da organização. Assim, os dados oriundos das transações eletrônicas serão automaticamente lançados no sistemas da organização. A integração empresa-cliente é extrapolada para fornecedor-empresa-clientes e distribuidores. Nesse ponto do negócio, as informações administrativas podem definir o cenário instantâneo da empresa.

O uso da internet como ferramenta competitiva tem sua maior aplicação, independentemente do negócio, num ponto muito simples de comunicação que é considerado o serviço mais utilizado da internet, o *e-mail* (correio eletrônico).

Esse serviço se mostrou um canal extremamente eficiente para respostas a clientes, fornecedores, parceiros e distribuidores, ou ainda como um canal para a prestação de serviços adicionais aos já existentes na organização.

O *e-commerce* é um método muito eficiente para as empresas, independente do seu porte ou ramo de negócio, pois principalmente para as pequenas empresas ele define uma possibilidade de aumentar mercados, faturamento e lucros sem o investimento em grandes estruturas. Hoje, ainda, com o aparecimento dos ASPs (Application Services Provider, ou provedor de serviços de aplicação), a terceirização de estrutura e aplicativos para o desenvolvimento de um comércio eletrônico estável, seguro e eficiente pode ser uma opção econômica para as empresas que não possuem um especialista em tecnologia ou um responsável na integração administração-tecnologia.

O mercado está reagindo muito bem com relação a essa iniciativa de comércio *on-line* que pode ser percebido pelos dados do Ipea discutidos no artigo do *site* Marketing do Futuro,[24] do total de internautas no Brasil 19% são compradores com a maior fatia na região Sudeste. Na visão por idade, os maiores e-consumidores estão na faixa etária de 35

---

24 *Estudo mapeia perfil do e-consumidor brasileiro. Marketing do Futuro.* 15 jul. 2012. Disponível em: <http://marketingfuturo.com/estudo-mapeia-perfil-do-e-consumidor-brasileiro/>. Acesso em: 18 set. 2012.

186   SISTEMAS DE INFORMAÇÃO

a 44 anos com 29%, seguido dos grupos de 25 a 34 anos e 45 e 49 anos com o mesmo peso de 26%.

Isso mostra que os economicamente ativos e que detêm o poder de decisão de compra são os principais consumidores da internet. Os internautas do sexo masculino são os maiores compradores *on-line*, enquanto as mulheres ganham esse título nas compras coletivas *on-line*.

As necessidades administrativas do *e-commerce* são relativamente diferentes do comércio convencional, mas o poder da marca e o posicionamento da mesma continuam sendo fatores importantes para a motivação de visita a uma loja virtual, contando com 47% da preferência dos internautas.

Esse fato é potencializado nos casos em que a empresa participa de redes sociais e promove o fortalecimento de sua marca nessa mídia *on-line*.

Segundo uma pesquisa da IAB Brasil,[25] a maioria dos usuários de internet utilizam a *web* várias vezes ao dia (79%) diante de praticamente metade que assiste à TV mais de uma vez ao dia (56%). Isso implica uma situação em que a exploração da *web* passa a ser mais efetiva como meio de divulgação do que a própria TV, por isso começa a ocorrer a migração da *web* para a TV, principalmente com a TV Digital.

Importância da marca para os internautas[26]

Nível de importância	(%)
Muito importante	32,7
Importante	42,7
Indiferente	19,1
Pouco importante	2,7
Irrelevante	2,1

Ainda segundo uma pesquisa da Fiesp/FEA-USP,[27] o uso de vendas eletrônicas ainda representa pouco do faturamento em micro, pequenas e médias empresas nas quais,

---

25 *Brasil conectado: hábitos de consumo de mídia*. Pesquisa realizada entre 6 e 14 de fevereiro de 2012. IAB Brasil. Disponível em: <http://www.iabbrasil.org.br/arquivos/IAB_Brasil_conectado_consumodemedia.pdf>. Acesso em: 17 set. 2012.

26 Pesquisa e-bit/USP, out. 2000.

27 *Perfil da empresa digital 2004*. Realizado por Fiesp e FEA-USP. iDigital. Disponível em: <http://www.fiesp. org.br/PesqPONT.nsf/d456804fabbd197d83256c7e0059e915/aa56492547a731b083256ebb006edc02 /$FILE/ATTB195W/iDigital2004%20Resumo%20Resultados.pdf>. Acesso em: 20 mar. 2012.

CAPÍTULO 5 • APLICAÇÕES DE TECNOLOGIA NAS EMPRESAS 187

respectivamente, são 2%, 4% e 1%. Mesmo em grandes empresas, o uso desse canal de vendas ainda é pouco aproveitado, representando 2% de seu faturamento.

Em meio a todos esses dados, percebe-se que o faturamento com a *web* ainda representa pouco no faturamento global da organização. Muitas empresas ainda possuem apenas um *site* institucional como forma de se expor para formas de contato.

Existem diversos estudos com foco na satisfação do cliente que compra pelo comércio eletrônico, mas, em especial, o estudo realizado por Berry e Parasuraman (1995) envolve algumas características importantes para focar no desenvolvimento da excelência. Nesse estudo, são apresentados alguns pontos cruciais que levam o e-consumidor a desconfiar da empresa e, consequentemente, de todas as transações eletrônicas, das quais se destacam:

» oferecimento de um serviço de forma inadvertida;
» erros comuns que podem facilmente ser evitados;
» promessas, principalmente de entrega, que não podem ser cumpridas.
» A qualidade nos serviços desenvolvidos em *website* de comércio eletrônico conta com cinco grupos de atributos que têm maior ou menor relevância do ponto de vista dos consumidores que são:
» confiabilidade: atributo ligado à capacidade de prestar o serviço ou vender o produto com precisão e de modo confiável;
» sensibilidade: capacidade da empresa em promover um retorno rápido para auxiliar no atendimento e auxílio ao consumidor sempre que necessário;
» segurança: características do *site* de comércio eletrônico em ter informações claras e precisas que resultem na transmissão de confiança, fato este que resulta em segurança;
» empatia: estabelecer uma relação "próxima" com o cliente de forma a fazê-lo entender que está recebendo um serviço individualizado com atenção e carinho;
» tangibilidade: as características de *design* do *site* de comércio eletrônico juntamente com tecnologias que facilitem encontrar informações e promover uma experiência diferenciada ao investigar um produto são fatores desse atributo. Também fazem parte desse grupo a clareza de informações prestadas e o atendimento *on-line* ou via telefone.

Nesse ambiente de muitas expectativas para as organizações, as principais lições são aprendidas com um árduo sentimento de prejuízos e descontentamentos. As experiências com o desenvolvimento do *e-commerce* têm criado um modelo com características que podem minimizar os efeitos contrários do comércio *on-line*, em que se destacam:

» as regras do negócio e o modelo de administração têm de ser diferentes no negócio real e no negócio virtual;
» a tecnologia, por si só, não mantém o negócio *on-line* da empresa, é necessário um planejamento estratégico minucioso alinhado ao plano de tecnologia e sistemas da organização;
» as velocidades de transações e o tempo de resposta ao cliente não podem, em hipótese alguma, ser os mesmos do negócio convencional da organização;
» o *site* de comércio eletrônico necessita de outros meios de divulgação para a sua melhor promoção;
» a segurança é um ponto de extrema importância para o desenvolvimento e fidelização do cliente de comércio eletrônico.

As melhores conclusões para esse tipo de trabalho são as lições tiradas, pois, nesse mercado tão dinâmico em que nos encontramos, as conclusões podem estar obsoletas em muito pouco tempo. Mas o dado que demonstra o maior ponto de crescimento do *e-commerce* é que mesmo com a crise econômica que nos ameaça, desde os episódios nos Estados Unidos e a seguida guerra contra os responsáveis pelo feito, junto com a crise brasileira, devido ao racionamento de energia, e a crise nos países da América do Sul, o crescimento dessa modalidade de comércio se mantém crescente.

❓ Questões do estudo de caso

1. Qual é o principal serviço da internet utilizado pelas empresas?
2. Os negócios empresariais são representativos pela internet? Quais serão as causas disso?
3. Quais conflitos foram gerados na empresa pelo comércio eletrônico?
4. Como é possível promover qualidade de serviço no comércio eletrônico? Cite e explique dois atributos.

RESOLUÇÃO DE PROBLEMAS COM SISTEMAS DE INFORMAÇÃO

"A vida só pode ser compreendida olhando-se para trás; mas só pode ser vivida olhando-se para a frente."

Soren Kierkegaard

AO FINAL DESTE CAPÍTULO, VOCÊ VAI:

1. Compreender melhor o processo de resolução de problemas, características iniciais básicas e metodologias disponíveis.
2. Desenvolver o pensamento crítico para a resolução de problemas, decompondo a organização em três pilares básicos para conhecer a natureza e a raiz dos problemas empresariais.
3. Conhecer os principais problemas empresariais ligados a cada perspectiva de estudo e seus reflexos nas demais.
4. Conhecer as etapas do processo de tomada de decisão, do projeto e da implantação de soluções.

 6.1 CONCEITOS BÁSICOS

Pelo consenso geral, o conceito de problema pode ser definido como uma resposta necessária a uma questão evidenciada, ou seja, o ponto principal para a resolução de problemas é responder à questão que o define com a melhor combinação de elementos possíveis. Esses elementos podem envolver custos, disponibilidades e características de qualidade que se encontram ligados a recursos, ferramentas ou mão de obra.

No ambiente empresarial, as próprias características de diversidade de pensamentos, pontos de vista e a miopia departamental natural podem fazer surgir problemas muito difíceis de resolver. A complexidade desse ambiente diz respeito ao grande número de variáveis e sua inter-relação com os ambientes periféricos.

É importante destacar que muitos problemas não têm unicidade lateral que afete apenas a um departamento ou setor, mas pode ter braços longos que abracem muitos subsistemas empresariais da organização. É nesse ponto que se salienta que a miopia departamental natural é uma característica marcante, presente em praticamente todas as empresas e que limita a resolução dos problemas.

A miopia departamental natural normalmente se associa à resolução de problemas e tem como foco apenas o departamento no qual se "considera" que o problema seja o foco. Reuniões entre departamentos com o uso de discussões para salientar pontos de vista podem reduzir ao mínimo esse comportamento míope.

Dessa forma, pode-se destacar que um problema que, *a priori*, possa ser inofensivo caso seja estudado com mais detalhes e relacionamentos, pode representar atrasos e prejuízos consideráveis para toda a organização. Além disso, a definição de uma estratégia de resolução simplista pode representar o retorno do problema.

Como um bom aprendizado para entender como é importante a definição de estratégias de resolução de problemas podemos tomar como base uma situação histórica na qual Albert Einstein foi questionado como faria para salvar o mundo se tivesse apenas uma hora para fazê-lo. Sua resposta foi: "Eu gastaria 55 minutos para definir o problema e 5 minutos para resolvê-lo". A resposta de Einstein deixa claro como deve ser o comportamento de qualquer profissional que precise resolver um problema.

O efeito abrangente e cumulativo de problemas empresariais denota a necessidade de uma atenção especial para que eles sejam resolvidos buscando-se sua raiz e relacionamentos para que, assim, seja solucionada totalmente a dificuldade.

Em muitos casos, uma visão simplista pode ofuscar a resolução de um problema, mas não podemos nos esquecer de que um problema não resolvido corretamente tende a retornar amplificado, e os recursos empregados serão perdidos.

Por exemplo:

Problema: a máquina quebrou!

Solução: chamar alguém para consertar com a ferramenta adequada.

CAPÍTULO 6 • RESOLUÇÃO DE PROBLEMAS COM SISTEMAS DE INFORMAÇÃO

Nesse exemplo, ninguém se preocupou em descobrir o motivo que levou a máquina a quebrar e, provavelmente, o problema será rapidamente resolvido para apenas colocá-la em funcionamento novamente.

Caso esse problema seja decorrente da falta de manutenção em outro componente que cause maior desgaste em outro ponto do equipamento, o problema retornará enquanto não existir um estudo mais profundo na natureza do problema.

Como característica inicial para a resolução de um problema deve se lembrar que um problema empresarial pode envolver muitos fatores complexos que existem na maioria das empresas e que uma ou mais perspectivas (pessoas, organização e tecnologia) podem ser a chave para a sua resolução.

Para o melhor entendimento, as perspectivas podem ser definidas como:

» perspectiva de pessoas: funcionários e terceiros da empresa como indivíduos e seus relacionamentos com o grupo de trabalho;
» perspectiva de organização: normas e procedimentos formais, cultura, métodos gerenciais, processos empresariais e políticas da organização;
» perspectiva de tecnologia: *hardware*, *softwares*, telecomunicações, banco de dados e seus relacionamentos dentro da organização.

O relacionamento entre essas perspectivas pode ajudar a encontrar a melhor, e mais rápida, solução para o problema. Também é importante ressaltar que podem existir problemas que causem espelhamentos, ou seja, um problema aparentemente de tecnologia pode ser consequência da falta de racionalização no processo da organização, ou falta de treinamento do funcionário envolvido, ou vice-versa.

A maioria dos problemas existentes em uma empresa é resolvida sem nenhum critério, o que acaba fazendo com que esses problemas ressurjam (problemas recorrentes) ou apareçam em algum outro departamento (problemas nômades). Para um mesmo problema existe um número infinito de soluções, e isso é subjetivo: cada pessoa imagina resolver o problema de acordo com uma metodologia diferente.

A falta de critério para a resolução de um problema não leva à sua extinção, mas sim à sua camuflagem. Dessa forma, a correta resolução de problemas empresariais deve ser norteada pelos seguintes pontos:

192   SISTEMAS DE INFORMAÇÃO

» admitir que o problema existe;

» definir o problema;

» definir suas prováveis causas;

» definir o que pode ser feito para solucioná-lo;

» definir os recursos que serão utilizados na resolução.

Normalmente, em meio a tantas possibilidades e ferramentas diferentes, existe dificuldade para encontrar o melhor diagnóstico para o problema.

6.2 PENSAMENTO CRÍTICO E O MODELO DO CONE INVERTIDO

No processo de resolução de problemas, é muito mais fácil aceitar a definição de um problema dada por outra pessoa, ou adotar as opiniões de algum grupo com autoridade que analisou "objetivamente" o problema e ofereceu soluções rápidas.

Esse quadro, apesar de ser muito comum, deve ser evitado pelos gestores envolvidos com a resolução do problema, pois a consequência gerada pela utilização de uma solução rápida pode acarretar uma série de outros problemas em subsistemas completamente diferentes.

O gestor que deseja resolver os problemas com segurança deve tirar proveito do pensamento crítico em qualquer decisão de responsabilidade. Caso contrário, a falta da correta definição do problema, de seu correto entendimento e de alternativas de solução podem levar à decisão de resolver um problema de maneira errada e ao desperdício de recursos que foram nele aplicados.

A utilização de métodos rotineiros para resolver problemas não garante que ele será resolvido, e a melhor maneira de evitar resultados incorretos é aplicar o pensamento crítico na resolução de problemas.

Pensamento crítico: é a suspensão de julgamento precoce, consciente da existência de múltiplas perspectivas e alternativas.

O *pensamento crítico* envolve, no mínimo, quatro requisitos:

» manutenção das dúvidas e suspensão do julgamento precoce;
» conhecimento das diferentes perspectivas envolvidas;
» teste de alternativas e direcionamento de acordo com a experiência;
» conscientização dos limites de recursos humanos e organizacionais. Diferença entre o que a empresa "deve fazer" e o que a empresa "pode fazer".

A resolução de problemas não apresenta uma "receita mágica" que possa definir que qualquer caso será resolvido. Cada organização, cada conjunto de funcionários e cada grupo de equipamentos podem definir características completamente diferentes para a resolução correta de um problema.

Entre as várias metodologias existentes para a resolução de problemas, podemos destacar o modelo do cone invertido, que pode reduzir o imenso conjunto de alternativas capazes de ajudar na resolução de problemas utilizando-se de dois processos distintos, como apresentado na Figura 6.1.

Figura 6.1 Modelo do cone invertido para resolução de problemas

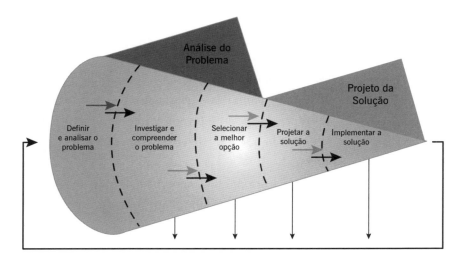

O primeiro processo é a análise do problema, que auxilia no processo de definição correta e compreensão do problema. O segundo processo envolve o projeto da solução, em que será estruturada a melhor solução para o problema em questão. Para melhor entender a importância de cada etapa do processo de resolução de problemas, temos:

Etapa 1 – Análise do problema

Nesta etapa, deve-se estimar corretamente as dimensões do problema tentando verificar qual(is) perspectiva(s) está(ão) envolvida(s) no problema. A correta definição das dependências (dados, condições ou parâmetros que geram ou definem o problema) e dos dependentes (atividades, equipamentos, profissionais, processos etc. que são afetados pelo problema) também é um passo muito importante para encontrar sua fonte, pois serão base para a Etapa 2.

Pergunta-chave:

Que tipo de problema é este?

Etapa 2 – Compreensão do problema

Esta etapa abrange algum tipo de pesquisa ou investigação de fatos com as pessoas envolvidas com o problema, análise de documentos que possam dar uma ideia quantitativa e questionários do comportamento dos envolvidos com o problema. Ela deve resultar numa informação curta e precisa sobre qual é o problema, como foi provocado e os principais fatores que o alimentam.

Perguntas-chave:

O que causa o problema?

Por que ele ainda existe?

Por que ainda não foi solucionado?

Etapa 3 – Tomada de decisão

Nesta etapa, deve-se realizar um estudo alinhando a resolução do problema com o planejamento estratégico e operacional da organização. Esse ponto é muito importante para a resolução do problema, pois devem-se definir quais recursos a empresa tem para resolvê-lo de modo que não afetem seu operacional.

Etapa 4 – Projeto de soluções

A resolução de um problema tem início quando se toma a decisão de resolvê-lo, e para que isso realmente ocorra deve existir um planejamento (ou projeto) da solução a ser implementado.

Esta etapa se divide em dois grupos:

» projeto lógico: descrição do nível geral de recursos, o processo operacional geral e a forma como os resultados devem ser obtidos para medir a eficiência da resolução;

» projeto físico: composto de uma descrição mais detalhada dos equipamentos, construções, pessoal e estoques da organização.

Etapa 5 – Implementação

Ao finalizar a fase do projeto da solução, deve-se criar uma estratégia de sua implantação, verificando a melhor maneira de introduzi-la e prevendo-se os efeitos gerados nas três perspectivas que compõem a empresa (pessoal, organização e tecnologia).

Quando essa metodologia é orientada para os problemas relativos ao fluxo de informações da organização, as duas principais etapas do processo de resolução de problemas se transformam em:

» análise de sistemas: é o estudo e a análise de problemas ligados aos sistemas de informação existentes e envolve tanto a identificação dos objetivos da organização (planejamento estratégico) quanto a determinação do que deve ser feito para que os problemas sejam resolvidos. Essa fase também é conhecida como levantamento de requisitos;

» projeto de sistemas: modelo de uma solução de sistemas de informação que mostra, detalhadamente, como os componentes tecnológicos (*hardware*, *software* etc.), organizacionais (políticas, processos e dados) e pessoais (treinamento, ambiente de trabalho e de operação) interagem.

Nem sempre um problema exige a modificação nos sistemas de informação, mas, mesmo assim, pode-se valorizar uma resolução de problema com a ajuda da análise de sistemas.

6.3 ANÁLISE E COMPREENSÃO DE PROBLEMAS EMPRESARIAIS

A metodologia de resolução de problemas empresariais utiliza em várias etapas o conceito das três perspectivas que melhor simbolizam a realidade das empresas e corporações do mundo inteiro, independentemente de seu porte ou do tipo de atividade que desenvolve, ou seja, tanto manufaturas, construtoras como prestadores de serviço devem aplicá-la.

Figura 6.2 Perspectivas que definem os alicerces do sistema empresa

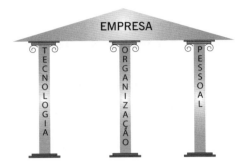

Elas são úteis principalmente nas fases de análise e compreensão do problema, mas podem ser de grande importância nas etapas de tomada de decisão e de implementação devido a seu perfil relacional.

6.3.1 Perspectiva tecnológica

No conceito de perspectivas destaca-se a tecnologia da informação, que, muitas vezes, é a principal responsável por problemas empresariais como desatualização, atualização demasiada, falta de conhecimento de operação etc.

Em todos os tipos de tecnologia, os problemas mais comuns são capacidade, compatibilidade e frequentes modificações. Cada um desses elementos criam problemas isolados ou compartilhados entre si.

A capacidade diz respeito à comparação da atual e aos planejamentos de ampliação de acordo com as necessidades e os planejamentos da empresa. No que diz respeito à compatibilidade, os grandes problemas envolvem a relação entre o existente e as novas tecnologias a serem implantadas. Já as mudanças envolvem problemas ligados a mudanças tecnológicas que causam impacto direto ou indireto no processo produtivo de uma empresa. No tocante à capacidade, define-se a existência de um problema desse tipo quando a capacidade estiver ligada a:

» capacidade de resposta do processamento: isso envolve o tempo necessário desde a solicitação de uma informação até o momento em que a informação se encontra disponível. Seu impacto diferente numa atividade desempenhada na empresa demonstra a necessidade de seu correto entendimento. Como dados padrões, pode-se considerar que inclusões de dados devem ter um

CAPÍTULO 6 • RESOLUÇÃO DE PROBLEMAS COM SISTEMAS DE INFORMAÇÃO 197

tempo de resposta entre 5 e 30 segundos, consultas com filtros devem ter resposta no intervalo de 30 a 60 segundos, relatórios com grande volume de informações, de 30 segundos a 2 minutos;

» capacidade de armazenamento: esse tipo envolve o espaço disponível para armazenar um dado, registro, arquivo ou documento. Os mecanismos de armazenamento atuais têm muita capacidade de armazenamento e existem diversos mecanismos acessórios que podem auxiliar nesse ponto, como DVD-RW, *pen drives*, HDs externos etc. Seu principal fator de responsabilidade é permitir que o usuário armazene um conteúdo desenvolvido na sua atividade de forma local (própria máquina), móvel (dispositivos acessórios como *pen drive*, HDs externos etc.) ou remota (num servidor ou "nuvem");[1]

» capacidade de transmissão: esse tipo está vinculado à rede corporativa, intranet, internet e mecanismos de telecomunicação. São problemas que interferem na realização de alguma atividade empresarial por indisponibilidade ou falha de transmissão de dados. Normamente, seus principais problemas estão vinculados à falta de dimensionamento da necessidade de banda de transmissão, serviço caseiro utilizado para fins empresariais ou falta de mecanismo de contingência.

O aumento da capacidade de *hardware* em uma empresa não é um assunto muito simples, pois existem outros fatores intimamente ligados a ele, como a possibilidade de o *software* em uso não ser totalmente compatível com um novo sistema operacional ou com algum *upgrade*[2] executado.

Assim, as características do equipamento empregado pode resultar em problemas tanto no tempo de resposta como na dispobilidade de dados para a realização de uma atividade rotineira.

---

1 A nuvem, também conhecida como *cloud computing*, diz respeito a prestadores de serviços que hospedam conteúdos empresariais para acesso em qualquer lugar e a qualquer hora com o uso da internet.

2 Termo utilizado para a ação de atualizar componentes de *hardware* de qualquer equipamento eletrônico para aumentar sua capacidade interna. Ele também pode ser aplicado a atualizações de versão de programas ou *softwares*, mas nesse caso é mais comum o emprego do termo "atualização de versão".

Figura 6.3 Resumos de problemas de tecnologia da informação

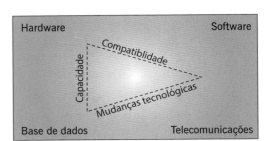

Com relação à compatibilidade, ela exige especial atenção, pois é possível criar um ponto de gargalo em todo o sistema de informações pela inserção de um novo equipamento pouco ou nada compatível. Essa compatibilidade deve ocorrer entre os equipamentos (*hardwares*), programas e sistemas (*softwares*), bases de dados e arquivos (armazenamento) e telecomunicações (redes).

As mudanças em qualquer tipo de tecnologia envolvem reflexos diretos e indiretos em todos os seus componentes (*hardware, software,* banco de dados e telecomunicações). Essas mudanças podem ser:

» mudanças de plataforma: quando se troca um equipamento ou *software* por outro que não tem relação direta de plataforma de *hardware* e/ou *software*, são exemplos, equipamentos da Apple® (iMac, iPad etc.) e equipamentos padrão x86 (PCs, *notebooks, netbooks* e *tablets*). O exemplo é clássico em situações em que o modismo leva à mudança de tecnologia sem se atentar para incompatibilidades de comunicação, programas e ferramentas que podem causar muito transtorno inicial;
» mudanças de versão: muitos programas ou sistemas têm suas evoluções documentadas por versões diferentes. Uma nova versão pode representar uma nova mudança de paradigma para operar um programa, pois a evolução de suas ferramentas pode representar uma nova interface, um novo agrupamento de ferramentas e até facilidades que terão resistência para os usuários que trabalham na versão anterior por muito tempo. Um exemplo clássico é a mudança do Microsoft Office 2003® e anteriores para o Microsoft Office 2007® e posteriores com o "sumiço" do menu para a nova estrutura conhecida como *Ribbon* e já adotada por muitos outros programas.

A mudança, quando realizada por um departamento sem o conhecimento de outro ou sem o estudo do impacto que isso pode causar, leva a brigas internas consideráveis e à redução na produtividade pessoal dos colaboradores.

Quando for necessário resolver problemas por meio de tecnologia, a organização deve fazê-lo levando em consideração que nem sempre o sistema necessita da tecnologia mais avançada. A tecnologia selecionada deve ser a mais apropriada para a realidade da organização e para o perfil do problema a ser solucionado.

6.3.2 Perspectiva organizacional

Para o melhor entendimento dos problemas organizacionais, inicialmente se deve encarar a organização como um sistema aberto que sofre influência das pressões internas e externas. Assim, a empresa possui grupos que são foco central da resolução de problemas, sendo os problemas de caráter interno e externo.

A organização pode ser vista como um sistema que sofre a ação de dois ambientes, como apresentado na Figura 6.4. No ambiente interno, destacam-se os grupos de política, burocracia, cultura e gerenciamento. Já no ambiente externo existem os fatores de pressão na organização, que são turbulência, complexibilidade e recursos.

Figura 6.4 Resumos de problemas relativos à organização

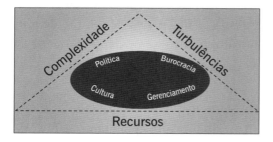

A cultura na organização corresponde ao fato de as pessoas normalmente pressuporem determinados valores ou crenças que o mercado pode forçá-las a mudar e que acabam causando choques em algumas áreas. Pode-se demonstrar como exemplo a seguinte questão: *Os trabalhadores da produção têm de se preocupar com a satisfação dos clientes?*

Normalmente, em uma organização existe uma independência de responsabilidades, ou seja, outros departamentos imaginam que a qualidade do produto fabricado ou do serviço prestado não influencia o desenvolvimento das vendas da organização.

A maioria das atividades de uma organização são como fatias do mesmo trabalho para atingir um objetivo comum da organização. Até atividades como executar a limpeza do banheiro dos funcionários podem ter efeitos colaterais em todos os setores da empresa.

A organização, muitas vezes, se esquece de tornar pública a mudança de alguns valores que se mantêm tradicionais nela. A cultura de uma empresa tem de se modificar ao longo do tempo para se adequar ao dinamismo do mercado em que atua.

Os gestores devem questionar os planejamentos estratégicos da organização com relação à sua capacidade de caminhar em compasso com o mercado extremamente dinâmico e concorrido.

Isso pode ser resumido como o termo "realimentação dos planejamentos", que define a necessidade de estudar os dados que foram operacionalizados para executar ajustes na estratégia da empresa.

A política na organização é, também, um fator de muito destaque na resolução de problemas. Os entraves políticos dos setores gerenciais podem gerar impedimentos para a adoção de uma solução adequada. Quando isso for percebido, as soluções que modificam o panorama político da empresa podem ser um passo importante para o seu sucesso.

Com relação ao gerenciamento, os problemas desse grupo são evidenciados quando situações inesperadas existem. A capacidade criativa de solução de problemas é uma característica básica e obrigatória nesse setor da organização. O gerenciamento deve ter a capacidade de manter a estratégia da empresa e, ao mesmo tempo, planejar para o futuro.

Em resumo, a gestão tem de olhar constantemente para o passado de modo a definir de imediato seu presente e planejar o futuro, pois tanto a história como a decisão e o planejamento são fontes importantes para se solucionarem os problemas.

Pode se definir a burocracia como procedimentos ou determinações estanques da organização existentes em decorrência de seu tempo de vida. Esse quadro pode reduzir a produtividade pessoal, o desenvonvolvimento de processos, a possibilidade de decisões acertadas e a eficiência da organização.

É muito difícil contornar os procedimentos burocráticos ou modificá-los pela resistência de quem os utiliza e dos gestores acostumados com esses controles.

Mas, em muitos casos, a modificação de um procedimento burocrático é a melhor maneira de resolver muitos problemas.

No que diz respeito ao ambiente externo da organização, ela sempre precisa de recursos financeiros, políticos, culturais e de outros tipos resultantes do ambiente em que ela está inserida. A empresa deve sempre procurar um ambiente rico em recursos e oportunidades para satisfazer suas necessidades, mas isso não garante seu sucesso.

As perguntas mais importantes nesse contexto são:

» A empresa está em um ambiente que possui os recursos mínimos para sua sobrevivência?
» Seu mercado é crescente ou decrescente?

O insucesso de muitas organizações se resume ao fato de elas estarem em um mercado em declínio e não procurarem alternativas de diversificação em outras áreas com mais recursos.

A turbulência se refere às mudanças drásticas no ambiente em que atua a empresa, sejam elas relativas à tecnologia da produção, à área de vendas ou aos dados que definem seu preço.

Por exemplo, a internet está modificando a maneira como as pessoas se relacionam, aprendem e compram. As organizações que já perceberam essa forma de capitalismo selvagem utilizando a *web* como tecnologia para alavancar suas vendas estão crescendo rapidamente. Deve-se salientar também que o uso dessa tecnologia tem feito empresas fecharem tão rapidamente quanto ascenderam. Assim, conclui-se que a velocidade de crescimento de uma empresa virtual é tão grande quanto as turbulências sofridas por ela.

Outra característica a se observar é a complexibilidade que pode ser definida como a estrutura complicada de gestão existente na organização em virtude da alta rotatividade de produtos e serviços, além da diversidade geográfica de sua produção.

Nessas organizações, as informações de despesas administrativas são altas e, por isso, as tomadas de decisão são dificultadas. Normalmente, as organizações mantêm processos altamente burocráticos com gerentes intermediários para controlar a própria estrutura complexa. Lucros reduzidos e baixo retorno sobre os investimentos são outras características marcantes desse tipo de organização.

202   SISTEMAS DE INFORMAÇÃO

Caso o estado complexo do ambiente da organização seja o problema, a melhor solução, e não a mais fácil de implantar, é a redução de sua complexidade.

6.3.3 PERSPECTIVA DE PESSOAS

Segundo estatísticas, o principal motivo de falhas nos sistemas de informação e o fato de não atingirem o aumento de eficiência esperado são devido a atenção insuficiente aos usuários, ou seja, o descaso com a perspectiva de pessoal.

Para aumentar a eficiência dos sistemas de informação e, consequentemente, a produtividade da organização, deve-se estar atento aos cinco componentes estratégicos relativos ao bem-estar das pessoas em suas atividades: ergonomia, controle interno (avaliação e monitoramento), treinamento, envolvimento e legislação (respeito às leis e regulamentos).

A ergonomia é conhecida como a ciência do projeto de equipamentos, operações, sistemas e ambientes de trabalho com o objetivo de atender às necessidades dos seres humanos envolvidos e maximizar o retorno econômico. Sendo uma ciência interdisciplinar, ela compreende a fisiologia e a psicologia do trabalho, bem como a antropometria.[3]

O objetivo do estudo da ergonomia é a adaptação do posto de trabalho, dos instrumentos, das máquinas, dos horários, do meio ambiente às exigências físicas, fisiológicas e psicológicas do corpo humano. Ela pode ser considerada uma ciência, quando utilizada para prover conhecimentos, e tecnologia, por seu caráter aplicado de transformação.

Essa área abrange a padronização de equipamentos e móveis e sua influência nas pessoas, questões relativas à saúde, projetos da interface homem/máquina e usuário/*software*.

O método utilizado na ergonomia para entender a complexidade do trabalho é a observação da postura, exploração visual, deslocamento, conforto. A relação da ergonomia com a tecnologia da informação se resume principalmente ao uso de computadores e outros equipamentos nas tarefas diárias dos trabalhadores. Nesse caso, devem ser observadas as seguintes características: conforto visual,

---

3   Indicadores que permitem estudar a sociedade em seu ambiente de trabalho.

CAPÍTULO 6 • RESOLUÇÃO DE PROBLEMAS COM SISTEMAS DE INFORMAÇÃO   203

punho neutro, apoio dos pés, cadeira, iluminação e cores, temperatura, acústica e humanização do ambiente.

Entre as principais preocupações da relação direta de tecnologia da informação e pessoas estão as radiações do monitor de vídeo tipo CRT (tubo de raios catódicos) e seu potencial de perigo, o nível de brilho excessivo nos novos monitores LCD e LED, o uso de multiplos monitores em alturas e resoluções diferentes que forçam o ajuste da íris, a altura de terminais acima do chão que causa fadiga e absenteísmo, as apresentações de informações na tela que podem produzir fadiga, monotonia e tédio, a psicologia social e os resultados físicos do projeto da tela e do *software*.

Figura 6.5 Problemas estratégicos de recursos humanos

**Controle Interno
Ergonomia
Envolvimento
Legislação
Treinamento**

As empresas devem estar atentas às técnicas de ergonomia, pois além dos benefícios físicos e mentais e do aumento de produtividade causados pelo bem-estar do trabalhador, existem órgãos de fiscalização do governo que controlam algumas características básicas. Segundo a NR 17 (Norma Regulamentadora 17) da Portaria nº 3.751, de 23/11/1990, que trata da higiene, segurança e medicina do trabalho, foi dado um prazo de cinco anos para que as empresas realizassem mudanças em seus locais de trabalho conforme as condições de ergonomia exigidas por essa norma.

O controle interno na organização envolve as características e as ferramentas ligadas à avaliação e ao monitoramento dos trabalhadores por seus superiores para medir a qualidade e o volume do trabalho. Essa ferramenta pode, por um lado, ser importante e justa quando observada do prisma empresarial, e por outro causar mal-estar e injustiças do ponto de vista dos funcionários.

A aplicação de tecnologias computacionais pode aumentar o nível de monitoramento dos trabalhadores da empresa possibilitando o aumento de produtividade, mas também pode gerar a degradação das relações humanas na organização.

Outro ponto de destaque é o treinamento, que, em qualquer organização, deve ser visto como um ponto muito importante para todas as suas atividades da empresa. Mesmo assim, o fato de implicar um investimento considerado como custo acaba por ser definido como um gasto desnecessário.

As empresas ainda mantêm a mentalidade do "aprender na raça", ou seja, o próprio funcionário deve recorrer a alguma fonte de informação para desempenhar suas atividades no novo equipamento ou *software*, ou, o mais provável, o trabalhador deve utilizar o método de tentativa e erro para "descobrir" como tal equipamento ou *software* funciona. Esse posicionamento das organizações é o principal responsável por falhas e descontentamentos em sistemas de informação, ou qualquer outro tipo de aplicação da tecnologia.

Os departamentos de recursos humanos devem ser mais atuantes no que diz respeito ao treinamento corporativo, melhorando o investimento e a manutenção do capital intelectual da organização. Se a organização tomar essa atitude em conjunto com um plano de carreira poderá reduzir o custo operacional, diminuindo perdas, desinteresse, falhas, quebras, má operação, acidentes, estima e moral baixos, falta de comprometimento, atrasos. Será possível reduzir também o distaciamento entre a falta de perspectiva profissional e a perspectiva pessoal, a defasagem existente entre a capacidade do trabalhador e o rápido desenvolvimento tecnológico-científico-social. Essa postura aumentará o contentamento do empregado por exercer o direito de ampliar seus conhecimentos e desenvolver seu potencial criativo, o que possibilita agregar valor a seu trabalho e, indiretamente, aos produtos e serviços da empresa.

As empresas deveriam calcular na ponta do lápis quanto custa a teoria da tentativa e erro em conjunto com a queda de produtividade pessoal, já que, normalmente, o trabalhador consegue utilizar apenas 10% dos recursos disponíveis. Se fizessem isso, chegariam à conclusão de que o treinamento é parte vital de um programa bem-sucedido de relações humanas e implantação de sistemas de informação, além de ser um ponto importante para observação de resolução de problemas.

Nas organizações, até há bem pouco tempo, os gestores, chefes e gerentes impunham a forma de realizar o trabalho e, caso o funcionário não estivesse contente, era demitido. Essa face taylorista das relações trabalhistas em que predomina a coerção está sendo substituída por uma abordagem de ambiente familiar de trabalho.

Esse posicionamento equivocado vem sofrendo modificações, tendo em vista que o aspecto dinâmico do mercado exige que a empresa tenha funcionários qualificados e treinados. A falta desses trabalhadores definiu o novo perfil da relação com os superiores, reduzindo a distância social, o que permite um ambiente amigável de trabalho.

Além do mais, o governo aprovou diversas leis federais e estaduais que estabelecem um grande conjunto de direitos que fortalecem o quadro exposto. Dos pontos mais importantes da legislação do país, destacam-se: proteção do empregado no caso de lesões ocorridas no trabalho; direito à igualdade de oportunidades, independentemente de raça, sexo, religião ou etnia; direito a um local de trabalho seguro e saudável; direito à liberdade contra represália por denúncias de violações a leis federais de proteção pública; direito à aposentadoria; e, por último, direito de acesso a informações gerenciais selecionadas referentes a produtos químicos tóxicos no local de trabalho.

Deve-se ressaltar a vantagem da aproximação de chefes e gerentes com os trabalhadores, o que leva a uma significativa melhora do envolvimento dos funcionários com as diversas responsabilidades de seu próprio trabalho. A falta de envolvimento, de participação e comunicação pode levar a um ambiente contagioso de descontentamento profissional que rapidamente espelha resultados na produtividade da organização.

O envolvimento do trabalhador nas responsabilidades da função que exerce pode levar ao comprometimento necessário para o desenvolvimento de níveis excelentes de eficiência da organização.

Algumas situações de destaque que envolvem problemas empresariais com ligação direta a perspectivas das pessoas são:

» comunicação ruidosa: características particulares de alguns gestores que envolvem ordens verbais não claras, requisitos de problemas não corretamente definidos, problemas não previamente comunicados, entre outros; são as principais causas de estresse elevado na empresa bem como o incentivo indireto para boatos e fofocas. Soluções para esse tipo de problema podem envolver reuniões periódicas de acompanhamento de objetivos, comunicação formal e documentada em papel ou *e-mail*, ambientes de colaboração de ideias etc.;

» falha de retorno: processo também ligado à comunicação com problemas no *feedback* de atividades é consequência direta da falta de monitoração de uma demanda ou projeto. A gestão participativa é um grande aliado nesse processo, potencializado com o uso de ferramentas de avaliação 360°. Esse tipo de avaliação envolve uma comunicação aberta com todos os envolvidos numa atividade, demanda ou projeto independentemente de sua posição hierárquica de forma a poder dar sua opinião salientando pontos fortes e fracos da abordagem escolhida para resolver o problema;

» falta de disciplina: problemas ligados ao respeito a procedimentos, horários, metas e prazos. Muitas situações envolvem uma mudança na cultura pessoal com a imposição de punições ou sansões. Isso pode causar desconforto ou tensão inicial, mas é essencial para demonstrar a seriedade das ações e da empresa;

» promoções erradas: essa questão envolve dois tipos de impacto que podem gerar problemas consequentes. O primeiro tipo envolve a promoção de um profissional que tem conhecimento técnico apurado, mas não tem habilidade de relacionamento e liderança. O segundo tipo é a promoção de profissionais que envolve mais política do que competência. Essa situação, apesar de ser minimizada em gestões profissionais, ainda existe em muitas ocasiões. Nesse caso, a empresa pode provocar a implosão de um departamento pela revolta de profissionais mais capacitados tecnicamente ou até mais experientes no que diz respeito às competências necessárias e, dessa forma, mais indicados ao cargo. Essa implosão é recheada de atritos constantes ou até desligamento do profissional mais indicado, o que causará impactos diretos em todo o funcionamento do departamento e de todos os outros que se relacionam com ele;

» falta de profissionalismo: problema ligado a uma visão limitada de direitos e deveres do colaborador. Essa visão limitada está associada a situações ou coisa óbvias, como usar o *e-mail* institucional para assuntos pessoais ou usar recursos da empresa para entretenimento. Misturar assuntos pessoais ou entretenimento com o ambiente de trabalho é o principal foco desse tipo de problema. Muitas empresas têm definido políticas que delimitam períodos curtos para resolver questões pessoais.

Entre os pontos principais para a resolução de problemas de envolvimento na organização devem-se destacar a criação de um ambiente familiar de trabalho, os trabalhos em equipe, a aplicação de ferramentas que melhorem a comunicação interna, o compartilhamento de dados e decisões e a consideração e avaliação das opiniões dos envolvidos com os problemas.

Todas essas características permitem avaliar, dentro da organização, a adequação das formas de trabalho visando ao cumprimento das regulamentações trabalhistas a fim de reduzir os processos judiciais promovidos por sindicatos, grupos de trabalhadores ou trabalhadores individuais.

6.4 TOMADA DE DECISÃO

A tomada de decisão pode ser definida como a habilidade para processar informações mediante uma análise lógica e objetiva (confiar em si mesmo no momento de decidir, estar preparado para correr riscos razoáveis e para ser responsabilizado pelos resultados). É um processo posterior ao trabalho de análise e entendimento do problema, e, se esse trabalho foi bem executado, o conjunto de opções possíveis (ou soluções) para o problema é reduzido, tornando-se o processo mais simples.

Figura 6.6 Processo de tomada de decisão eficaz

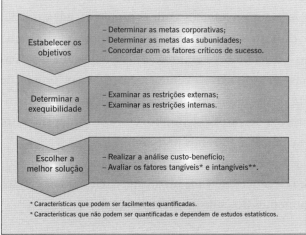

A tomada de decisão é um processo que deve alinhar a melhor possibilidade de solução de problemas com as estratégias da organização visando considerável aprimoramento na eficiência e eficácia empresarial. Vários fatores influenciam esse processo e merecem destaque o conhecimento e a experiência de quem toma a decisão, a informação a que essa pessoa tem acesso, o tempo disponível para a tomada de decisão, o tipo de decisão (algo inédito ou que pode ser baseado em situações anteriores ou *benchmarking*), o risco envolvido na decisão, o conhecimento que se tem das ferramentas facilitadoras da tomada de decisão e sua habilidade para usá-las, a posição ocupada pelo tomador de decisão na empresa e seu nível de autoridade nesse cargo.

A melhor forma de tomar uma decisão é completar as três etapas do processo de tomada de decisão eficiente, que são apresentadas a seguir.

6.4.1 Estabelecer objetivos

Esse processo pode se tornar a parte mais complicada da tomada de decisão se os envolvidos no processo estabelecerem pontos de vista diferentes com relação aos objetivos da empresa. Pode ser dividido em três etapas: determinação das metas corporativas; determinação das metas dos subsistemas; e execução da concordância com os fatores críticos de sucesso.

As metas corporativas devem ser obtidas com base no planejamento estratégico e operacional da organização, destacando os objetivos que mantenham correlação com o problema estabelecido.

Em seguida, é importante determinar as metas estabelecidas pelos subsistemas, ou departamentos, que estejam envolvidos com o problema em questão. Esse processo pode se tornar cansativo e trabalhoso caso a empresa não tenha nenhum tipo de planejamento, ou seja, caso a empresa utilize a filosofia de "apagar incêndios". Todas as metas selecionadas devem ser descritas em ordem de prioridade para o bem-estar da organização. Mediante esse procedimento, é importante verificar os fatores críticos de sucesso e promover a concordância entre eles com os objetivos e as metas selecionados nos itens anteriores.

Os *fatores críticos de sucesso* são o destaque de um processo para facilitar a definição dos principais pontos de relevância em cada atividade, excluindo os desejos pessoais de um ou mais componentes dos subsistemas envolvidos.

CAPÍTULO 6 • RESOLUÇÃO DE PROBLEMAS COM SISTEMAS DE INFORMAÇÃO   209

Fatores críticos de sucesso (CSF — Critical Success Factors): são pontos fundamentais que devem ser perseguidos de forma obstinada para que uma atividade obtenha sucesso.

Essa metodologia possibilita o enfoque da solução no problema real definido sem sofrer a influência de outros problemas reais ou imaginários que não são relevantes no momento.

Deve-se dedicar atenção especial para a diferenciação dos dois tipos distintos de CSF. Eles são descritos a seguir:

» CSF diretos: são aqueles que diretamente interagem com a meta envolvida.
» CSF indiretos: são aqueles que podem afetar a meta de forma indireta, ou seja, podem espelhar melhora em outra atividade.

No processo de tomada de decisão, deve-se salientar, em relação ao estabelecimento das metas corporativas, que muitos proprietários e gestores não sabem como definir corretamente uma meta, o que causa distorções para seu entendimento ou seu sucesso.

Para que se estabeleça uma meta corretamente, existem alguns aspectos que, se determinados com acurácia, podem representar um grande passo para o êxito em atingi-la. Uma meta deve apresentar os itens a seguir:

» direção: esse item indica a posição atual da organização e onde ela deve estar quando a meta for atingida;
» ponto focal: deve ser o objeto de desejo da organização, um alvo atingível que fique claro para todos na organização não se tratar de um sonho inalcançável;
» cronograma: esse item define um ponto limitante para a obtenção de sucesso na meta, ou seja, é o tempo-limite para que seja alcançada;
» medida de eficiência: é um método de verificação do desenvolvimento dos resultados para o sucesso da meta e uma forma de verificar quais ajustes devem ser necessários para atingi-la mais rápido ou se ela foi concluída antes do prazo estabelecido;
» dono: deve sempre haver um responsável que possa executar o gerenciamento dos resultados para atingi-lo. Essa pessoa deverá responder pelo

sucesso ou insucesso da meta e também deve gerenciar o grupo envolvido com os CSF da meta.

Como exemplo de meta corretamente definida, temos: "A empresa deverá aumentar suas vendas em 150% até dezembro de 2020. Responsável: diretor do departamento de vendas".

Nesse exemplo, podemos destacar:

» direção: do volume de vendas atual até atingir uma vez e meia o atual;
» ponto focal: aumentar o volume de vendas da organização;
» cronograma: data inicial e os períodos de verificação até a data final, ou seja, de hoje (quando foi definida) até dezembro de 2020;
» medida de eficiência: número ou gráfico que indique a evolução das vendas demonstrando se a meta foi atingida ou não, de acordo com o cronograma estabelecido;
» dono: diretor do departamento de vendas.

6.4.2 Determinação da exequibilidade

A exequibilidade é um termo que se origina de exequível e é definido como a possibilidade que algo tem de ser executado. No contexto estabelecido, esse é o momento de verificar, na organização, quais são as ferramentas disponíveis para a implantação da solução escolhida.

A consideração dos fatores internos e externos da organização é muito importante nessa fase. Como preocupações internas, é indispensável atentar para a capacidade dos subsistemas de implantarem a solução e para a compatibilidade com a cultura da organização. Além disso, uma atenção especial que deve ser dada aos contrários à decisão tomada, tendo em vista o boicote.

As considerações com o ambiente externo devem enfocar os recursos financeiros, as leis e as regulamentações, o poder de ação da concorrência, as características comerciais dos fornecedores e o comportamento do cliente.

O inter-relacionamento dos pontos anteriores também é crucial para a viabilidade da solução a ser implementada.

6.4.3 Escolha da melhor solução

A escolha da melhor solução pode ser executada de várias formas, mas a principal característica a ser observada pelas organizações é a viabilidade econômica da solução.

Como nessa etapa as soluções disponíveis são aquelas que mais bem representam as metas e os objetivos da empresa e, ao mesmo tempo, podem ser executadas de acordo com os recursos disponíveis, deve-se escolher, agora, qual solução permite maior eficácia de custo.

A eficácia de custo pode ser entendida como a relação custo/benefício para a solução a ser implantada, sendo representada pelo somatório de todos os custos envolvidos com a implementação da solução dividida pelo retorno calculado de seus benefícios.

O grande problema que dificulta o cálculo desse item é a existência de algumas características que não podem ser diretamente quantificadas, por exemplo, a agilidade da tomada de decisão pela implantação de um sistema de informações eficaz ou o aumento da produtividade pessoal das tarefas operacionais da organização em decorrência da sua racionalização. Nesse caso, normalmente, são desenvolvidos alguns estudos para o cálculo de estimativas que possam representar tais dados, e é muito mais importante existirem dados estimados do que não serem utilizados para o cálculo.

Segundo Robert Kaplan, os contadores e conservadores que atribuem valor zero a muitos benefícios intangíveis da tecnologia preferem estar absolutamente errados a vagamente certos; os administradores e gerentes modernos não precisam e não devem seguir o seu exemplo.

6.5 PROJETO E IMPLANTAÇÃO DE SOLUÇÕES

Mesmo chegando ao processo de tomada de decisão, isso não significa que o problema tenha sido corretamente resolvido. Nesse ponto, é possível surgirem novos aspectos não esperados da solução e do problema. Dessa forma, é importante projetar e planejar a implementação da solução, pois ainda existem muitos fatores a serem comprovados e considerados. Entre eles, destaca-se que os requisitos para a solução de um problema devem ser claramente definidos e compreendidos, caso contrário, podem representar obstáculos para a implantação ou resultar em uma solução incorreta.

Quando se utiliza essa metodologia para a implementação de soluções de sistemas de informação, o projeto lógico deve compreender:

» saídas: como deve ser a informação produzida pelo sistema. Deve se dar atenção especial ao fato de que nem sempre o usuário sabe do que precisa;
» entradas: como os dados devem ser inseridos no sistema para gerar os resultados esperados; quais dados são exatamente relevantes para o sistema e como devem ser armazenados;
» processamento: estabelecimento das atividades que serão executadas para resultar nas saídas desejadas, levando em consideração, inclusive, o seu nível de automação (manufaturadas, mecanizadas ou automatizadas);
» base de dados: quais métodos de armazenamento e organização das informações serão aplicados no sistema;
» procedimentos: definição das atividades a serem seguidas pelos usuários e operadores para utilizar o sistema;
» controles: definição das formas de controle da veracidade e qualidade dos dados e informações manipulados pelo sistema.

Essa fase requer racionalização das diversas atividades, processos e políticas da organização.

A fase final do processo de resolução de problemas, por sua vez, é marcada pela implantação da solução, mas, mesmo que tenha sido escolhida corretamente, não significa que a implantação venha a ser um sucesso. A implementação de uma solução é complexa por compreender diversas áreas da organização, como psicologia, projeto organizacional, relacionamento interpessoal, finanças.

Para minimizar os problemas inerentes à implantação de novas soluções, pode-se definir uma estratégia de conversão, ou seja, um processo controlado de mudança de atividades ou processos.

As estratégias de conversão mais eficientes são:

» conversão paralela: utilização simultânea do sistema novo e do antigo até que as medidas de eficiência mostrem que a substituição é realmente viável;
» corte direto: é a substituição direta do sistema antigo pelo novo em uma data específica. Esse método envolve alguns riscos, pois o surgimento de algum erro inesperado pode acarretar o travamento de algum processo;

CAPÍTULO 6 • RESOLUÇÃO DE PROBLEMAS COM SISTEMAS DE INFORMAÇÃO

» projeto-piloto: nesse método, a solução é implementada em algum subsistema da organização para verificação de segurança e, posteriormente, é estendido a toda a organização;

» abordagem em fases: nesse caso a solução é implantada de forma escalonada, ou seja, é dividida em módulos para minimizar e controlar os efeitos colaterais.

Uma característica de suma importância na implantação de soluções está no fato de que nem sempre uma implantação deve ocorrer na velocidade planejada.

Existe a necessidade de que os envolvidos com a implantação sejam sensibilizados com a resposta dos envolvidos com a solução para que instituam a melhor velocidade de implantação, segundo a capacidade de mudança do grupo envolvido.

Como a implantação de uma nova solução gera efeitos diretos sobre a maneira como as pessoas e os grupos trabalham e se inter-relacionam na empresa, é importante existir um núcleo de gerenciamento das mudanças que deve prever:

» a resistência aos novos procedimentos;

» os novos relacionamentos a serem implantados;

» a capacidade de absorção de mudanças da organização como um todo;

» como deve ser o treinamento e/ou a conscientização das pessoas;

» quais mudanças políticas e estruturais existirão.

Novamente, o uso das perspectivas tecnológica, pessoal, organizacional e de seus relacionamentos pode ajudar na implantação das soluções. A velocidade de implantação de uma nova solução deve ser proporcional à sua capacidade de mudança e não da maneira previsível.

Mediante todos esses fatos, o profissional que executar o gerenciamento das mudanças, normalmente um gestor, será o principal agente de mudanças, devendo promover um ambiente de estímulo à criatividade, à inovação e ao trabalho em equipe.

No campo exclusivo de sistemas de informação, a implementação de soluções deve ocorrer de acordo com quatro etapas, como descreve a figura a seguir:

Figura 6.7 Fases da implementação de soluções de sistemas de informação

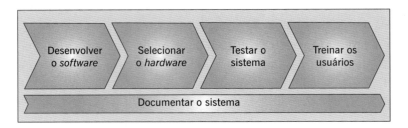

- » desenvolver o *software*: é necessário definir se a organização vai optar pelo desenvolvimento do *software* que executará o processamento a ser automatizado ou tirará proveito de um pacote de aplicativos existentes no mercado;
- » selecionar o *hardware*: deve(m) ser selecionado(s) o(s) componente(s) de *hardware* apropriado(s) para ser(em) integrado(s) como ferramenta para a solução escolhida no item acima;
- » testar o sistema: essa fase deve compreender o teste do conjunto *hardware* e *software* para desenvolver a atividade desejada verificando as disparidades existentes com relação aos resultados esperados e promover a realimentação das fases iniciais;
- » treinar usuários: os usuários e especialistas técnicos devem ser treinados para estarem totalmente aptos à manipulação da nova solução.
- » documentar o sistema: a documentação sobre a modelagem e o funcionamento do sistema devem ser realizados em todo o processo de concepção sendo finalizados com a implantação da solução e permanecer disponíveis para possibilitar a correta utilização do sistema de informações.

TERMOS E CONCEITOS IMPORTANTES

- *E-marketing*
- Exequibilidade
- Fatores críticos de sucesso (CSF)
- Fatores intangíveis
- Fatores tangíveis
- Pensamento crítico

CAPÍTULO 6 • RESOLUÇÃO DE PROBLEMAS COM SISTEMAS DE INFORMAÇÃO 215

 QUESTÕES PARA DISCUSSÃO

1. Quais são os elementos que devem ser considerados em qualquer resolução de problemas?
2. Como pode ser definido o termo pensamento crítico?
3. Descreva o processo de resolução de problemas usando o modelo do cone invertido?
4. Quais são as duas grandes fases do modelo do cone invertido.
5. Como se divide a etapa de projeto de soluções?
6. Cite e explique dois problemas empresariais causados pela tecnologia.
7. Quais são os componentes básicos a serem observados na resolução de problemas no que diz respeito à tecnologia da informação?
8. No que diz respeito à organização, quais são os ambientes que geram problemas?
9. Internamente na organização quais são as principais fontes de problemas?
10. O que significa turbulência na perspectiva da organização?
11. Em uma organização com estrutura complexa, qual é o primeiro ponto a ser resolvido?
12. Qual é a principal característica em um processo de implantação de sistema de informações que leva a falhas nele?
13. O que deve ser considerado na ergonomia?
14. O que você entende pela expressão "aprender na raça"?
15. Quais são as fases do processo de tomada de decisão?
16. Como são estabelecidos os objetivos da organização?
17. O que são os FCS?
18. Quais são os requisitos de uma meta?
19. Defina fatores tangíveis e intangíveis.
20. Como deve ser gerenciado um processo de mudança?
21. Qual deve ser a velocidade de implantação de mudanças na organização?
22. Quais são as fases de implementação de soluções de sistemas de informação?

ESTUDO DE CASO

Problemas empresariais e o processo de tomada de decisão

Uma das principais atividades desenvolvidas em qualquer empresa independentemente do ramo, produto ou da localização geográfica é o processo de tomada de decisão. Um gestor precisa a todo o momento tomar decisões que vão definir a história da empresa e esse conjunto de decisões pode definir o sucesso ou não da empresa.

Quando uma empresa começa a crescer, a divisão departamental é uma opção para que as especificidades de cada atividade sejam responsabilidade de quem, a princípio, mais entende daquele assunto. Assim, o departamento de contabilidade deve ser da responsabilidade de um contador, o departamento de finanças de um gestor financeiro, o departamento de recursos humanos de um gestor de RH e o departamento de tecnologia da informação deve ficar a cargo de um gestor de TI.

Por mais óbvio que possa parecer, muitas vezes decisões errôneas levam a situações em que um gestor perde o seu controle sob um departamento para outro gestor que nada daquilo conhece.

Esse tipo de decisão acaba acontecendo em momentos de pressão em que uma investigação superficial sinaliza que aquela é a melhor opção. É importante lembrar que cada departamento tem certa autonomia para desenvolver suas atividades, prestando serviço, sempre que necessário, aos outros departamentos, seja para tomar decisões em conjunto ou para selecionar informações importantes para o solicitador do serviço.

Quando demandas de alto grau de importância são definidas como responsabilidade de um departamento com prazos apertados e um nível acentuado de relevância para toda a empresa, não é o momento de decisões apressadas e sem a aplicação do pensamento crítico.

Um exame mais profundo pode demonstrar que, na verdade, é o momento para que todos os departamentos que dependem desse e aqueles do qual esse depende têm de se unir para, juntos, definir o melhor plano de ação a ser utilizado para resolver a demanda.

O contrário dessa linha de pensamento pode resultar na total desestruturação da gestão, pois tomadas de decisão sem o conhecimento profundo de determinada área pode causar problemas que irão inviabilizar totalmente o problema principal a ser

CAPÍTULO 6 • RESOLUÇÃO DE PROBLEMAS COM SISTEMAS DE INFORMAÇÃO 217

resolvido. Além disso, o gestor do departamento "invadido" pode ter um sentimento de que seu trabalho não é mais considerado importante pela empresa.

Esse último quadro pode resultar na perda de um bom profissional ou até no surgimento de problemas críticos, pois o profissional mais capacitado não possui mais autonomia para suas decisões. Em especial, os departamentos de tecnologia da informação de muitas empresas passam por esse tipo de situação, pois existem dois fatores ainda muito marcantes na área.

O primeiro fator diz respeito à mentalidade que a área de TI é apenas um coadjuvante no processo de gestão empresarial. Essa visão é resultante de muitos cenários em que o departamento tem uma gestão apenas de apagar incêndios para os problemas da área sem nenhum planejamento, e muitas vezes realizando muito mais trabalho braçal do que realmente promovendo a integração de TI no negócio da empresa.

O segundo fator diz respeito à falta de conhecimento de muitos profissionais de TI das próprias técnicas de gestão de TI. Atualmente, áreas de estudo têm desenvolvido metodologias para promover a gestão dessa área da mesma forma como qualquer outra área realiza. O conhecimento das normas e certificações desses profissionais é uma vantagem competitiva para a empresa. São exemplos os cursos e as normas de governança em TI conhecidas como Cobit, Itil e a ISO 20000.

Uma empresa só é dividida em departamentos para que a visão sistêmica possa ser imposta com o objetivo de melhorar o controle, o tempo de reação e a gestão de um grupo de atividades. Ela não deixou de ser uma empresa em sua totalidade por essa divisão departamental.

Nesse ponto, a lição do barco que afunda é muito importante para entender o conceito, pois segundo a caricatura da lição estão num barco dois departamentos da empresa que "se consideram" concorrentes. Cada departamento se encontra em uma extremidade do barco.

Quando um departamento vê o outro tentando conter um buraco no barco, ao invés de ajudar, tira sarro e não o auxilia. A lição que se deve tirar é que não podemos esquecer que o barco é um só, mesmo que inicialmente apenas um lado esteja afundando, se os outros não ajudarem todos sofrerão as consequências.

Assim, podemos concluir que invasões departamentais como opção de decisão de julgamento precoce são muito prejudiciais a toda a empresa, principalmente em um momento em que ela mais necessita. Em resumo, é de grande importância que nesses momentos os gestores tentem integrar mais a empresa do que a canibalizá-la.

218   SISTEMAS DE INFORMAÇÃO

? Questões do estudo de caso

1. Em demandas de alta prioridade, um departamento deve ter autonomia sobre outro que presta algum tipo de serviço ou dá retorno de informações?
2. No caso de demandas críticas para um departamento em especial, qual é a melhor abordagem para traçar um plano de atendimento à mesma?
3. Quais são os fatores que levam à perda de autoridade em departamentos de TI?
4. A divisão departamental de uma empresa é promovida para isolar cada departamento dos demais?

DESENVOLVIMENTO E USO DE SISTEMAS DE INFORMAÇÃO

"Os analfabetos do próximo século não são aqueles que não sabem ler ou escrever, mas aqueles que se recusarem a aprender, reaprender e voltar a aprender."

Alvin Toffler

AO FINAL DESTE CAPÍTULO, VOCÊ VAI:

1. Compreender melhor o processo de sistemas de informação, as particularidades dos diversos métodos e casos em que melhor se encaixam.
2. Conhecer os aspectos positivos e negativos da terceirização e os requisitos básicos para se ter um bom serviço final.
3. Conhecer as ferramentas para a aceleração da produção de sistemas e algumas particularidades.
4. Conhecer os aspectos de segurança necessários ao bom funcionamento do sistema e para a existência de informações confiáveis, bem como os aspectos ligados à segurança nas novas formas de comercialização baseadas na internet.
5. Saber a diferença entre custo e investimento em tecnologia, além dos métodos utilizados para quantificar essas grandezas.

▶ 7.1 INTRODUÇÃO

Dependendo do tamanho da organização e de sua complexidade estrutural e política, pode existir a necessidade de diferentes tipos de sistemas de informação que exigem abordagens de desenvolvimento diversas.

O problema da organização que resulta em um sistema de informações pode ter três abordagens dos principais problemas:

» estruturados: são aqueles considerados naturais e rotineiros que já contam com metodologia padrão de resolução composta por variáveis estruturadas e controladas, são exemplos controle de estoque, controle de caixa, controle de horas trabalhadas etc.;

» semiestruturados: são problemas que não conseguem ser precisamente estruturados por haver situações inéditas, eventualidades e exceções não controladas. Normalmente, envolve o uso de variáveis parcialmente estruturadas e técnicas de levantamento de dados para as situações flutuantes, são exemplos campanhas de marketing, gestão da marca etc. Esse tipo de problema tem apenas uma parte da resposta imediata definida por um procedimento conhecido;

» não estruturados: envolve qualquer situação, com pouco ou nenhum conhecimento inicial, considerada inédita em sua maior parte ou na sua totalidade. São problemas ligados, em geral, a inovações ou novas situações a serem enfrentadas pela empresa, são exemplos aquisições e fusões, abertura de novos mercados com culturas diferenciadas, lançamento de novos produtos etc.

Para qualquer abordagem que se utilize, o processo de resolução de problemas é o mesmo que já foi apresentado.

7.2 CICLO DE VIDA DOS SISTEMAS

O *ciclo de vida tradicional dos sistemas* ainda é o método predominante na construção de sistemas médios e grandes.

> O "ciclo de vida" nada mais é do que a divisão do desenvolvimento total em fases relacionadas, em que se tem definição do projeto, estudo do sistema, projeto da solução, programação, instalação, pós-implementação.

Os diversos estágios têm atividades relacionadas que devem ser finalizadas para o início do estágio seguinte. Uma questão muito interessante nesse método é a determinação clara e formal da divisão de trabalho entre os envolvidos.

A maior parte do trabalho é entregue aos profissionais técnicos da área de tecnologia, cuja atividade inicial é a análise dos problemas dos sistemas em uso e a especificação das soluções.

Posteriormente, os profissionais responsáveis pela implementação da solução codificam e testam os componentes de *softwares* dos sistemas.

Esses dois grupos de profissionais precisam manter uma relação extremamente próxima com os especialistas empresariais (gerentes, chefes e usuários) para a correta modelagem da solução. Essa relação continua a ser muito passiva, o que pode causar determinados transtornos para a agilização da solução correta.

Um dos maiores problemas da metodologia do ciclo de vida é sua característica rígida e inflexível, que estimula a estagnação das especificações no início do processo de desenvolvimento.

A ideologia de fazer alterações tardias promove uma série de prejuízos para a organização. Essa metodologia não é muito indicada para sistemas que necessitam de soluções mais imediatas, como as aplicações de decisão.

Existem outros métodos de construção de sistemas de informação que resolvem a maioria das limitações do ciclo de vida e que utilizam a mesma metodologia de resolução de problemas já estabelecida.

Tabela 7.1 Comparação do método de resolução de problemas com as etapas do ciclo de vida dos sistemas

RESOLUÇÃO DE PROBLEMAS	CICLO DE VIDA DOS SISTEMAS	DIVISÃO DE TAREFAS
Análise do problema	Definição do projeto	Especialistas empresariais: Identificar áreas/questões problemáticas.
		Especialistas técnicos: Determinar se o problema necessita de mais pesquisa e projetar a solução.
Compreensão do problema Tomada de decisão	Estudo dos sistemas	Especialistas empresariais: Fornecer documentos e fazer entrevistas. Descrever problemas e requisitos. Fornecer restrições.
		Especialistas técnicos: Coletar e sintetizar informações. Analisar problemas. Fornecer restrições técnicas. Projetar soluções alternativas. Avaliar a viabilidade.
Projeto da solução	Projeto	Especialistas empresariais: Fornecer especificações do projeto. Aprovar especificações.
		Especialistas técnicos: Modelar e documentar as especificações do projeto lógico. Modelar e documentar as especificações do projeto físico.
Implementação	Programação	Especialistas empresariais: Nenhuma tarefa.
		Especialistas técnicos: Codificar a solução. Realizar os testes sistêmicos (operação, carga e verificação de resultados).
	Instalação	Especialistas empresariais: Contribuir com planos de teste e dados. Validar os resultados dos testes. Participar da conversão.
		Especialistas técnicos: Finalizar a documentação. Supervisionar a conversão.
	Pós-implementação	Especialistas empresariais: Avaliar o desempenho funcional do sistema. Suprir novas exigências. Utilizar o sistema.
		Especialistas técnicos: Avaliar o desempenho técnico do sistema. Executar a manutenção.

CAPÍTULO 7 • DESENVOLVIMENTO E USO DE SISTEMAS DE INFORMAÇÃO   223

7.3 PROTOTIPAGEM

Esse método se resume na construção de um protótipo do sistema, e pode ser um sistema experimental completo ou parte dele. A *prototipagem* tem como características principais rapidez e economia, o que possibilita que os usuários possam executar um *test-drive* da aplicação.

Assim, o sistema pode ser modelado de acordo com as demandas do usuário, facilitando a modelagem do sistema final. Essa metodologia permite ainda que os usuários revejam suas necessidades e descubram novos requisitos antes não percebidos.

> A **prototipagem** é uma metodologia mais flexível e informal, que torna interativo o processo de desenvolvimento e implantação de um sistema e define o papel importantíssimo do usuário e dos especialistas empresariais.

Ela é indicada quando não há certeza em relação àquilo que o usuário precisa ou quando há grande mutabilidade inicial, característica marcante de muitos sistemas orientados ao processo de decisão. É importante nesse processo criar grupos de usuários de acordo com a natureza dos resultados que ele requer.

Tabela 7.2 Comparação do método de resolução de problemas com as etapas da prototipagem

RESOLUÇÃO DE PROBLEMAS	PROTOTIPAGEM	DIVISÃO DE TAREFAS
Análise do problema	Identificação dos requisitos iniciais	Especialistas empresariais: Identificar áreas problemáticas. Identificar as necessidades de informação. Identificar as restrições empresariais.
		Especialistas técnicos. Documentar requisitos. Documentar restrições.

continua

224 SISTEMAS DE INFORMAÇÃO

continuação

RESOLUÇÃO DE PROBLEMAS	PROTOTIPAGEM	DIVISÃO DE TAREFAS
Compreensão do problema	Desenvolvimento do protótipo operacional	**Especialistas empresariais:** Trabalhar em conjunto com os especialistas técnicos para fornecer entradas para o modelo de protótipo.
		Especialistas técnicos: Gerar rapidamente o protótipo com ferramentas especiais de *software*. Modificar o protótipo em sucessivas interações.
Tomada de decisão	Usar o protótipo?	**Especialistas empresariais:** Voltar ao protótipo utilizando-o para necessidades empresariais. Avaliar o protótipo.
		Especialistas técnicos: Nenhuma tarefa.
Projeto da solução	Verificar a aceitação do protótipo?	**Especialistas empresariais:** Informar os especialistas técnicos se o protótipo atende a todas as necessidades e o que precisa ser modificado.
		Especialistas técnicos: Documentar as modificações, se existirem.
Implementação	Desenvolver o protótipo final	**Especialistas empresariais:** Nenhuma tarefa.
		Especialistas técnicos: Executar as modificações finais requisitadas pelos especialistas empresariais no *software*.
	Desenvolver a versão para a produção	**Especialistas empresariais:** Nenhuma tarefa.
		Especialistas técnicos: Utilizar a versão final do protótipo como plano para a versão oficial de "produção" do sistema. Essa pode ser uma versão aperfeiçoada do protótipo ou um *software* completamente diferente.

Diagrama de fluxo: NÃO / SIM entre "Desenvolvimento do protótipo operacional" e "Usar o protótipo?".

Normalmente, são definidos pelo menos dois grupos de usuários:

» intuitivos: são aqueles que necessitam de gráficos, diagramas, cronogramas, linhas de tendência e imagens para desenvolver seu trabalho;

» sistemáticos: aqueles que demandam informações quantitativas (tabelas, datas, lugares e números) para desenvolver o seu trabalho.

CAPÍTULO 7 • DESENVOLVIMENTO E USO DE SISTEMAS DE INFORMAÇÃO 225

Esse método é também importante para testar a interface com o usuário do sistema de informações, o que leva a verificar a racionalização do método de trabalho e o aumento da produtividade pessoal.

As estatísticas demonstram que a prototipagem pode chegar ao sistema final que atende a todas as necessidades do usuário, em média, com 15% do tempo estimado para o desenvolvimento convencional. É relevante lembrar que esse método não é eficaz para aplicações de pequeno porte ou aplicações que utilizem cálculos complexos.

A prototipagem não proporciona o mesmo nível de análise quando comparado com o método do ciclo de vida, e a documentação normalmente é falha devido ao alto poder de decisão sobre o sistema estabelecido para os usuários.

7.4 UTILIZAÇÃO DE PACOTES

Os pacotes de *software*, assunto tratado anteriormente, podem ser resumidos como programas pré-desenvolvidos e disponíveis no mercado para atender às necessidades da organização. Essa opção é muito importante quando a empresa não tem profissionais técnicos aptos a desenvolver esse tipo de aplicação de alta responsabilidade.

As empresas desenvolvedoras de pacotes normalmente mantêm um departamento técnico especializado para promover o suporte e a manutenção do sistema, geralmente ligado a um *help desk*.

Do ponto de vista das organizações, o uso de pacotes minimiza o investimento em sistemas de informação por elas não terem de desenvolvê-los e porque o usuário tem de aceitar o sistema exatamente como foi adquirido.

A principal desvantagem do uso de pacote de sistemas é que, normalmente, ele não atende a todas as necessidades do usuário (sistema subdimensionado), o que força a organização a mudar seus procedimentos para se adequar à realidade desse tipo de sistema.

Em outros casos, o pacote de sistemas tem funções demasiadas (sistema superdimensionado), que não são utilizadas pelo usuário (subutilização), ou seja, o investimento no sistema acaba sendo elevado, principalmente porque o usuário não usa todas as ferramentas disponíveis. Por esse motivo, deve existir, na organização, um processo de elaboração de questões relativas às necessidades do usuário que devem ser solucionadas. Faz-se uma cotação das diversas opções de pacotes disponíveis no mercado e verificam-se quais características cada um deles pode resolver.

Em muitos casos é preciso criar um sistema de pontuação de necessidades para o cliente em que, a cada item satisfeito pelo pacote, ele ganha uma nota que irá destacá-lo ou não com relação aos demais.

É importante enfatizar que o uso de pacotes pode facilitar uma mudança estrutural na organização para que ela se adapte a eles, promovendo uma racionalização forçada dos processos administrativos e das políticas vigentes.

Tabela 7.3 Comparação do método de resolução de problemas com as etapas para definição e aquisição de um pacote de *software*

RESOLUÇÃO DE PROBLEMAS	USO DE PACOTES	DIVISÃO DE TAREFAS
Análise do problema	Definição do problema	Especialistas empresariais: Identificar áreas/questões problemáticas.
		Especialistas técnicos: Determinar se o problema requer mais pesquisa e se é necessário um projeto de desenvolvimento de sistemas. Determinar se uma solução por pacote deve ser pesquisada.
Compreensão do problema	Estudo do sistema	Especialistas empresariais: Fornecer documentos e restrições e fazer entrevistas. Descrever problemas/requisitos.
Tomada de decisão		Especialistas técnicos: Coletar/sintetizar informações. Analisar problemas. Fornecer restrições técnicas. Projetar alternativas de soluções, inclusive pacotes de *software*. Determinar a viabilidade.
Projeto de solução	Avaliação do pacote	Especialistas empresariais: Avaliar o pacote do ponto de vista funcional ou "empresarial".
		Especialistas técnicos: Preparar especificações do projeto lógico para avaliação do pacote. Recomendar o melhor pacote.

continua

CAPÍTULO 7 • DESENVOLVIMENTO E USO DE SISTEMAS DE INFORMAÇÃO   227

continuação

RESOLUÇÃO DE PROBLEMAS	USO DE PACOTES	DIVISÃO DE TAREFAS
Implementação	Instalação do pacote	Especialistas empresariais: Iniciar o treinamento relativo ao pacote. Adequar os requisitos dos recursos do pacote.
		Especialistas técnicos: Instalar e configurar o pacote.
	Adequação do pacote à organização	Especialistas empresariais: Fornecer especificações detalhadas para a personalização. Contribuir com planos de teste e dados. Validar os resultados dos testes. Participar da conversão.
		Especialistas técnicos: Personalizar o pacote, se possível. Finalizar os planos de testes. Supervisionar a conversão.
	Pós-implementação	Especialistas empresariais: Avaliar o desempenho funcional do pacote. Suprir novas exigências e utilizar o pacote.
		Especialistas técnicos: Corrigir os problemas. Instalar atualizações ou aperfeiçoamentos.

7.5 TERCEIRIZAÇÃO

Há alguns anos surgiu uma nova modalidade de organização cuja principal finalidade é obter lucro por meio da prestação de serviços. Essa modalidade de negócio cresceu muito nos últimos anos em decorrência de dois fatores principais. Primeiro, as empresas perceberam que é muito mais econômico contratar serviços de terceiros do que manter determinados departamentos em sua estrutura. Segundo, muitos trabalhadores resolveram entrar no modelo de autônomo, ou seja, são donos de seu próprio negócio, prestando serviços inclusive para a empresa para a qual trabalhavam, possibilitando aumento considerável de receita.

O sistema em que uma organização contrata uma empresa especializada para executar alguma atividade que seja desenvolvida, ou não, pela organização é chamado de terceirização. É importante lembrar que nem sempre a economia da terceirização fica realmente materializada, e muitos prestadores de serviços deixam muito a desejar na atividade que exercem.

Segundo o Outsourcing Institute,[1] as empresas norte-americanas terceirizam atividades pelas seguintes razões:

» aceleração de ganhos resultantes da reengenharia de processos não vinculados às atividades essenciais da empresa;
» acesso a tecnologias, metodologias e pessoal técnico capacitado com padrão mundial de qualidade;
» recuperação de capital investido por meio de transferência de ativos para o prestador de serviços;
» liberação de recursos para funções essenciais da organização, transferindo as atividades, antes desenvolvidas internamente, para a empresa terceirizada;
» transferência de processos e/ou atividades de difícil controle ou fora de controle;
» concentração de esforços nas atividades essenciais;
» disponibilização de fundos de capital para investimentos associados às atividades essenciais da organização;
» redução de custos de operação por meio da economia indireta obtida pelo rendimento do trabalho dos prestadores de serviços;
» redução de riscos ligados a investimento em tecnologia da informação pela transferência dessa responsabilidade para as empresas terceirizadas.

No campo da tecnologia da informação, as empresas de prestação de serviços podem suprir:

» o gerenciamento dos centros de informações da organização;
» a operação de alguns ou de todos os sistemas ligados à tecnologia da informação (equipamentos especiais, computadores e redes);
» desenvolvimento de suporte técnico em equipamentos e *softwares* e aplicações personalizadas para a organização;
» consultoria para resolução de problemas relativos ao correto uso e aplicação de tecnologia;

---

1   Outsourcing Institute. *Top ten outsourcing survey*. Disponível em: <http://www.outsourcing.com>. Acesso em: 31 ago. 2012.

CAPÍTULO 7 • DESENVOLVIMENTO E USO DE SISTEMAS DE INFORMAÇÃO 229

» operação dos sistemas de telecomunicações, inclusive a provedoria de internet.

Quando a empresa escolher terceirizar alguma atividade, deve selecionar aquela que requer mais conhecimento da parte de quem a execute. A empresa contratada precisa ter capacidade técnica e de aplicações suficiente para exercer a atividade a que se destina. Após um longo período e mediante o aprimoramento da área de prestação de serviços, os empreendedores visualizaram que a terceirização é uma alternativa estratégica que deve ser levada em consideração na análise de resultados.

O principal motivo que leva uma organização a terceirizar um serviço é a redução de custos, além da vantagem de negociação de preços (sem o comprometimento da qualidade) e a previsibilidade que pode ser obtida com a contratação.

A empresa deve estabelecer com a prestadora de serviços uma política para prevenir problemas de incompatibilidade de soluções entre as equipes de ambos os lados, pois as barreiras que causam o comprometimento do serviço podem resultar em transtornos no desenvolvimento do serviço.

Quadro 7.1 Barreiras internas enfrentadas pela terceirização

Medo	Receio de correr riscos e não dar certo.
Insegurança	Baixa autoconfiança; preocupação com o que os outros vão pensar.
Pessimismo	Atitude de descrença; negativismo; derrotismo; ceticismo crônico.
Comodismo	Dificuldade de mudar hábitos; falta de determinação.
Desânimo	Falta de motivação; baixo nível de aspiração.
Incompetência	Falta de habilidades humanas.
Passividade	Falta de iniciativa; dificuldade em sair da estagnação.
Isolamento	Não conseguir desprender-se da sua área; falta de competência em atuar sobre o todo.

Mesmo com todas essas características positivas com relação à terceirização, em muitos casos esse processo não é aconselhável; é o caso, por exemplo, das empresas que não controlam de maneira eficaz o desenvolvimento da prestação de serviços, podendo obter prejuízos.

A avaliação da necessidade de terceirização para uma organização deve passar por um processo de evolução, levantando alguns pontos cruciais das atividades que serão desenvolvidas pelo prestador de serviços.

A terceirização de atividades ligadas à tecnologia conta com o fato de o uso de recursos digitais, mesmo que acessórios, tornar-se cada vez mais um diferencial competitivo. O processo de terceirização deve ser estabelecido buscando-se a delimitação de fronteiras e soluções.

Como existem algumas atividades essenciais para a organização que, do ponto de vista estratégico, são verdadeiramente acessórias, a correta definição do processo de terceirização acaba sendo responsável pela tomada de decisão.

Quadro 7.2 Barreiras externas enfrentadas pela terceirização

Conservadorismo	Falta de ousadia da organização; não suscetível a riscos.
Acomodação	Cultura de estagnação no negócio; apostar na tradição.
Imediatismo	Cultura de curto prazo, "apagando incêndios".
Imobilismo	Empresa engessada; dificuldade de estabelecer novos desafios.
Burocracia	Estrutura não racionalizada, que dificulta as ações.
Pseudocomunicação	Paradigmas diferenciados na organização; objetivos diferenciados.
Fragmentação	Conceito de territórios; competição interna.
Chefia	Superiores estanques que barram novas iniciativas e matam ideias.

Inicialmente, a empresa precisa analisar sua estrutura para conseguir avaliar corretamente o grau de dependência dos processos centrais ligados à tecnologia da informação. Nessa etapa é importante ter uma visão de futuro do mercado, procurando reduzir os erros.

O passo seguinte seria a verificação dos processos dependentes de tecnologia que são essenciais para o funcionamento da empresa e que contribuem para seu diferencial competitivo. Aqui, são estabelecidos os pontos de maior responsabilidade de terceirização, pois atividades importantes da organização poderão sofrer flutuações em decorrência direta dos serviços de terceiros.

Essas atividades de maior responsabilidade na organização devem passar por um estudo considerável para se verificar a viabilidade da terceirização. O excesso

CAPÍTULO 7 • DESENVOLVIMENTO E USO DE SISTEMAS DE INFORMAÇÃO   231

de confiabilidade na empresa de prestação de serviços pode ser um fator negativo, pois pode causar certa vulnerabilidade do negócio e a interrupção do serviço. Caso a prestadora atravesse ·alguma dificuldade financeira, pode influenciar diretamente a organização, inclusive com a paralisação do serviço.

Tabela 7.4 Comparação do método de resolução de problemas com as etapas do processo de terceirização

RESOLUÇÃO DE PROBLEMAS	TERCEIRIZAÇÃO	DIVISÃO DE TAREFAS
Análise do problema	Definição do problema	Especialistas empresariais: Identificar áreas/questões problemáticas. Determinar razões empresariais para escolher a terceirização.
		Especialistas técnicos: Determinar se a terceirização deve ser utilizada como alternativa para o problema.
Compreensão do problema	Estudo do sistema	Especialistas empresariais: Descrever os problemas/requisitos. Fornecer restrições.
		Especialistas técnicos: Analisar o problema. Fornecer restrições técnicas.
Tomada de decisão	Solicitação de propostas	Especialistas empresariais: Avaliar a viabilidade da terceirização do ponto de vista da organização.
		Especialistas técnicos: Contato e recepção das propostas de prestação de serviços e avaliar a capacidade técnica.
Projeto de solução	Avaliação do prestador de serviços	Especialistas empresariais: Nenhuma atividade.
		Especialistas técnicos: Sugerir soluções alternativas. Determinar a viabilidade. Recomendar a empresa fornecedora.
		Especialistas técnicos terceirizados: Preparar especificações do projeto.

continua

continuação

RESOLUÇÃO DE PROBLEMAS	TERCEIRIZAÇÃO	DIVISÃO DE TAREFAS
Implementação	Implantação	Especialistas empresariais: Contribuir com planos de testes e dados. Validar os resultados dos testes. Participar da conversão. Utilizar e avaliar o sistema.
		Especialistas técnicos: Supervisionar a empresa contratada. Especialistas técnicos contratados: Preparar o projeto físico. Instalar a solução. Manter o sistema.

7.6 FERRAMENTAS DE ENGENHARIA DE *SOFTWARE*

O desenvolvimento de sistemas de informação empresariais pode contar com alguns instrumentos que possibilitam agilizar o processo de modelagem e codificação do sistema. São eles que utilizam as técnicas de engenharia de *software*, automatizando o desenvolvimento de sistemas e liberando tempo para dedicação dos envolvidos na modelagem das regras de negócio da organização.

Os recursos conhecidos como Case (Computer Aided Software Engineering, ou engenharia de software auxiliada por computador) representam a automação da modelagem e desenvolvimento de sistemas.

As ferramentas Case são o melhor exemplo do conjunto produtividade, qualidade, reengenharia, reutilização e repositório. Elas constituem o rompimento dos métodos tradicionais de desenvolvimento de sistemas, estabelecem a automação das antigas metodologias e incentivam a concepção de novas técnicas.

O uso dessas ferramentas pode concentrar os esforços dos profissionais ligados à tecnologia da informação e dos profissionais especialistas em negócio nas tarefas e processos que exigem criatividade e racionalização.

Como principais produtos resultantes da utilização de ferramentas Case, destacam-se:

» produção automática de gráficos e diagramas;

CAPÍTULO 7 • DESENVOLVIMENTO E USO DE SISTEMAS DE INFORMAÇÃO   233

» criação de protótipos da interface com o usuário e dos relatórios;
» geração dos códigos de programação;
» análise e verificação das especificações do projeto;
» geração da documentação do sistema.

As ferramentas Case se dividem em dois grupos principais:

» ferramentas Case que têm enfoque na análise do sistema: aquelas que ajudam na preparação das fases iniciais do processo de resolução de problemas,
produzindo diagramas estruturais, de processos empresariais e de fluxo de
trabalho, dicionário de dados, fluxogramas e outros documentos;
» ferramentas Case focadas no projeto do sistema: aquelas cujo objetivo é
desenvolver as fases finais do processo de resolução de problemas, produzindo a codificação do sistema, definindo e executando os seus testes e permitindo a sua manutenção.

O objetivo de qualquer um dos grupos mencionados anteriormente que venha a ser utilizado é permitir a construção de sistemas sem desenvolver tarefas
complexas, trabalhosas e árduas.

Uma nova fase dessas ferramentas é a possibilidade do desenvolvimento distribuído, admitindo que um grupo de desenvolvedores trabalhe com as diversas
partes do mesmo sistema ao mesmo tempo.

Nesses casos, a ferramenta também permite o gerenciamento das diversas
partes do sistema, mantendo o código mais atualizado e fazendo com que as alterações locais sejam disseminadas.

A utilização de Case para o desenvolvimento distribuído precisa contar com
algum tipo de padronização por parte dos integrantes envolvidos para não haver
divergências. Assim, educar os usuários e os técnicos que utilizam o recurso é
fundamental nessa abordagem.

Do ponto de vista organizacional, o uso de ferramentas Case deve estar vinculado à adequação de planejamentos de suas realidades e a uma política de treinamento adequado.

Na perspectiva de pessoal, deve se dar a devida atenção ao sentimento de
aversão que a ferramenta pode provocar pela suposição de que ela pode tornar o
trabalhador obsoleto ou até mesmo eliminar a sua função. O principal objetivo da

ferramenta é amplificar a capacidade criativa dos desenvolvedores para resolver problemas organizacionais.

Esse tipo de tecnologia continuará se desenvolvendo nos anos seguintes com inclusões de novas metodologias e ferramentas de inteligência artificial.

7.7 SEGURANÇA DOS SISTEMAS DE INFORMAÇÃO

Na era da informação, a importância da segurança dos dados é uma característica especial para os sistemas de informação. Muitas empresas não dão a devida importância a esse fator até o primeiro acidente que resulta em algum prejuízo considerável.

O imenso conjunto de vantagens do uso de dispositivos eletrônicos para o armazenamento de dados pode ser facilmente descartado no momento em que a organização despreza as características básicas de segurança de dados.

Os computadores, normalmente, tornam algumas vulnerabilidades da organização mais acentuadas em comparação com o processo manual. O fato de os dados estarem centralizados e na dependência de um equipamento (servidor) que pode necessitar de manutenção pode gerar sérios prejuízos para uma organização.

A segurança é necessária em todo e qualquer computador que dê acesso ou não a redes externas, como a internet. A necessidade dessa imposição de segurança se explica pelo alto fator de responsabilidade e pela dependência da organização para com a estrutura de tecnologia de informação, que é meio para o sistema de informações.

A segurança é imposta para minimizar os prejuízos da organização por paralisações não esperadas, garantir a qualidade dos dados inseridos e das informações geradas e para assegurar que esses dados não sejam roubados ou alterados sem autorização.

Para perceber a necessidade de um esquema de segurança de dados, pode-se ter como base alguns fatos reais ocorridos com empresas de todo o mundo. Um bom exemplo seria o do verão de 1994, quando o matemático Vladimir Levin, de São Petersburgo, na Rússia, penetrou no sistema do Citibank, obtendo a identidade de alguns usuários válidos e senhas de outros bancos para executar transferências ilegais de dinheiro. Antes de ser preso, ele havia conseguido transferir cerca de US$ 10 milhões para diversas contas bancárias em todo o mundo.

CAPÍTULO 7 • DESENVOLVIMENTO E USO DE SISTEMAS DE INFORMAÇÃO   235

Com o aumento do uso das telecomunicações e de redes para as atividades empresariais, seja em redes privadas, seja pela internet, a segurança se tornou o segundo maior projeto em andamento das organizações. O comércio eletrônico e todos os sistemas transacionais que permitem o seu funcionamento necessitam de uma atenção especial com segurança pelos tipos de dados e pelos negócios executados na rede.

A *web* é cada vez mais utilizada por empresas e órgãos governamentais para distribuir informações importantes e realizar transações comerciais. É fácil de usar, mas os servidores e navegadores são excessivamente complicados e apresentam potenciais falhas de segurança.

Uma política de segurança para as informações da organização normalmente está associada à preocupação de ataques externos promovidos pelos *crackers*,[2] principalmente quando a empresa tem algum ponto de conexão de sua rede com o exterior, como uma extranet.

Essa preocupação, apesar de válida, não representa o maior perigo com relação a problemas com seu patrimônio virtual. Segundo a Módulo Security Solutions S.A., "53% dos problemas com segurança da informação nas empresas brasileiras são causados por funcionários insatisfeitos". Por esse dado, percebe-se que o maior dano do patrimônio virtual da organização pode estar concentrado dentro dela, e as políticas internas de segurança e treinamento bem aplicado para os funcionários são as melhores armas para resolvê-lo.

Na mesma pesquisa da Módulo, tem-se:

Tabela 7.5 Ataques eletrônicos das empresas brasileiras

SITUAÇÃO	PORCENTAGEM
Nunca sofreu	29%
Não sabe	31%
Já sofreu	40%

---

2   Tipo de *hacker* que causa destruição e prejuízos a pessoas e empresas em troca de publicidade.

O mais impressionante nesses números é a quantidade de empresas que nem sabem se foram atacadas ou não, o que mostra que muitas vezes o ataque eletrônico passa despercebido, sendo interpretado como uma falha de *hardware* ou *software*.

Outro ponto muito importante é que em 22% dos ataques as empresas não conseguiram detectar a causa e em 85% elas não conseguem quantificar os prejuízos. Isso mostra grande descaso com relação à segurança do patrimônio virtual da organização. Segundo o desabafo de Richard Clarke, consultor de segurança virtual do governo Bush, "gasta-se mais dinheiro com café para os funcionários do que com o avanço da tecnologia da segurança da informação. Por isso o grande número de invasões nos últimos anos. E, se formos justos, as empresas merecem esses ataques".

Segundo o relatório Webshoppers em sua 25ª edição, as compras *on-line* foram responsáveis pela movimentação de R$ 18,7 bilhões no Brasil em 2011, o que representa um crescimento de 26% com relação ao ano anterior. É importante levar em consideração que em 2010 o crescimento foi acima do normal, incrementando 40% quando comparado com 2009.

Os números mencionados deixam claro que a preocupação com a segurança da informação e com a privacidade dos e-consumidores tem de ser uma preocupação muito forte para as empresas, se elas desejarem manter esse patamar de crescimento.

O avanço da tecnologia da informação em conjunto com as telecomunicações e com a migração dos antigos CPDs para os centros de informações que necessitam vincular redes internas e externas denota a necessidade de as empresas se preocuparem com a segurança das informações protegendo-se interna e externamente.

A segurança de dados da organização passou a ser um assunto estratégico, pois pode interferir no processo de fazer negócios e no valor de seu produto ou serviço.

Entre as principais ameaças para os sistemas de informação, destacam-se:

CAPÍTULO 7 • DESENVOLVIMENTO E USO DE SISTEMAS DE INFORMAÇÃO

Quadro 7.3 Ameaças relacionadas ao uso de sistemas de informação

AMEAÇA	EFEITO
Incêndio	Os computadores, arquivos e registros manuais podem ser destruídos.
Falha elétrica	Todo o processamento é suspenso, o equipamento pode ser danificado e podem ocorrer acidentes de dados ou interrupções dos serviços de teleco-municação.
Mau funcionamento do *hardware*	Os dados são processados sem precisão ou de modo incompleto.
Erros de *software*	Os programas dos computadores processam os dados sem precisão, de modo incompleto ou sem atender às necessidades do usuário.
Erros dos usuários	Os erros gerados pelos usuários durante transmissão, entrada, validação, processamento da informação, destruição acidental ou não podem prejudi-car o processamento ou gerar informações que não representam a realidade ou não são confiáveis.
Crime por computador	O uso ilegal de *hardwares*, *softwares* ou dados resulta no roubo de dinheiro ou na destruição de dados ou serviços valiosos.
Mau uso do computador	Os sistemas de computador são usados com propósitos antiéticos.

Para a organização, é mais caro resolver um problema de segurança do que se prevenir dele. Essas características e as previsões do volume de negócios definem a necessidade de a organização criar um planejamento de segurança para seus sistemas.

As ferramentas de segurança em uma organização permitem o gerenciamento dos riscos com informações e, consequentemente, a obtenção de melhores benefícios.

Literalmente, pode-se definir *risco* como o produto dos *ataques* pelas *vulnerabilidades* existentes nos sistemas de informação da organização. Entendam-se como *vulnerabilidades* as fraquezas dos componentes da tecnologia da informação e as portas de entrada na política de segurança da organização, com destaque para:

» erros de *software* (*bugs*);
» falta de pacotes de correção (*patches*);
» erros de configuração;
» má utilização do *software* e/ou *hardware*;
» erros humanos;

238   SISTEMAS DE INFORMAÇÃO

» subutilização de serviços;

» políticas não aplicadas.

Os pontos de vulnerabilidade de uma organização são percebidos nas diversas estruturas ligadas à tecnologia da informação, como a infraestrutura de tecnologia, as redes de comunicação, os sistemas operacionais dos equipamentos, os bancos de dados e as aplicações (ERP, CRM, comércio eletrônico, servidores de correio e internet etc.).

Um fator que requer extrema atenção no que diz respeito à segurança é chamado "buraco na política de segurança", que define que, na prática, a segurança projetada de um sistema de informações é muito diferente da segurança real existente, o que cria um vale de pontos vulneráveis.

Isso é explicado com a teoria do alicerce dos dados da organização, que revela a existência de três bases para o tráfego de dados.

A primeira base é a segurança, que, quando demasiadamente imposta, gera processos burocráticos exagerados para o funcionamento da organização. A segunda é a produtividade, a qual é necessária para a organização conseguir cumprir seus negócios, e é controversa ao comportamento burocrático recheado de procedimentos formais imposto pela segurança. Até agora se percebe que a segurança e a produtividade são elementos concorrentes para determinar a necessidade real de segurança nos sistemas de informação. O aumento de segurança impõe redução de produtividade, e um aumento de produtividade implica a redução de segurança do sistema, deixando os dados disponíveis.

A última base para o alicerce de dados é a conscientização do usuário, que permite a implantação de um sistema de segurança compatível com as necessidades produtivas de cada subsistema e o balanceamento do fluxo de dados de maneira segura e eficaz.

As ameaças são sempre exercidas por qualquer pessoa que tenha acesso não autorizado aos dados da organização. Esses indivíduos serão conhecidos aqui como invasores.

7.7.1 Pontos de segurança

Em um primeiro momento, a organização deve procurar o principal ponto de ataque em sua estrutura, o que é facilmente percebido quando se observa onde estão centralizados os dados operacionais e estratégicos da organização.

CAPÍTULO 7 • DESENVOLVIMENTO E USO DE SISTEMAS DE INFORMAÇÃO   239

Sendo assim, principalmente os servidores devem ser observados na fixação de um plano de segurança. Muitas receitas milagrosas podem ser estabelecidas para proteger o servidor, mas algumas dicas básicas, nem sempre cumpridas, podem fortalecer a guarda sobre o centro de informações.

O básico de segurança enuncia que o servidor não deve ser usado para tarefas diárias, por exemplo para a digitação de textos ou uso de jogos. Deve existir um controle dos usuários que podem acessá-lo diretamente e dificultar seu acesso físico, utilizando, por exemplo, uma porta trancada.

É importante que o servidor seja de serviço único, ou seja, um servidor de banco de dados, por exemplo, executará apenas essa função e não autenticará usuários. Essa última característica, na maioria das vezes, não é obedecida, o que força a criação de gargalos no trabalho do servidor.

Para tornar o trânsito de dados seguro é importante seguir três orientações principais:

» proteger fisicamente a rede, com o intuito de barrar pontos de escuta ou grampeamento do sistema de transmissão;
» para cada tipo de acesso, omitir as informações não pertinentes a ele, filtrando o que será apresentado em cada acesso;
» criptografar as informações para que os dados não possam ser decodificados por alguém que não possua a chave apropriada.

Quando os tópicos mencionados anteriormente são mais bem estudados, fica claro que os dois primeiros itens são impossíveis de ser implementados perante a variabilidade de situações existentes para cada caso. Assim, a única ferramenta realmente eficaz para dificultar o "furto de dados e informações" é a criptografia.

7.7.2 Tipos de invasor

Os tipos de invasor que impõem a necessidade de segurança no sistema de informações podem ser internos e externos e são classificados como:

» *hackers* (internos e externos): podem ser profissionais com o objetivo de espionagem empresarial, furtando informações ou ativos, ou podem ser amadores tentando a invasão como forma de diversão ou *hobby*;

240 SISTEMAS DE INFORMAÇÃO

» funcionários descontentes: desejam se vingar da organização causando algum tipo de dano nos dados ou informações de responsabilidade;

» usuários mal treinados: danificam dados em operações equivocadas;

» vírus de computador: entram no sistema por intermédio de disquetes ou mensagens eletrônicas e causam algum tipo de prejuízo digital que resulta em prejuízo real.

Os *hackers* são os indivíduos mais perigosos de todos, pois possuem conhecimento suficiente nas áreas de programação, *hardware* e telecomunicações para causar sérios prejuízos à organização.

Eles são divididos em grupos que definem o grau de conhecimento em telemática:

» *hacker* (*White hat*): invadem em benefício próprio, mais por *hobby* do que por desejo de causar algum prejuízo, estão se tornando consultores de segurança, profissionalizando a área de segurança da informação;

» usuários *hacker* (*Lammers*): fazem o *download* de ferramentas prontas de muita potencialidade e as usam para fazer invasões sem saber como realmente funcionam;

» *cracker* (*Black hat*): *hackers* com o desejo destrutivo de verem a publicidade do mal que causaram;

» *phreakers: hackers* de telefonia (convencionais ou celulares);

» *carders*: aqueles que fazem compras com cartões de crédito alheios ou falsos.

Os *hackers* podem atacar núcleos de aplicações, bancos de dados, sistemas operacionais e redes, utilizando artifícios diretos ou cavalos de troia (*Trojan horses* ou "vampirismo virtual").

As ameaças por ataque crescem devido à sedução dos jovens pelo espírito de aventura e à disponibilização de ferramentas de fácil manipulação prontas para o ataque.

No Brasil, o órgão regulamentador de internet criou um centro para documentar e orientar pessoas e empresas sobre incidentes e *e-mails* indesejados (*spams*) ele é conhecido como Cert.br (Centro de Estudos, Resposta e Tratamento de Incidentes no Brasil). Segundo o Cert.br, existe um número crescente de incidentes ligados à internet e a seus serviços no Brasil, conforme mostra a Tabela 7.6.

CAPÍTULO 7 • DESENVOLVIMENTO E USO DE SISTEMAS DE INFORMAÇÃO   241

Tabela 7.6 Evolução de incidentes reportados

ANO	INCIDENTES (REPORTADOS)	CRESCIMENTO (EM %) (COM RELAÇÃO AO ANO ANTERIOR)
1999	3.107	-
2000	5.997	193,02
2001	12.301	205,12
2002	25.092	203,98
2003	54.607	217,63
2004	75.722	138,67
2005	68.000	89,80
2006	197.982	291,15
2007	160.080	80,86
2008	222.528	139,01
2009	358.343	161,03
2010	142.844	39,86
2011	399.515	279,69
2012	87.210	21,83

Fonte: Cert.br

Os ataques internos são reais e preocupantes, apesar de muitas organizações pensarem o contrário, como mostra a Tabela 7.7.

Tabela 7.7 Pesquisa sobre decorrência de problemas com TI baseada em entrevistas com 1.600 profissionais de tecnologia seniores

MAIORES CAUSAS DE PROBLEMAS DIGITAIS NA ORGANIZAÇÃO (MÚLTIPLAS ALTERNATIVAS FORAM ACEITAS)	(EM %)
Funcionários autorizados	58
Funcionários não autorizados	24
Ex-funcionários	13
Hackers e terroristas cibernéticos	13
Concorrentes	3

Fonte: CERT.br

Funcionários descontentes e sem ética podem roubar informações da organização onde trabalham para proveito próprio ou para uma "aposentadoria". Ex-funcionários podem tirar proveito de conhecer a estrutura interna de funcionamento da empresa para desenvolver ataques ou vender informações para outras organizações. Podem até promover ataques simplesmente pelo gosto da vingança por terem sido demitidos ou por alguma desavença com um superior.

Os vírus de computador são programas "inteligentes" com autonomia para se autocopiar para dispositivos de intercâmbio de dados, como discos flexíveis, discos rígidos, *pen drives* e discos ópticos (CD/DVD). O objetivo inicial dos programas de vírus é causar algum prejuízo para usuários e organizações, ou até mesmo como forma de prevenção de pirataria de *software*.

A melhor forma de prevenção contra ataques provocados por vírus é a utilização de um bom programa antivírus e sua constante atualização (preferencialmente a cada sete dias). Outro ponto importante de prevenção é ter cuidado com *downloads* de programas e mensagens eletrônicas desconhecidas, principalmente aqueles com arquivos vinculados.

7.7.3 Métodos de imposição de segurança

Existem diversos métodos para imposição de segurança na estrutura de tecnologia da informação de uma organização. Entre os métodos tradicionais podemos destacar:

» controle de acesso: método que utiliza dispositivos de *hardwares* (equipamentos) ou *softwares* (programas) que permitem definir o que pode ou não passar para o perímetro interno do sistema de comunicação da organização. Esses dispositivos são conhecidos como roteadores (delimitam a rota para onde as solicitações podem ir) e *firewalls* (barreiras de proteção, responsáveis pelo controle do que pode ou não passar para a parte interna da organização);

» autenticação de usuário: esse método estabelece a obrigatoriedade de identificação do usuário, que é comparado com um registro no banco de dados para permitir ou não a utilização de um computador e até da estrutura de funcionamento da organização. Nesse caso, há que se ressaltar a importância da utilização de senhas mais bem elaboradas e que tenham sistema de atualização automática, ou seja, que sejam alteradas de tempos em tempos;

CAPÍTULO 7 • DESENVOLVIMENTO E USO DE SISTEMAS DE INFORMAÇÃO   243

» criptografia: método que utiliza uma série de ferramentas matemáticas para proteger informações por meio de codificação, de modo que o destino possa interpretar a informação sem perigo de vazamento. É o processo pelo qual uma mensagem (texto limpo) é transformada em uma segunda mensagem (texto cifrado), usando uma função complexa (algoritmo de criptografia) e uma chave especial.

Os dois primeiros métodos podem funcionar muito bem dentro da organização pela possibilidade de haver um controle mais apurado sobre a origem dos dados e o que pode ser acessado por ela.

Quanto ao último método, a criptografia, sua aplicação começou a ser muito mais frequente com o uso de certificados digitais para uma série de transações empresariais e até pessoais.

O uso da criptografia pode ser interessante na empresa em duas formas principais:

» algoritmo de *hash*: esse tipo é aplicado quando um dado ou conjunto de dados não pode sofrer adulteração. A principal característica do método é que ele aplica um algoritmo de criptografia para gerar um conjunto de caracteres de um conjunto de dados sendo armazenado nesse formato sem um mecanismo de recuperação. Isso quer dizer que um dado em forma de *hash* não pode ser recuperado. Para verificar a autenticidade do conjunto de dados, aplica-se novamente o *hash* no conjunto de dados e compara-se com o *hash* armazenado. São exemplos: armazenamento de senhas em base de dados, assinatura eletrônica de documentos etc.;

» algoritmo de criptografia: empregado em situações que o conjunto de dados deve estar protegido quando se encontra em trânsito. Ele pode utilizar uma chave simétrica ou assimétrica para cifrar o conjunto de dados onde, apenas no destino, será possível aplicar uma chave para decifrar o conteúdo e voltar ao texto limpo. São exemplos: armazenamento de cartão de crédito em bases de dados, transmissões de transações *on-line*, mensagens privativas sigilosas etc.

Os algoritmos básicos de criptografia são:

» chave simétrica: a mesma chave utilizada para criptografar é usada para decifrar a mensagem (exemplo: DES, DESX, 3DES, RC2, RC4, RC5, Idea);

» chave assimétrica: também conhecida como chave pública, usa-se uma chave para criptografar e outra para decifrar a mensagem (exemplo: RSA, DSS, ElGamal);

» chave híbrida: nesse caso, uma chave pública, mais lenta, é utilizada para trocar uma chave privada momentânea, chamada de chave de sessão, que vai codificar a mensagem apenas uma vez.

A criptografia é um método tão interessante no que diz respeito à segurança que, utilizando um algoritmo simples DES de 56 bits, ao se escolher uma chave seria necessário testar 72.057.594.037.900.000 chaves possíveis, o que, nos computadores pessoais modernos, demoraria cerca de 834 dias para quebrá-la sem usar força bruta.

O algoritmo de criptografia mais utilizado é o DES (Data Encryption Standard), de 56 bits, que está em vigor desde 1977. Em 1993, esse algoritmo recebeu a sua última certificação, a partir desse ano o órgão certificador passou a indicar o uso de um novo padrão de criptografia baseado no algoritmo belga, que substitui o antigo DES, conhecido com 3DES (Triple DES – DES Triplo). O 3DES trabalha com 112 ou 168 bits e é considerado muito lento para algumas aplicações.

Em 2003, um novo padrão de criptografia foi estabelecido para proteger os dados do governo federal americano, conhecido como AES (Advanced Encryption Standard), congrega a melhor combinação entre segurança, desempenho, facilidade de implementação e flexibilidade trabalhando com um bloco fixo de 128 bits e chaves com tamanhos de 128, 192 ou 256 bits.

O algoritmo de criptografia RC2, projetado por Ron Rivest da RSA Data Security Inc., é muito utilizado para cifrar *e-mails* corporativos com chaves de tamanho variável (8 a 1.024 bits).

Existem ainda ferramentas especiais para imposição de segurança, principalmente quando a internet é a base para o tráfego de informações comerciais e de comércio eletrônico.

A primeira dessas ferramentas é o certificado digital, que estabelece que a chave pública em determinado documento realmente corresponde à entidade para a qual foi emitida, dando o aval da operação realizada. Esse tipo de ferramenta é muito utilizada em transações entre empresas e o governo na entrega de informações fiscais e na nota fiscal eletrônica (NFe).

Figura 7.1 Exemplo de certificado digital da Receita Federal do Brasil

Também existe a opção de uso de cartões inteligentes, semelhantes aos cartões de crédito, que têm um ou mais microchips embutidos capazes de armazenar e executar o processamento de dados e que podem também conter as informações do usuário e seus privilégios de acesso ao sistema da organização. Esses cartões são chamados *smart cards* e suas características são definidas pela norma ISO/IEC 7816. Eles podem ser:

» com contato: mais simples e baratos são usados como cartões de memória ou microprocessados;
» sem contato (*contactless*): permite a interação segura sem o contato físico com o dispositivo de leitura, pode ser usado para armazenamento seguro de dados e possui capacidade aritmética;
» Combi: é um cartão híbrido combinando características dos primeiros tipos, possui único processador e uma tarja magnética para leitura de dados.

A vantagem do uso desse cartão para o controle de acesso é a possibilidade de programação e alteração de dados, o que permite aos administradores de segurança reprogramar as informações contidas no microchip e monitorar o acesso de funcionários a determinadas áreas e dados da organização.

A aplicação de *smart cards* no Brasil teve aumento considerável nos últimos anos com a adoção de certificados digitais para a realização de operações com as Receitas Estadual e Federal. Apesar dos certificados digitais poderem ser utilizados em forma de arquivo (instalado no computador) ou por meio de *token* (*pen drive* com o certificado digital), o uso de certificados como *smart card* é considerado o mais seguro e flexível.

O uso do eCNPJ e o eCPF são os principais exemplos de integração dos *smart cards* com o certificado digital para dar autenticidade e segurança em transações fiscais, documentos e contratos usando meios eletrônicos.

De acordo com a Eurosmart,[3] algo em torno de 6,1 bilhões de *smart cards* foram comercializados no mundo em 2011, e existe a previsão de crescimento de 13% até o final do ano de 2012, sendo que já se encontra na marca de 6,9 bilhões de unidades. Seu uso foi muito difundido para diversas áreas, onde se destacam os cuidados com a saúde, as aplicações financeiras, o trânsito, as telecomunicações e a identificação segura.

Como variante, existem os *token cards*, que podem ser cartões, chaveiros discretos ou até *pen drives* com display que têm um *chip* embutido utilizado para gerar a senha momentânea de utilização dos recursos da rede e dos dados da organização.

Quando tenta acessar determinado recurso ou dado, o usuário é barrado por um sistema de identificação por senha, ela é atualizada em intervalos regulares que podem ser de um a cinco minutos, dependendo da aplicação e da imposição de segurança definida. O sistema de geração dessa senha é o mesmo existente nos cartões, então basta pressionar um botão que a senha a ser utilizada aparecerá no *display*.

Estabelecendo um aspecto um pouco mais "pseudofuturista", pois o sistema já é aplicado de diversas formas no mercado atual, apresenta-se o controle de acesso biométrico, que é o método de identificação mais sofisticado utilizado atualmente.

A biometria é utilizada para a identificação de pessoas por meio de suas características físicas, o que inclui impressão digital, leitura da palma da mão, padrões de voz, mostras de assinaturas, digitalização de retinas etc. Como o controle biométrico não pode ser compartilhado, perdido, roubado ou esquecido, é considerado altamente eficaz.

---

3   Associação internacional que representa a indústria de segurança inteligente (Smart Security Industry). Disponível em: <http://www.eurosmart.com/index.php/publications.html>. Acesso em: 28 set. 2012.

CAPÍTULO 7 • DESENVOLVIMENTO E USO DE SISTEMAS DE INFORMAÇÃO   247

Figura 7.2 Aplicação de *login* do Sistema Operacional

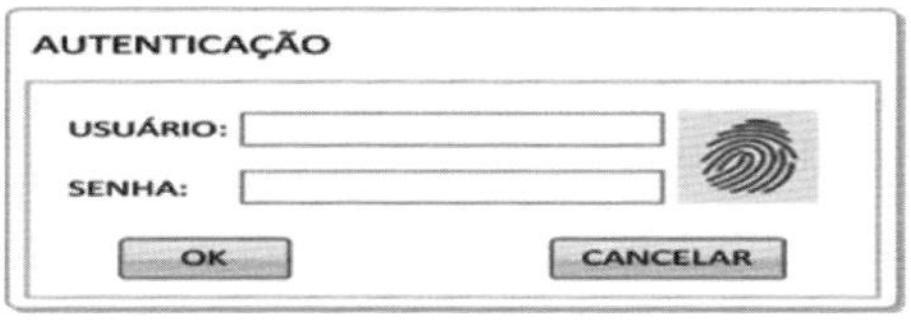

7.8 "CUSTO" E "INVESTIMENTO" EM TECNOLOGIA

Os últimos 20 anos foram marcados pelas inovações da era da informação e, com ela, os conceitos de reengenharia e *downsizing*[4] ajudaram as empresas a reduzir custos e a aumentar a produtividade para se ajustarem ao nosso perfil do mercado globalizado.

O uso da tecnologia da informação como aliada definiu a base para a concretização dos controles e das modificações estruturais da organização. A telemática não é mais considerada como um acessório administrativo, e sim uma peça fundamental para a competitividade feroz do mercado atual, inclusive revolucionando e evoluindo as formas de se fazer negócios.

A mentalidade de que os computadores são boas ferramentas para manter os custos num nível reduzido e a produtividade num nível alto é equivocada, pois em alguns casos eles podem se tornar um pesadelo em decorrência dos custos de *upgrade* (atualização de componentes) e manutenção.

A empresa inicia um movimento de "corte de custos" inconsequente, que resulta em uma estrutura totalmente dependente dos sistemas de informação. A parte mais fraca da estrutura, os funcionários, começa a sentir os transtornos causados pelo uso equivocado da tecnologia.

A demissão de funcionários de diversas funções pode acarretar a falta de mão de obra especializada na função e a perda de informações cruciais para a organização, causando um "maremoto" nos processos organizacionais.

Quando as empresas perceberam que a tecnologia da informação é uma aliada para o aumento de produtividade e não um substituto dos funcionários, outras formas de controle e medição de custos foram necessárias para administrar

---

4   *Downsizing* é o redimensionamento de uma empresa, o enxugamento do quadro de funcionários.

a estrutura organizacional. A necessidade de medição da relação custo/benefício dos sistemas de informação integrados possibilitou a criação de parâmetros para a visualização dos ciclos de vida dos custos e da produtividade.

Especialistas dizem que a melhor maneira de controlar ambos os lados (custos e produtividade) e, consequentemente, medir a relação custo/benefício, é utilizar parâmetros como TCO (Total Costs Ownership, ou Custo Total de Propriedade) e TVO (Total Value Ownership, ou Valor Total de Propriedade).

Para entender melhor os conceitos de TCO e TVO, vamos imaginar que:

> Uma empresa tem uma série de equipamentos para manter seu sistema de informações em funcionamento. Em uma reunião, define-se que a estrutura está tão boa que não existe mais a necessidade de manter um funcionário especializado em infraestrutura no quadro de funcionários.
>
> Após demitir esse funcionário, um problema no servidor acarreta a interrupção de todo o sistema por um período de 12 horas, causando problemas de atraso em todos os departamentos e, inclusive, parando o faturamento da organização.

Com base nesse cenário pode-se perceber que o custo gerado pela manutenção daquele funcionário seja, talvez, imperceptível quando comparado com o prejuízo causado por 12 horas de interrupção das atividades administrativas.

> Assim, entende-se TCO como o custo existente de determinado componente para manter a estrutura organizacional em funcionamento, e TVO como o valor de prejuízo caso aquele componente seja inexistente ou cesse seu funcionamento.

O conceito de TCO envolve o custo total de propriedade de tecnologias da informação ao longo de sua vida útil, desde sua aquisição até a sua degradação e sucateamento. Ele foi desenvolvido pela consultoria do Gartner Group em 1987 inicialmente para microcomputadores, mas depois estendido para os demais custos por ter e usar computadores e redes.

Perguntas como as apresentadas a seguir definem o que realmente é o custo (TCO) e qual é seu valor para a organização (TVO) caso não exista ou deixe de funcionar.

CAPÍTULO 7 • DESENVOLVIMENTO E USO DE SISTEMAS DE INFORMAÇÃO   249

» (TCO) – Quanto custa realmente ter e manter um computador?
» (TVO) – Qual seria o prejuízo se ele falhasse ou deixasse de funcionar?

Para se ter uma ideia da importância desse parâmetro podemos tomar como lições os seguintes casos reais:

» em junho de 1999, o eBay, *site* de venda e leilão de produtos, teve uma indisponibilidade que deixou seu *site* fora do ar por 22 horas como consequência de falhas de sistema. Nessa situação, estimou-se um prejuízo entre US$ 3 e 5 milhões e declínio de 26% no valor de suas ações na bolsa de valores;
» em setembro de 1999, a Hershey's, indústria do ramo de alimentos, teve uma falha em seu sistema como consequência da implantação de uma nova versão. Esse fato resultou e um grande atraso no despacho dos pedidos com o impacto direto de uma redução de 12% nas vendas do trimestre quando comparado com o mesmo período do ano anterior.

Atualmente existem diversas metodologias de cálculo do TCO, mas é importante sempre tentar utilizar a metodologia mais completa, pois visões simplistas podem acarretar uma decisão errada na aquisição ou troca de ferramentas tecnológicas.

Em linhas gerais, diante de vários estudos, alguns números resumidos podem ser definidos, como no estudo de Magalhães e Pinheiro (2007):

Tabela 7.8 Custo por hora de interrupção dos serviços de TI

RAMO	TIPO DE SERVIÇO	CUSTO MÉDIO POR HORA DE INTERRUPÇÃO (EM US$)
Financeiro	Operação de corretagem	7.840.000
Financeiro	Vendas por cartão de crédito	3.160.000
Varejo	Vendas por catálogo	109.000
Transportes	Reservas aéreas	108.000
Entretenimento	Venda de ingressos por telefone	83.000

O modelo tradicional de cálculo de TCO agrupa os custos da seguinte forma:
Custos diretos – orçados

» *Hardware* e *software* (aquisições e *leasing*): 18%.

» Gerenciamento (redes, sistemas e armazenamento): 16%.

» Suporte (*help desk*, treinamento, deslocamento): 11%.

» Comunicação (infraestrutura e taxas): 6%.

» Desenvolvimento (aplicações e conteúdo): 3%.

Custos indiretos – não orçados

» Custo de usuário final (suporte casual e autoaprendizagem): 35%.

» Tempo de espera (perda de produtividade devido a paradas): 11%.

Os custos apresentados podem variar de acordo com o tipo de tecnologia utilizada e com as interdependências existentes com outras atividades e/ou tecnologia.

A redução de TCO envolve a resolução dos desequilíbrios existentes no modelo de relacionamento cíclico, que visa minimizar as divergências entre as três perspectivas intimamente ligadas a sistemas de informação, que são: organização, pessoas e tecnologia. Segundo essa metodologia, pode-se reduzir o TCO em até 50%.

A seguir podemos destacar algumas metodologias.

Perspectiva tecnológica:

» gerenciamento automático e remoto;

» inventário de *hardware* e *software*;

» distribuição automática de *software*;

» gerenciamento de sistemas e redes;

» detecção e reparo contra ação de vírus;

» gerenciamento do estado de servidores;

» abertura, acompanhamento e fechamento de problemas;

» controle remoto de clientes;

» utilização de *hardware* gerenciável;

» negócios tolerantes a falhas;

» realização automática de *backup* e recuperação de dados;

» segurança física.

CAPÍTULO 7 • DESENVOLVIMENTO E USO DE SISTEMAS DE INFORMAÇÃO   251

Perspectiva organizacional:

» gerenciamento de ambientes usuários;
» segurança e proteção de dados;
» controle e gerenciamento de mudanças;
» padronização de intercâmbio de dados com fornecedores, plataformas, aplicações;
» gerenciamento das práticas do TCO.

Perspectiva pessoal:

» treinamento de usuários;
» treinamento dos administradores;
» criação de um grupo de administração motivado e estável;
» criação de ambientes de colaboração.

Deve-se tomar cuidado para não confundir redução de custos com redução de qualidade, pois, muitas vezes, as organizações acabam comprometendo determinadas atividades pela redução de custos em perspectivas erradas ou atividades de menor peso. Assim, é necessário bom senso para trabalhar na redução de TCO.

Existem ainda outros métodos que permitem controlar melhor a redução de custos em determinadas atividades, como o modelo de cálculo do custo/benefício conhecido como CBFR (custos, benefícios, flexibilidade e riscos).

Esse modelo analisa quatro elementos interdependentes que permitem a maximização do gerenciamento de recursos de tecnologia da informação e é desenvolvido calculando:

» custos: nessa categoria são calculadas todas as variáveis de capital, como aquisição de *hardware*, *software* e *upgrades*, manutenção e suporte, funcionários ligados a tecnologia e serviços de implementação, manutenção e suporte (*help desk* e *service desk*) aos usuários. Os custos de operação da tecnologia são contabilizados como benefícios, já que ajudam na melhoria da produtividade;
» benefícios: aqui se calculam os aumentos de produtividade do usuário, medidos como a capacidade da geração de receita e novos negócios; aumento da participação de mercado e satisfação do atendimento ao cliente e ao usuário final;

» flexibilidade: nesse ponto leva-se em consideração o planejamento estratégico da organização (objetivos e metas) e quais tecnologias podem estimular a obtenção desses objetivos e seus custos;

» riscos: nesse ponto deve-se medir os riscos existentes pela escolha de determinado equipamento, suas flutuações e limitações. Outro ponto importante a ser quantificado é a capacidade de a organização absorver a tecnologia em questão, adaptar-se a ela e lidar com os impactos causados.

O fortalecimento dos conceitos de gestão junto com a definição de normas e documentos de boas práticas tem possibilitado aos gestores de TI melhorar não apenas seus projetos de TI, mas também seus argumentos quando apresentam seus projetos aos gestores da empresa.

Segundo Gartner Group, os alvos principais da redução do TCO estão concentrados na gestão e no suporte técnico. Ele também considera que os gestores de TI terão de modificar seus paradigmas com a intenção de se adaptarem às novas exigências, criando um novo modelo de funcionalidade no ambiente.

Outro fator muito utilizado para medir custos e investimentos na organização é o fator ROI (Return on Investment, ou retorno sobre o investimento), método utilizado tradicionalmente para justificar o investimento em tecnologia da informação.

De maneira simples, pode-se definir ROI como a taxa de juros efetiva que uma organização recebe de um investimento, geralmente calculada sobre um período de três anos.

| ROI = | Valor atual dos benefícios |
| | Valor atual dos custos |

Ele é considerado um ponto de referência de extrema importância para a verificação dos planejamentos da organização e sua relação com o plano diretor de tecnologia da informação.

CAPÍTULO 7 • DESENVOLVIMENTO E USO DE SISTEMAS DE INFORMAÇÃO 253

 TERMOS E CONCEITOS IMPORTANTES
- Biometria
- Criptografia
- Ferramentas Case
- *Firewalls*
- Prototipagem
- Retorno sobre o investimento (ROI)
- Roteador
- *Smart cards*
- TCO
- Terceirização
- TVO
- *Hackers*
- *Crackers*
- *Phreakers*
- *Carders*
- *Hash*
- Certificado Digital
- eCNPJ
- eCPF

 QUESTÕES PARA DISCUSSÃO
1. Quais são os tipos de problemas existentes em uma organização?
2. De forma resumida, quais são as características da abordagem de ciclo de vida para o desenvolvimento de sistemas?
3. Como pode ser caracterizado o desenvolvimento de sistemas por prototipagem?
4. Quais características devem ser levadas em consideração no uso de pacotes?
5. Mencione e explique duas razões da terceirização definidas pelas empresas.
6. Quais são os tipos de atividades que podem ser supridas pelas empresas terceirizadas?
7. Explique duas barreiras externas enfrentadas pela terceirização.
8. O que são ferramentas Case?
9. Quais podem ser os produtos do uso de uma ferramenta Case?
10. Quais são os tipos de ferramenta Case existentes?
11. Por que é necessário ter segurança nos sistemas empresariais?

12. Cite e explique três ameaças e seus efeitos nos sistemas de informação.
13. Como pode ser definido o risco em sistemas de informação?
14. Quais são os tipos de invasores?
15. O que é criptografia?
16. O que são *smart cards*?
17. Descreva com suas palavras o que são TCO e TVO.

 ESTUDO DE CASO

A implantação real de sistemas na organização

As diversas abordagens de implantação de sistemas são realmente processos que podem facilitar a concepção de sistemas ou de atualização deles, mas é importante destacar que o processo deve levar em consideração outros fatores existentes na organização, tais como:

» políticas e processos em curso;
» pessoas envolvidas com as atividades a serem automatizadas com o sistema;
» envolvimento da alta direção;
» sistemas já existentes, mesmo que independentes uns dos outros;
» tecnologias existentes e/ou envolvidas.

O primeiro ponto diz respeito à observação e à verificação dos processos existentes que serão diretamente automatizados no desenvolvimento e implantação dos sistemas e, inclusive, dos processos que não sofrem ação direta do novo sistema. Todas as abordagens de desenvolvimento de sistemas revelam que o sistema é que deve representar o processo de negócios da organização e não ao contrário, pois tal abordagem, inevitavelmente, resulta em falência do novo sistema e seu consequente abandono.

Se há a necessidade de modificar um procedimento na organização isso deve ser definido e implantado antes do novo sistema, caso contrário, uma barreira inicial já estará imposta para prejudicar o novo sistema. O sistema deve compor algumas alterações, mas mudanças drásticas em algum processo exigem prévio entendimento de

CAPÍTULO 7 • DESENVOLVIMENTO E USO DE SISTEMAS DE INFORMAÇÃO   255

quem está envolvido para não dar a impressão de que o "novo programa de computador vai mudar a forma de trabalho de algum funcionário".

A segunda característica marcante na implantação de sistemas abrange conceitos de psicologia para conseguir administrar as pessoas envolvidas no processo, porque elas detêm o principal conhecimento da atividade que exercem na organização, e o sistema é criado para aumentar a sua produtividade e não para concorrer com ela.

Essas pessoas devem participar ativamente do processo de elaboração de críticas, pois são os principais alimentadores do sistema, e a queda da produtividade de seu trabalho representa mudanças no negócio da organização. As tarefas repetitivas devem ser eliminadas na medida do possível. Caso exista a necessidade de muitas tarefas repetitivas, o problema não está no sistema e sim no processo que ele representa. Nesse caso, uma reunião para racionalização desse processo se torna necessária.

Outro fator importante é o envolvimento dos proprietários ou diretores e gerentes da organização no processo de projeto global do sistema para ter a força de implantação de novas políticas e processos que visam facilitar o desenvolvimento do negócio da organização. O não envolvimento dificulta extremamente a implantação do sistema, o que, na prática, independente do porte da empresa, representa 80% dos insucessos de implantação de sistemas.

Para se ter ideia da responsabilidade da implantação de um sistema na organização, é só imaginar o que representará para a empresa a retirada completa do sistema existente, não permitindo o desenvolvimento das tarefas diárias da empresa.

As várias abordagens existentes para implantação de sistemas podem ser específicas para cada tipo de negócio e, principalmente, pela existência ou não de um sistema em funcionamento. É importante lembrar que o fato de haver um sistema em funcionamento possui até uma conotação sentimental por parte dos usuários, ou seja, as pessoas possuem uma resistência inicial de se divorciar do sistema antigo promovendo comparações críticas constantes com o novo sistema promovendo tempestades absurdas na falta de um item, mesmo que desnecessário.

Não menos importante na implantação de sistemas é a ocorrência de vícios e procedimentos mal formulados que não podem ser transferidos para o novo sistema, pois isso representaria uma nova abordagem para o mesmo problema. Nesse momento, os gerentes e funcionários devem colocar realmente o melhor para o desenvolvimento da atividade. Deve-se estabelecer o que realmente é necessário em uma reunião para definição do projeto global do subsistema de cada departamento da organização.

A tecnologia envolvida é outro ponto que pode produzir um gargalo para o desenvolvimento e implantação de sistemas. Isso ocorre porque ela é o elo entre os usuários e o sistema; sendo assim, tecnologias ultrapassadas podem impedir a correta racionalização de processos e a implantação de novas políticas.

Novas aplicações tecnológicas facilitam a aquisição de dados das tarefas diárias da organização e reduzem o retrabalho. Grandes exemplos disso são os relógios de ponto digitais, os canhões e leitores de código de barras, coletores de dados e componentes de automação da força de vendas que descarregam no sistema automaticamente os dados e melhoram a atualização momentânea dos mesmos.

Muitas vezes, na implantação de novos sistemas que serão mais complexos e com ambientes melhorados, é necessário realizar um *upgrade* no servidor da organização, nas máquinas-clientes ou até mesmo no sistema de cabeamento estruturado da rede da empresa. Os investimentos nessa estrutura não devem ser simplesmente atribuídos ao novo sistema, pois ele representará uma melhoria no fluxo global de informações na organização, inclusive com outras atividades como impressão de documentos e compartilhamento de documentos específicos e conhecimento.

Um sistema para o controle dos processos de negócio de uma empresa é um elemento muito complexo e precisa de um bom projeto porque seu funcionamento afetará diretamente o negócio da empresa e, enquanto a empresa existir e mantiver, ele deve estar em pleno funcionamento. A dependência da organização ao sistema se torna cada vez mais forte, mas é imperceptível até o momento em que ele para por algum motivo. Sendo assim, um suporte eficiente e ferramentas de contingência podem promover uma grande confiabilidade para o sistema.

São inevitáveis novas inserções em um sistema, pois o dinamismo nos ambientes internos e externos da organização implica a maleabilidade e suscetibilidade do sistema a alterações em prazos curtos de tempo. Mesmo para o caso do uso de pacotes, as empresas devem estar atentas à possibilidade de personalização desses pacotes para a realidade de seu negócio e as mutações existentes no mesmo.

O desenvolvimento e implantação de sistemas nas organizações tornam-se cada vez mais um processo facilitado devido às novas ferramentas existentes no mercado. O Padrão de Desenvolvimento de Aplicações Rápidas (RAD – Rapid Application Development) permite deslocar a preocupação do desenvolvimento do sistema à parte mais intelectual dele, ou seja, permite dar a devida atenção ao processo de negócios da organização em sua forma automatizada, e um tempo reduzido é perdido no desenvolvimento de uma

CAPÍTULO 7 • DESENVOLVIMENTO E USO DE SISTEMAS DE INFORMAÇÃO   257

boa interface de interação com o usuário, levando em consideração todas as características, inclusive de ergonomia.

A implantação de um sistema que foi desenvolvido verificando-se todas as características acima não define 100% de aceitação, pois cada empresa possui a sua realidade, seu conhecimento em negócios e tecnologia específicas, e cada grupo de funcionários pode reagir de forma diferente a cada abordagem de desenvolvimento e implantação de sistema. Assim, cabe ao consultor, CIO ou gestor de TI desenvolver o sentimento de percepção de necessidades do grupo envolvido para supri-las da forma mais eficiente possível.

? Questões do estudo de caso

1. Quais perspectivas são cruciais para a implantação de novos sistemas?
2. Um sistema existente facilita o processo de implantação de um novo? Por quê?
3. Os processos e políticas da organização devem ser simplesmente automatizados pelo sistema? Por quê?

APLICAÇÕES DEPARTAMENTAIS DE TECNOLOGIA

"Onde quer que você veja um negócio de sucesso, pode acreditar que ali houve, um dia, uma decisão corajosa."

Peter Drucker

AO FINAL DESTE CAPÍTULO, VOCÊ VAI:
1. Conhecer as principais tecnologias atuais aplicadas a departamentos empresariais específicos.
2. Identificar aplicações estratégicas e inovações para determinados departamentos da empresa.

 8.1 TECNOLOGIA COMO INOVAÇÃO DEPARTAMENTAL

Uma empresa entendida como um sistema aberto tem como padrão universal a sua departamentalização, ou seja, a divisão em departamentos (subsistemas) para melhorar a especialização de funções e melhorar a sua gestão.

Existem vários modelos de departamentalização, mas o mais fácil de ser aplicado é dividir a empresa como um sistema que possui quatro atividades principais, conforme apresentado na Figura 8.1. São elas:

» planejamento;
» produção;
» atendimento;
» apoio.

Figura 8.1 Ciclo de atividades em uma empresa

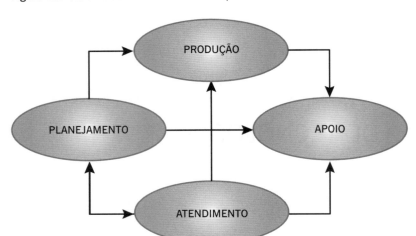

Cada uma das atividades apresentam características e necessidades que são supridas pelos departamentos da empresa. Em algumas delas existem relacionamentos com outras atividades que são organizados com a determinação de funções em departamentos específicos. Esses relacionamentos são os seguintes.

» Área de Planejamento:
  › Subárea de Apoio: departamento de pesquisa e desenvolvimento (P&D);
  › Subárea de Produção: planejamento estratégico.
» Área de Apoio:
  › Subárea de Planejamento: estratégias de sistemas;
  › Subárea de Apoio: departamento financeiro e departamento de tecnologia da informação;
  › Subárea de Produção: departamento de compras, departamento de recursos humanos;
  › Subárea de Atendimento: departamento de relações governamentais.
» Área de Produção:
  › Subárea de Planejamento: departamento de engenharia;
  › Subárea de Apoio: departamento de manutenção e departamento de controle de qualidade;
  › Subárea de Produção: departamento de planejamento e controle de produção.

CAPÍTULO 8 • APLICAÇÕES DEPARTAMENTAIS DE TECNOLOGIA   261

» Área de Atendimento:
  › Subárea de Planejamento: departamento de marketing;
  › Subárea de Apoio: departamento comercial;
  › Subárea de Produção: departamento de expedição e departamento de logística externa;
  › Subárea de Atendimento: departamento de vendas.

Assim, a divisão em departamentos promove um modelo melhor de gestão por especialização de responsabilidades, o que pode ser amplificado com a aplicação de sistemas de informação que permita o desenvolvimento das atividades promovendo o melhor relacionamento, troca de experiências e integração.

É notável o comportamento integrador que a tecnologia proporciona, tanto em nossa vida pessoal como no desenvolvimento de atividades profissionais. Essa característica integradora faz dessa ferramenta uma aliada importante para a gestão de uma empresa.

O desenvolvimento de sistemas de informação é muito importante para o crescimento, o correto diagnóstico de sua vida financeira e sua posição no mercado. Um sistema de informação tem o objetivo principal de realizar a integração de todos os departamentos para que a informação possa, ao mesmo tempo, fluir por toda a empresa e ser documentada de forma segura nos centros de informação. Mesmo assim, os departamentos ainda podem tirar proveito de tecnologias setoriais para realizar procedimentos ou ações que aumentem sua produtividade e melhorem a sua resposta às demandas do dia a dia.

Essas ferramentas setoriais envolvem a aplicação com enfoque dos serviços da internet, redes sociais, pacotes de automação de escritório etc. na melhoria da qualidade de trabalhos realizados pelo departamento. Além disso, o uso de ferramentas setoriais possibilita que demandas momentâneas possam ser facilmente resolvidas sem a necessidade de envolver outros departamentos que estancariam o processo ou prejudicariam o processo de tomada de decisão.

Atualmente, existem ferramentas de fácil manipulação que permitem a integração de diversas mídias (imagem, som, animação e vídeo) para criar processos claros e bem definidos, além de relatórios e documentos ricos em detalhes, extremamente legíveis e com alto grau de aprendizado.

Diante disso, acreditou-se ser importante o destaque de algumas aplicações de tecnologia em departamentos (ou subsistemas) mesmo que elas não tenham uma ligação direta com o sistema de gestão da empresa, mas promovam uma melhoria na gestão do departamento em questão.

8.2 FINANÇAS, CONTROLADORIA E CONTABILIDADE

O departamento financeiro é o responsável pelo controle e pela manutenção da saúde financeira da empresa, tendo como principais atribuições a gestão do dinheiro, de investimentos, de risco financeiro e interface com os investidores. Além disso, esse departamento tem de lidar com alterações de taxas de juros, taxas de câmbio e divisas estrangeiras quando essas representem algum tipo de impacto nos negócios da empresa.

Muitas vezes o departamento de contabilidade está vinculado ou associado ao departamento financeiro pela necessidade de manipular praticamente os mesmos dados e informações, mas com visões diferenciadas. A contabilidade gerencial diz respeito a utilizar as informações da empresa para cumprir obrigações fiscais e normas governamentais, além de suprir necessidades do departamento financeiro por informações passadas (histórico financeiro da empresa).

A controladoria é voltada à contabilidade administrativa que envolve o vínculo com o departamento de TI para definir processos, procedimentos e informações que auxiliem os diretores no processo de planejamento e tomada de decisão.

A área de finanças, controladoria e contabilidade de uma empresa é a principal área na qual programas e sistemas específicos podem ser empregados, inclusive com o uso de pacotes, pelo seu alto grau de estruturação de procedimento. Tanto o departamento financeiro como a controladoria e contabilidade manipulam dados resultantes das transações dos outros departamentos e principalmente as informações sobre compras, pagamentos e faturamento.

O sistema de informação da empresa precisa, sem sombra de dúvida, compreender a integração das atividades desses departamentos para que todo o trabalho desenvolvido seja o mais preciso possível, principalmente porque muitas informações são repassadas aos órgãos governamentais (impostos, tributos trabalhistas etc.). Mesmo assim, esse departamento precisa tirar proveito de outras ferramentas para procurar informações que nem sempre estão disponíveis no sistema, por serem externas à empresa. Normalmente são informações

CAPÍTULO 8 • APLICAÇÕES DEPARTAMENTAIS DE TECNOLOGIA   263

encontradas em sites especializados, como cotações de dólar, transações em *sites* governamentais (governo eletrônico), informações de bolsa de valores etc.

Uma forma de facilitar a busca dessas informações é utilizar programas de RSS (Realy Simple Syndication) e promover a assinatura de *sites* que disponibilizam tais informações. Um RSS expõe informações reduzidas sobre determinada área de conhecimento para facilitar o seu acesso e se manter o mais informado possível. Baseado em notícias resumidas (*feeds*) são conteúdos em formato XML (Extensible Markup Language) resultado de *sites* que mudam ou atualizam seus conteúdos constantemente.

Para as áreas em questão é possível destacar:

» Contabilidade e controladoria
  › http://www.contabeis.com.br/noticias/rss/
  › http://www.classecontabil.com.br/artigos/rss/
  › http://rss.groups.yahoo.com/group/contabilidade/rss/
» Finanças
  › http://economia.estadao.com.br/rss.htm
  › http://economia.terra.com.br
  › http://g1.globo.com/dynamo/economia/rss2.xml

É importante lembrar que essas informações podem ser automaticamente atualizadas na área de trabalho dos computadores do departamento para que o acesso a notícias e dados seja o mais rápido e direcionado possível. Além disso, o uso de planilhas de cálculo como ferramenta de apoio para produzir relatórios, cenários, estudos e realizar cálculos é praticamente obrigatório nesses departamentos. O único comentário importante é que um programa que tenha a função de planilha de cálculo realiza automaticamente os cálculos de forma muito mais precisa do que sua realização em calculadoras.

O uso de planilhas de cálculo apenas para digitação realizando os cálculos em uma calculadora e introduzindo os resultados obtidos não é a melhor forma de melhorar a produtividade de sua atividade. Assim, é muito importante que esses departamentos tenham treinamento adequado para utilizar as funções avançadas desses *softwares*.

Entre as principais ferramentas intermediárias ou avançadas podem-se destacar:

» fórmulas;

» conexão de leitura com bases de dados;

» manipulação de dados.

As fórmulas são construções que possibilitam realizar cálculos com dados constantes, valores em células da planilha e resultados de outras fórmulas. Existem particularidades importantes que devem ser aprendidas por esses profissionais, como, diferença entre referências relativas e absolutas, funções de agregação, operações com datas e horários, referências entre planilhas (referência 3D) e vínculo entre arquivos.

No que diz respeito a conexões de leitura a bases de dados, é comum que os profissionais desses departamentos precisem montar relatórios com estudos ou visões de dados oriundos do sistema de informação da empresa. Quando isso é necessário eles, normalmente, redigitam os dados ou conseguem transferi-los pelo método de copiar e colar. Apesar de resolver parcialmente o problema, o tempo perdido com esses procedimentos acarreta prejuízos. A melhor forma de resolver tal problema é por meio de uma política de acesso a base de dados por intermédio do usuário que autentica esses profissionais.

Muitos profissionais de TI podem estar questionando esse tipo de acesso, mas o foco está na imposição de flexibilidade ao sistema no que diz respeito à modelagem de visões e relatórios que possam representar melhor a necessidade do usuário sem a necessidade de interferência ou sobrecarga no departamento de TI. Nesse ponto, os profissionais de TI têm de entender que eles não devem ser sobrecarregados com tarefas braçais e sim promover o melhor uso da tecnologia na empresa.

Na manipulação de dados espera-se que os profissionais desse setor conheçam as funções simples de manipulação de dados (funções de banco de dados em planilhas), ordenação e filtro, pois elas são essenciais para facilitar seu trabalho.

Ressalta-se que as planilhas de cálculo possuem muito mais ferramentas importantes, mas, mantendo o foco a ser discutido nesta obra, salientamos apenas o que se considera elementar para o desenvolvimento das atividades do departamento.

CAPÍTULO 8 • APLICAÇÕES DEPARTAMENTAIS DE TECNOLOGIA   265

8.3 MARKETING E VENDAS

O departamento de marketing tem como responsabilidade o estabelecimento estratégico de produtos e serviços, prover o conhecimento da empresa no mercado e no ambiente em que se encontra. Também possui a atribuição de motivar e controlar as ações de vendedores, atividades que envolvam assuntos técnico-comerciais, pós-venda, distribuição de produtos e exploração do mercado.

Normalmente vinculado ao marketing encontra-se o departamento comercial, ou departamento de vendas, que coordena as atividades que envolvem a comercialização e venda de produtos e serviços; promovendo ações de análise da concorrência, pesquisas de mercado etc.

Já foi discutido o quanto a internet pode ser importante para o crescimento e fortalecimento de um negócio, mas em especial o departamento de marketing aliado às campanhas publicitárias que operacionalizam suas ações pode tirar um proveito cada vez mais forte dela e seus serviços.

Para o departamento de marketing e venda o serviço primário realmente é a existência de um bom *site* que, mesmo que não realize vendas *on-line*, possa agregar serviços ao produto da empresa. O *e-mail* deve ser usado como uma forma de comunicação rápida para demandas ligadas a pré-venda e pós-venda.

Os principais serviços da internet que começam a ser explorados envolvem as redes sociais (Facebook, Twitter, Linkedin, Google+ etc.), QR Code, vídeos *on-line*, *links* patrocinados, Marketing de Otimização de Busca (MOB) e o uso de *mashups*.

As redes sociais são consideradas uma febre entre as pessoas, isso tem reduzido o tempo que as elas passam assistindo à televisão e, em alguns casos, algumas até trocam a vida social pela rede social. Muitas empresas têm utilizado esse canal com promoções de alto impacto, marketing viral (campanhas que causam repercussão), coleta de usuários das redes sociais em promoções (curtir e compartilhar).

O uso de códigos QR (QR Code) está associado à facilidade de entrar em algum *site* da internet com o mínimo esforço, pois nem sequer é preciso saber o nome do domínio ou endereço a ser digitado. O código QR pode ter um trecho de texto, endereço de internet, telefone, coordenadas geográficas de uma localidade, endereço de *e-mail*, dados de um contato ou até uma mensagem curta para celulares (SMS).

Figura 8.2 Exemplo de QR Code (<http://www.engsupport.eti.br>)

Os vídeos *on-line* são cada vez mais usados como ferramenta de apoio ao marketing e vendas das empresas. Muitas delas utilizam o YouTube® como mecanismo para criar uma TV virtual com demonstração de produtos, vídeos de treinamento de melhor uso, publicidade etc. O uso desse tipo de ferramenta integrado ao uso das redes sociais permite a combinação de diversas mídias que promovem ações mais robustas de marketing.

Os leitores de código QR interpretam um desenho de um código de barras bidimensional que possui a informação do endereço a ser buscado na internet. Ele é particularmente interessante para casos de campanhas ou páginas que têm um endereço longo ou completo, mas além de tudo o uso do código QR aguça a curiosidade do usuário.

Os *links* patrocinados – *sites* de busca e *sites* de grande circulação de usuários – são mecanismos para vender espaços publicitários em forma de anúncios direcionados, dependendo do assunto procurado ou pesquisado. De forma semelhante a um *outdoor*, esse espaço publicitário torna-se muito eficiente, pois tem grande argumento de venda por ser direcionado a quem estava procurando exatamente o que o anúncio ofereciam.

Uma grande vantagem desse tipo de publicidade é que não é considerada invasiva como os *e-mails* indesejados (*spams*) ou as janelas de propaganda (*pop-ups* ou *pop-unders*).

O MOB, conhecido como marketing de otimização de busca, é uma forma de posicionar conteúdos e ligações do *site* da empresa de forma a ser encontrado sempre que possível na primeira página de uma pesquisa que envolva algum produto ou serviço de seu controle.

Esse processo de *ranking* de *sites* é definido por alguns mecanismos de pesquisa, mas não possuem o mesmo apelo de um *link* patrocinado que exige um investimento mais elevado e constante.

O *mashup* é a aplicação de conteúdos oriundos de diversas fontes externas que têm uma ligação por meio de seus endereços de domínio, isso torna o conteúdo muito mais rico e resumido. Caso o usuário tenha o interesse de ter mais detalhes, basta clicar no *link* para obter a informação necessária. Um exemplo desse tipo de ferramenta é o redirecionamento de *sites* de imobiliárias para o endereço pelo Google Maps com a diretiva #REDIRECT.

As ferramentas discutidas até esse ponto têm o objetivo de posicionar melhor a empresa na internet e aumentar os consumidores em potencial.

Também é importante destacar uma tecnologia mais analítica como apoio para o departamento de marketing e publicidade que envolve a aplicação de geoprocessamento (GIS – Geographical Information System, ou sistema de informações geográficas) para melhorar o entendimento do mercado e dos consumidores.

Além dos dados oriundos de campanhas e de centrais de relacionamento com o cliente, pode utilizar a internet com seu serviço de mapeamento com suas características avançadas, como:

» Google Maps – http://maps.google.com.br
» Microsoft Live Maps – http://www.bing.com/maps
» Yahoo Maps – http://maps.yahoo.com/
» OpenStreetMap – http://www.openstreetmap.org/

As duas primeiras plataformas possibilitam o uso de bibliotecas para personalizar marcadores (*pins*), gráficos dinâmicos de posição de campanhas e vendas etc. O serviço do Google Maps pode gerar mapas ou ter mapas gerados com o uso de arquivos com coordenadas de extensão KML ou KMZ.

Além disso, bibliotecas poderosas têm auxiliado o desenvolvimento de aplicações personalizadas que podem ser integradas com os sistemas de informação empresarial (ERP e CRM) e tornar as ações desse departamento muito mais eficientes.

A aplicação do geoprocessamento em forma de sistemas GIS de apoio ao marketing permite tornar fácil a aquisição, o processamento e a apresentação de resultados de estudo de marketing. No conjunto de dados e informações que esse tipo de sistema pode suprir podem-se destacar:

» entendimento dos padrões de consumo;
» mapeamento demográfico dos consumidores;

» análise de mercados potenciais;

» alvo de campanhas de marketing;

» descoberta de mercados em potencial e mercados saturados;

» planos de controle de satisfação com o cliente;

» definir regiões de esforços de vendas.

Muitos esforços desse departamento são auxiliados pela imposição e pelo uso de sistemas CRM, mas esses sistemas ainda não têm o suporte direto ou a possibilidade de intercâmbio de dados com o GIS.

8.4 RECURSOS HUMANOS

O departamento de recursos humanos é o responsável pelas interações da empresa com seus colaboradores que podem envolver processos de contratação, demissão, promoção e treinamento dos mesmos. Ele também auxilia a empresa na determinação dos benefícios diretos ou indiretos que estão disponíveis aos funcionários.

Algumas empresas delegam algumas funções desse departamento, normalmente de caráter mais contábil, ao departamento de pessoal. São tarefas de cálculo do salário (horas extras, descontos por faltas, aceite de justificativas de falta, atestados de saúde etc.), definição de tributos decorrentes dos salários e atividades ligadas à documentação de contratações e demissões.

O desenvolvimento de recursos humanos é uma atividade gerencial que requer planejamento constante e ações que permitam a motivação e a especialização dos trabalhadores. As ações que, ligadas ao controle das atividades e questões relativas a salários, possuem formulações definidas e podem ser utilizadas também com a aplicação de planilhas de cálculo. Nesse ponto, o conhecimento de fórmulas e, em especial, os cálculos com datas e horas podem ser muito importantes para esse departamento.

Além disso, grandes aliados para a empresa são a internet e a intranet para o desenvolvimento de capacitação e especialização de funcionários com as universidades corporativas e treinamentos para ampliação de conhecimentos, divulgação de novas normas e procedimentos, qualificação de mão de obra etc.

CAPÍTULO 8 • APLICAÇÕES DEPARTAMENTAIS DE TECNOLOGIA   269

Essas iniciativas tiram proveito de cursos presenciais em plataforma *web* (internet para os acessos fora da empresa ou intranet para os acessos dentro da própria empresa). Nessa situação são aplicadas as iniciativas de educação a distância (EaD), que, com a ajuda de um *designer* instrucional, pode criar treinamentos e qualificar a mão de obra de maneira muito eficiente.

O *designer* instrucional é um profissional capacitado para criar conteúdos de treinamento *on-line* por meio da aplicação da plataforma *web* e a combinação das diversas mídias para potencializar o treinamento. Ele não cria o conteúdo, mas permite, com base na necessidade da empresa, aplicar os conceitos de modo que os conteúdos possam ser aproveitados ao máximo pelos treinandos.

Algumas iniciativas incluem o uso de sistemas Wiki (semelhante à Wikipedia) com detalhamento de procedimentos, políticas e normas internas da empresa. Essa iniciativa, além de documentar o processo, permite que algumas pessoas possam ter o privilégio de editar e acrescentar novas informações e detalhes.

O uso desse tipo de plataforma para melhorar o capital intelectual da empresa é relativamente barato e flexível, tendo em vista que os funcionários podem se especializar e qualificar na hora e no lugar que lhes for mais confortável.

O departamento de recursos humanos também pode conseguir um conteúdo rico sobre o perfil de um candidato a uma vaga pela sua localização em redes sociais. Em especial, a rede Linkedin tem o propósito de promover a troca de informações e divulgar currículos com o objetivo de montar uma rede de relacionamentos profissional.

Esse tipo de iniciativa é importante para esse departamento, pois se pode buscar determinado perfil em um processo de seleção silencioso, ou seja, sem explicitar a vaga pode-se realizar um estudo de perfil de candidatos em redes sociais e contatá-lo diretamente de acordo com o que for mais adequado para a empresa.

8.5 LOGÍSTICA

O departamento de logística promove a gestão do fluxo de materiais, insumos e informações ligados a produtos e matéria-prima. Pode estar aliado ou ser complementado pelo departamento de compras e gestão de estoques, além disso pode estabelecer as formas de relacionamento com empresas terceirizadas para promover a logística externa.

Esse departamento consegue melhorar seu relacionamento com clientes e empresas que adquirem os produtos de uma empresa, além de melhorar processos internos no que diz respeito à transparência e à documentação de procedimentos.

A aplicação da tecnologia GPS (Global Positioning System, ou sistema de posicionamento global) com o envio de informações para um *site* vinculado ao geo-processamento leva ao controle eficiente de localização e acompanhamento de materiais em trânsito, além de promover mais segurança e controle.

Essa combinação tecnológica melhora a interação do sistema de *tracking* (localização da encomenda) de produtos em trânsito; sem ela, as informações de localização dependem da alimentação de um sistema em intervalos de tempo regulares. O uso dessa tecnologia faz parte de um conjunto de iniciativas conhecidas como ECR (Eficient Consumer Response, ou resposta eficiente ao consumidor), que, no Brasil, é motivado pelo ECR Brasil (<http://www.ecrbrasil.com.br/>).

Em nosso país, as principais iniciativas de sistemas ECR voltados à logística encontram-se ligadas a transportes marítimos, siderurgia e mineração, normalmente vinculadas a mecanismos SCM (Supply Chain Management, ou gerenciamento da cadeia de suprimentos).

TERMOS E CONCEITOS IMPORTANTES
- Pesquisa e Desenvolvimento (P&D)
- RSS
- *Feeds*
- XML
- *QR Code*
- *Mashups*
- SMS
- GIS
- EaD
- *Wiki*
- GPS
- *Tracking*
- ECR

QUESTÕES PARA DISCUSSÃO

1. Quais são as quatro atividades principais de uma empresa?
2. Quais são as subáreas e os departamentos vinculados à área de apoio?
3. Qual é o grande comportamento da tecnologia da informação em nossa vida profissional e pessoal?
4. O que é RSS?
5. Como o departamento financeiro pode ser auxiliado com o uso de RSS?
6. Quais são as ferramentas essenciais para o departamento financeiro no uso de planilhas de cálculo?
7. O que as redes sociais podem representar para o departamento de marketing?
8. O que são códigos QR?
9. Como os vídeos *on-line* podem auxiliar uma empresa?
10. Quais são as características de *links* patrocinados e MOB que as diferenciam?
11. O que é um *mashup*?
12. Como um *maskup* pode auxiliar o desenvolvimento de negócios?
13. O que é GIS?
14. Como o GIS pode auxiliar o departamento de marketing e vendas?
15. O que é um *designer* instrucional?
16. Como a aplicação de EaD pode ajudar uma empresa?
17. Como um ambiente Wiki pode ajudar no desenvolvimento de atividades empresariais?
18. Quais são as inovações tecnológicas ligadas ao departamento de logística?
19. O que é a iniciativa ECR?

ESTUDO DE CASO

As empresas e as redes sociais

As redes sociais são serviços da internet que têm como objetivo a atração de usuários e a criação de uma rede de relacionamentos pessoais e profissionais. O principal alicerce dessa iniciativa, que pode definir comportamentos até de vício no seu uso, está ligado à sua capacidade de filtrar assuntos e localizar pessoas que possuem gostos e preferências semelhantes.

Elas têm se mantido com a troca de notícias e comentários dos usuários, compartilhamento de ideias, pontos de vista, fotos e vídeos, discussão de problemas profissionais e até pessoais. A evolução de plataformas de aplicativos e jogos nesse ambiente mostrou-se muito eficiente quando estimula o relacionamento e a competitividade entre os usuários.

Nesse quadro, as empresas começam a visualizar que a exploração das redes sociais é de grande importância para a sua sobrevivência, além de ser um mecanismo relativamente barato e muito eficiente para o desenvolvimento de relações entre ela e seus funcionários e com seus consumidores.

O mercado de trabalho, inclusive, foi ampliado com essa aplicação profissional porque se passou a ter a necessidade de um profissional com perfil específico para a monitoração, o planejamento de ações e a alimentação constante desse ambiente para o perfil da empresa. Ainda no mercado, diversas empresas começam a se especializar nesse tipo de iniciativa para dar suporte terceirizado ou para o desenvolvimento de aplicações específicas que possam auxiliar a empresa a se manter nessa nova mídia e melhorar a interação com os usuários, explorando dispositivos móveis (celulares, *smartphones* e *tablets*). Os especialistas em publicidade nesse ambiente definiram um novo tipo de mídia conhecido como mídia social.

Seu uso também é justificado para melhorar a comunicação interna, as interações com o cliente e até o compartilhamento de algumas informações pessoais dos colaboradores da empresa, até certo limite.

Segundo o consultor Claudio Neszlinger, "o que antes era visto como uma ameaça à produtividade hoje pode aumentar, em muito, o volume e a qualidade do trabalho".

De acordo com Laes,[1] duas grandes empresas voltadas a soluções de mídia social – Salesforce.com e Yammer.com – têm em conjunto uma carteira de 230 mil empresas clientes.

Conforme exposto por Pilleggi,[2] uma pesquisa realizada pela Altimer Group e Wetpaint para a revista *Business Week* nas 100 empresas mais valiosas do mundo mostra que as suas receitas foram melhoradas com investimentos em redes sociais.

---

1   LAES, J. *Redes sociais nas empresas*. *IstoÉ Independente*, nº 2.184, 16 set. 2011. Disponível em: <http://www.istoe.com.br/reportagens/160608_REDES+SOCIAIS+NAS+EMPRESAS>. Acesso em: 15 jul. 2012.

2   PILLEGGI, M. V. As vantagens do uso de redes sociais nas empresas. *Pequenas Empresas Grandes Negócios*. 2012. Disponível em: <http://revistapegn.globo.com/Revista/Common/0,,EMI124097-17171,00-AS+VANTAGENS+DO+USO+DE+REDES+SOCIAIS+NAS+EMPRESAS.html>. Acesso em: 15 jul. 2012.

CAPÍTULO 8 • APLICAÇÕES DEPARTAMENTAIS DE TECNOLOGIA   273

Na evolução dos serviços de internet é possível perceber que entre 2008 e 2011 a quantidade de usuários de redes sociais duplicou e 31% deles acessam o Facebook diversas vezes ao dia.

Hoje é possível perceber que as empresas têm direcionado muitas ações de marketing e publicidade para as redes sociais, que, segundo a HSM Digital,[3] hoje representa 65% das empresas, sendo que o Twitter (84%), YouTube (62%) e o Facebook (61%) são os mais relevantes.

Dessa forma, pode-se concluir que as redes sociais são um excelente mecanismo de interação empresa-consumidor, e a exploração de mídias sociais pode trazer um retorno rápido e muito eficiente. Um ponto a salientar é que essa imersão da empresa nas mídias sociais deve ter planejamento para que não ocorram efeitos contrários.

? Questões do estudo de caso

1. Quais foram as mudanças no mercado com a aplicação das redes sociais nas empresas?
2. Descreva três formas de exploração das mídias sociais pelas empresas?
3. Como iniciativas de endomarketing podem ser realizadas com o uso de redes sociais?

---

3   Infográfico: As redes sociais preferidas no mundo corporativo. *HSM.com.br.* Disponível em: <http://www.hsm.com.br/editorias/estrategia-e-marketing/infografico-redes-sociais-preferidas-no-mundo-corporativo>. Acesso em: 15 jul. 2012.

GESTÃO DE TI

"Nem tudo que pode ser contado conta, e nem tudo que realmente conta pode ser contado."

Albert Einstein

AO FINAL DESTE CAPÍTULO, VOCÊ VAI:
1. Conhecer as novas responsabilidades que um profissional de TI deve ter para promover a gestão desse departamento.
2. Compreender as normas e seus limites de aplicação no desenvolvimento da gestão de TI.
3. Saber filtrar as boas práticas essenciais para o desenvolvimento de planos de gestão em TI.

 9.1 A GESTÃO PROFISSIONAL DE TI

A evolução tecnológica e o crescimento de suas aplicações promoveram muitas mudanças em diversos aspectos das empresas, da sociedade e das pessoas. Entre eles, e, talvez o mais importante, pode-se destacar a fusão dos sistemas de tratamento automático da informação (informática) com os sistemas de telecomunicações que resultou no termo conhecido como telemática e é considerado o principal eixo da globalização.

A melhor forma de entender o que é a globalização seria compará-la metaforicamente com a Pangeia. Nesse caso, poderíamos considerar que todos os continentes se fundem em um único bloco e não existem fronteiras e barreiras representando uma visão lógica da globalização que se conhece hoje.

Um aspecto muito importante no que se refere à globalização diz respeito à necessidade de um grande volume de informações de fontes internas e externas que uma empresa ou instituição necessita para desenvolver o seu negócio. Esse grande volume de informações deve estar corretamente armazenado e mantido em segurança para que a empresa possa responder corretamente às flutuações e variações do mercado, concorrência, economia etc.

Para as empresas, esses dados e informações serão ao mesmo tempo a base e o resultado do processo de tomada de decisão. Assim, esse conjunto de dados e informações apresenta alto nível de responsabilidade no desenvolvimento do negócio de qualquer empresa.

A informação utilizada pelas empresas para o desenvolvimento das suas estratégias tem definido esse item como um dos elementos cruciais para o desenvolvimento do negócio da organização. É um elemento muito importante, portanto sua deterioração, roubo ou acesso indevido podem representar grandes prejuízos ou prejudicar o próprio andamento do negócio.

Assim, a necessidade de impor mecanismos de gestão da informação numa empresa deve ser algo considerado essencial para sua sobrevivência.

Um grande problema no desenvolvimento de projetos de TI é que, se eles não forem corretamente alinhados com os processos organizacionais, podem representar o engessamento da empresa e, como efeito colateral, reduzir a produtividade e atrapalhar o seu processo decisório.

De acordo com dados de pesquisa realizada pelo Departamento de Comércio Americano, mais de 60% das empresas relataram grandes erros na utilização de *softwares*, e 80%, pequenos erros. Assim, é importante a discussão dos elementos necessários para a imposição de um modelo de gestão de TI junto com os impactos que podem ser gerados pelos projetos nessa área de forma a prevenir os problemas.

Com esse quadro fica claro que a aplicação da tecnologia numa empresa não deve ser encarada como uma atividade que apenas realiza ajustes momentâneos ou que apenas apaga os incêndios do dia a dia. Os projetos na área de tecnologia da informação precisam ser desenvolvidos com uma visão profissional de gestão e não apenas como um departamento que presta serviços.

Assim, a gestão profissional de tecnologia da informação deve estar norteada por uma série de conceitos importantes de gestão que incluem gestão de projetos, gestão de processos de TI, gestão de serviços de TI, gestão da segurança de TI etc.

CAPÍTULO 9 • GESTÃO DE TI   277

O gestor de TI que possui conhecimentos nessas áreas pode promover um quadro de controle e confiança nos componentes da área de forma a promover características de qualidade, oportunidade, confidencialidade, disponibilidade e integridade.

O gerenciamento das atividades de TI deve estar aliado constantemente com os processos organizacionais da empresa de forma a ser o principal aliado para o desenvolvimento do negócio da mesma e não para impor problemas e burocracias. A imposição desse comportamento numa empresa permite que a estrutura de TI esteja aliada aos processos da empresa de forma a garantir a continuidade do negócio e melhorar o processo de tomada de decisão.

Assim, a gestão profissional da tecnologia da informação deve ser imposta para ser um ferramental importante para promover informações de qualidade, resultando em vantagem competitiva para a empresa.

9.2 GOVERNANÇA EM TI

O conceito de governança não é exatamente tão atual, pois existem demandas nessa área de meados de 1990, mas o crescimento da economia mundial acabou ofuscando sua necessidade e atrasando sua correta aplicação. A crise em diversos países (Rússia, Tigres Asiáticos e México, a citar) no final dos anos 1990 gerou um quadro de desconfiança que exigia cada vez mais o acerto nos planejamentos que envolvessem custos e investimentos.

Esse último quadro era o ponto necessário para que as iniciativas de governança fossem retomadas, principalmente em meados de 1998. Diante disso, iniciativas de governança corporativa foram iniciadas para suprir necessidades de aumento de lucratividade.

Em um sentido amplo, a governança pode ser definida como a capacidade de definir sistemas de vários tipos de forma a ter processos de definição de benefícios a todos que fazem parte do grupo e que selecionaram o ator (*stakeholder*) para representá-los.

A governança corporativa tem como objetivo aumentar a possibilidade dos investidores em um negócio para garantirem o retorno do investimento envolvido. Ela foi criada no início dos anos 1990 nos países desenvolvidos (Estados Unidos e Grã-Bretanha) para definir e documentar as regras que definem o relacionamento dentro de uma empresa dos interesses dos acionistas majoritários, acionistas minoritários e gestores dos departamentos.

Como não existe uma definição padronizada, pode-se destacar que:

» segundo o InvestPedia,[1] "governança corporativa é um conjunto de práticas, regras, costumes, leis, políticas e regulamentos que tem como principal finalidade regular o modo como uma empresa é administrada e controlada de forma a atender aos interesses de todos os *stakeholders* (acionistas, gestores, funcionários e fornecedores) envolvidos";
» segundo o Instituto Brasileiro de Governança Corporativa (IBGC),[2] "a governança corporativa é o sistema pelo qual as sociedades são dirigidas e monitoradas, envolvendo os relacionamentos entre acionistas/cotistas, conselho de administração, diretoria, auditoria independente e conselho fiscal".

A governança de TI envolve a concepção e a implementação de sistemas de direitos decisórios que delimitem alguns pontos fundamentais, que são:

» Quais são as decisões que devem ser tomadas para garantir um uso e uma gestão apropriados da tecnologia da informação?
» Quem são os responsáveis por essa decisão?
» Qual deve ser o procedimento para tomá-las e monitorá-las?

Os benefícios da governança em TI envolvem a agilidade operacional, retorno rápido e eficiente às solicitações. Sua imposição possibilita a melhoria considerável a características de eficiência, segurança, produtividade e disponibilidade de processos.

Como já foi mencionado em capítulos anteriores, a tecnologia não tem autonomia para gerar valor agregado para os produtos e serviços de uma empresa se não estiver totalmente aliada a processos e procedimentos organizacionais.

---

1   O que é governança corporativa. 2009. Disponível em: <http://www.investpedia.com.br/artigo/O+que+e+governanca+corporativa.aspx>. Acesso em: 15 jul. 2012.

2   IBCG (Instituto Brasileiro de Governança Corporativa). Disponível em: <http://www.ibgc.org.br/Secao.aspx?CodSecao=20>. Acesso em: 15 jul. 2012.

CAPÍTULO 9 • GESTÃO DE TI   279

É muito comum que as políticas de governança sejam atribuídas apenas quando a empresa se encontra no limiar de problemas graves.

Algumas situações corriqueiras que expõem claramente a falta de iniciativas de governança envolvem:

» prazos de projetos não respeitados;

» orçamentos estourados;

» incapacidade para definir ou medir os benefícios dos investimentos na área;

» equipamentos e sistemas obsoletos ou inadequados;

» dificuldade na adoção de novas tecnologias etc.

Para orientar melhor os gestores de TI que não têm vivência na imposição dessa metodologia, foi concebida uma norma que serve como linha guia para o processo de imposição de governança em TI.

A norma NBR ISO/IEC 38500:2008 define as premissas para a imposição da governança de TI em empresas de qualquer tipo ou porte. Ela possui uma constituição lógica que compreende seis princípios que definem as diretrizes de projetos de TI, são eles:

» responsabilidade (*responsability*): definir as responsabilidades da área de TI com foco na ética, nas relações pessoais e profissionais para promover a gestão da governança;

» estratégia (*strategy*): promover o planejamento de TI para disponibilizar as melhores ferramentas para suporte do negócio da empresa;

» aquisição (*acquisition*): definir quais serão as políticas, processos e metodologias a serem empregadas para que os novos comportamentos sejam difundidos, treinados e praticados na empresa;

» desempenho (*performance*): garantir sempre o melhor nível de desempenho na empresa e utilizar métricas para monitorar corretamente, avaliar os resultados e definir as ações de correção;

» conformidade (*conformance*): verificar o grau de conformidade das ações desenvolvidas com as regras formalmente definidas, incentivando e adotando a postura mais transparente e adequada possível para o mercado, a sociedade e a sustentabilidade;

» comportamento humano (*human behaviour*): promover ações e planejamentos que garantam que o uso dos recursos de TI respeitem os fatores humanos da organização, deixando clara a importância das pessoas para a organização.

Cada princípio apresentado deve ter base em três tarefas essenciais para orientar o desenvolvimento da governança em TI, são elas: avaliar, dirigir e monitorar. O núcleo da governança em TI envolve os conceitos de valor, risco e controle.

É importante destacar que alguns pontos da governança em TI, principalmente aqueles com especialidades, são detalhados em normas ou padrões associados, tais como o gerenciamento de serviços com a ISO 20000, o gerenciamento da qualidade de processos com a ISO 9000, a gestão da segurança da informação com a ISO 27000, a gestão de projetos com o PMBOK. As normas e boas práticas voltadas à gestão especificamente de TI serão discutidos adiante.

9.3 Cobit

A sigla Cobit (Control Objectives for Information and Related Technology) pode ser diretamente traduzida para objetivos de controle para a informação e tecnologias relacionadas. A primeira edição desse manual de boas práticas foi desenvolvida em 1996 pela Isaca (Information System Audit and Control Association, ou Associação de Controle e Auditoria de Sistemas de Informação). A segunda edição, concebida em 1998, revisou dos objetivos de controle e incluiu ferramentas e padrões de implementação.

No ano 2000, o ITGI (IT Governance Institute, ou Instituto de Governança em TI) publicou a terceira edição com evoluções no modelo e um grande conjunto de novos detalhamentos que facilitaram a adoção pelas empresas. Em janeiro de 2010, a versão 4.1 desse guia foi traduzida para a língua portuguesa e sua adoção passou a se tornar mais comum em nosso país. De acordo com a ITGI, "a governança de TI é responsabilidade da alta direção e consiste na liderança, nas estruturas organizacionais e nos processos que garantem que a tecnologia da informação da empresa possa manter e ampliar as estratégias e objetivos da empresa".

O Cobit é um documento que reúne um grande conjunto de boas práticas que são resultado do consenso de grandes *experts* da área com foco no controle e não nos detalhes de execução.

Sua aplicação na empresa ajuda a melhorar os investimentos em TI, melhorar a qualidade dos serviços entregues, além de auxiliar no estabelecimento de métricas para avaliar o que está correto e o que não está. Ela envolve um modelo de processo particionado em 34 elementos sequenciais com tarefas de planejar e organizar, construir (adquirir e implementar), executar (entregar e suportar) e monitorar (monitorar e avaliar) as iniciativas de TI de forma a estabelecer uma visão completa dos processos dessa área.

Com uma estrutura baseada em indicadores de desempenho, ela permite quantizar como a tecnologia da informação está agregando valor ao desenvolvimento do negócio da empresa. Essa estrutura se baseia em cinco pilares com focos definidos conforme descrito na Figura 9.1.

Figura 9.1 Pilares da governança em TI segundo o Cobit

Os focos dos pilares, conforme a Cobit 4.1, são:

» alinhamento estratégico: foco na garantia da ligação entre os planos de negócios e os projetos de TI, definindo, mantendo e validando a proposta de valor de TI, alinhando operações de TI com as operação da empresa;

» entrega de valor: execução da proposta de valor de TI mediante o ciclo de entrega, garantindo que TI entregue os prometidos benefícios previstos na estratégia da empresa, concentrando-se em otimizar custos e provendo o valor intrínseco de TI;
» gerenciamento de recursos: foco na otimização de investimento e o apropriado gerenciamento de recursos críticos de TI (infraestrutura, equipamentos, aplicações e profissionais);
» gerenciamento de risco: requer a preocupação constante com riscos pelos funcionários mais experientes e pela alta direção, um entendimento claro do apetite de risco da empresa e dos requisitos de conformidade, transparência sobre os riscos significantes para a empresa e a definição da gestão de riscos; medição de desempenho: foco no acompanhamento e monitoração da implementação de estratégias, término do projeto, uso dos recursos, processo de desempenho e entrega dos serviços aplicando métricas convencionais ou indicadores de desempenho como o BSC (Balanced Scorecard).

Figura 9.2 Princípio básico do Cobit

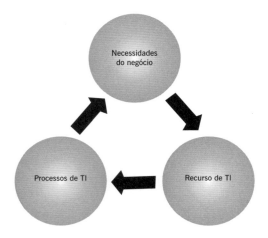

Diante disso, é possível concluir que o modelo do Cobit se baseia no princípio de prover informações de acordo com a necessidade da empresa e alinhado com suas estratégias, promovendo o gerenciamento e o controle dos recursos de TI e seus processos para entregar os serviços requisitados.

9.4 Itil

A Itil (Information Technology Infrastructure Library, ou biblioteca de infraestrutura de tecnologia da informação) foi concebida pela CCTA (Central Computing and Telecommunications Agency, ou agência central de computação e telecomunicações), conhecida atualmente por OGC (Office Government Commerce – Agência de Comércio Governamental) do governo britânico no final dos anos 1980. Por ser uma biblioteca, ela compreende um conjunto de livros que apresentam as melhores práticas para promover o gerenciamento dos serviços de TI.

Sua versão inicial (1980) compreendia 30 volumes com diversos aspectos do gerenciamento de serviços em TI (GSTI). Apenas em 1990, ela se tornou um padrão reconhecido e passou a ter vasta aplicação nas empresas. Na sequência, após uma grande revisão, foi substituída pela Itil v2 (versão 2), composta por sete volumes, que é a principal referência para a norma ISO 20000. Em 2007, foi lançada a Itil v3 que compreende 26 processos e funções agrupados em cinco volumes com base no ciclo de vida de serviços, mas a versão 2 continua a ser a referência.

Atualmente, a vasta expansão dessa biblioteca a empresas públicas e privadas definiu um mercado promissor que desenvolve treinamentos, certificações, consultorias, ferramentas especializadas de *software* e um fórum específico (itSMF – Information Technology Service Management Forum, ou Fórum de gerenciamento de serviços de tecnologia da informação).

Como uma biblioteca de boas práticas, a Itil concentra-se no que deve ser realizado e não na forma como deve ser realizado, ou seja, ela fornece as diretrizes de como fazer, mas não como fazer. Essa definição se justifica quando percebemos que as realidades das empresas são diferentes e dependendo da empresa a forma de aplicação pode variar.

Ela é composta por sugestões de fluxos, *checklists*, tarefas e procedimentos que a empresa em que será aplicada deve personalizar segundo a sua realidade.

O conjunto de recomendações da Itil, como apresentado na Figura 9.3, pode ser agrupado em dois módulos principais, que são:

» Suporte a Serviços (Service Support);
» Entrega de Serviços (Service Delivery).

Figura 9.3 Estrutura de domínios da Itil

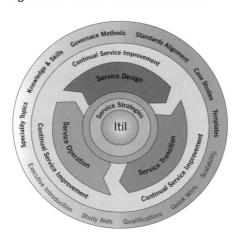

Cada um dos blocos envolve cinco disciplinas que descrevem as melhores práticas para que os serviços de TI possam entregar valor aos clientes com base nos resultados facilitadores. Ela define os seguintes atores:

» cliente: destinatário do serviço de TI, podendo ser uma empresa que possua um departamento de TI ou que contrate um terceiro;
» usuário: conjunto de pessoas que utilizarão a TI como ferramental para desenvolver sua atividade;
» provedor de TI: pode ser um departamento interno da empresa, um consultor ou empresa contratada para fornecer serviços que atendam às necessidades dos usuários e, consequentemente, do cliente.

O módulo de suporte a serviços agrupa as seguintes disciplinas:

» Gerenciamento de incidentes (Incident Management): foco na redução de tempo de indisponibilidade dos serviços;
» Gerenciamento de problemas (Problem Management): propõe processos para reduzir o impacto causado por incidentes, erros de sistemas e problemas na infraestrutura, bem como para estabelecer mecanismos de prevenção;
» Gerenciamento de Configuração (*Configuration Management*): promover o levantamento para identificação e controle dos ativos de TI e itens de configuração da empresa vinculando-os aos serviços de TI existentes;

» Gerenciamento de mudanças (Change Management): voltado à redução do impacto causado por mudanças ligadas a incidentes ou problemas, sem prejudicar a qualidade e promovendo a melhoria da operação da infraestrutura;

» Gerenciamento de versões (Release Management): criar mecanismos para prevenir a indisponibilidade do serviço como consequência de instalações de novas versões de hardware e software.

Já o módulo de entrega de serviços agrupa as disciplinas apresentadas a seguir:

» Gerenciamento do nível de serviço (SLM – Service Level Management): promover a garantia do acordo de nível de serviço estabelecido entre o provedor de tecnologia e o cliente.

» Gerenciamento financeiro para TI (Financial Management for IT Service): apresentar ao cliente o custo efetivo dos serviços prestados bem como gerenciá-los de forma profissional.

» Gerenciamento de disponibilidade (Availability Management): garantir a disponibilidade e a confiabilidade dos elementos de TI com o objetivo de assegurar o nível de satisfação do cliente e a reputação do negócio.

» Gerenciamento da capacidade (Capacity Management): promover a garantia de que a capacidade da infraestrutura de TI atende às necessidades do negócio no que diz respeito ao tempo e o custo envolvido.

» Gerenciamento de continuidade de serviços (ITSCM – IT Service Continuity Management): assegurar que todos os recursos técnicos e sistemas de TI sejam recuperados quando necessário e no tempo desejado.

Como características de destaque dessa biblioteca pode-se destacar o fato de ser um modelo de referência para procedimentos de TI não proprietário, ou seja, apresenta muita flexibilidade de aplicação por sua independência de marcas e empresas, além de pontos de vista unilaterais. Além disso, ela é adequada a todos os tipos e portes de empresa.

Baseada em pesquisas, estudos e experiências de consultores profissionais respeitados em todo o mundo seu modelo é referência para implementação de processos na área de TI com linhas guia já testadas e aprovadas.

A necessidade de aplicação dessa biblioteca em qualquer empresa se justifica quando se salienta seus benefícios empresariais, em que se destacam:

» dimensionamento de serviços adequados;
» melhoria na comunicação e no relacionamento com os usuários;
» investimentos adequados nos elementos de TI segundo os objetivos estratégicos da empresa;
» métricas adequadas para justificar os investimentos em TI como benefício para o negócio;
» projetos de TI bem dimensionados no que diz respeito a tempo, recursos e custos, alinhados com a realidade da empresa.

9.5 NORMA NBR/ISO 20000

A norma NBR/ISO 20000 se baseia na norma internacional de mesma referência que tem origem na BS 15000 da BSI (British Standards Institution – Instituição de Padrões Britânicos) concebida em 2000. Considerada o marco inicial do gerenciamento de serviços de tecnologia da informação, é totalmente alinhada com os conceitos da biblioteca ITIL.

Foi reescrita em 2002 e publicada novamente com uma divisão lógica de dois módulos principais que são:

» especificação: voltada ao detalhamento dos requisitos básicos da norma;
» Código de prática: compreende as diretrizes de suporte com detalhes para a especificação.

Em dezembro de 2005, a BS 15000 evoluiu para o padrão ISO/IEC 20000, que resultou no aumento de sua importância no mundo todo. No Brasil, a norma foi traduzida e publicada em 2008. Após passar por nova revisão, foi publicada em 2011 com requisitos mais claros que facilitaram seus processos de adesão e implantação.

Esta norma tem foco na especificação de requisitos para que o provedor de serviços de TI possa planejar, estabelecer, implementar, operar, monitorar, analisar criticamente, manter e melhorar um sistema de gerenciamento de serviços de TI.

CAPÍTULO 9 • GESTÃO DE TI   287

Ela trata o gerenciamento de serviços como o relacionamento de diversos processos e alinhados completamente com a biblioteca Itil. Sua aplicação envolve a metodologia de melhoria contínua conhecida como ciclo PDCA (Plan-Do--Check-Act, ou planejar-fazer-checar-atuar) e esta estruturada em dez seções, conforme apresentado na Figura 9.4.

Figura 9.4 Processos da NBR/ISO 20000 (adaptado)

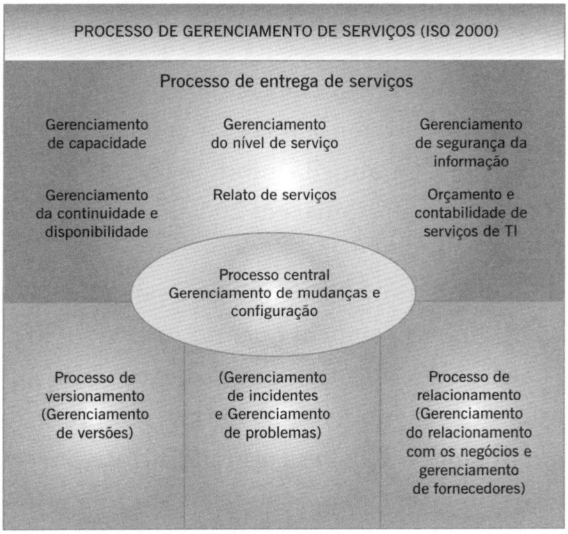

PROCESSO DE GERENCIAMENTO DE SERVIÇOS (ISO 2000)

Processo de entrega de serviços

Gerenciamento de capacidade

Gerenciamento do nível de serviço

Gerenciamento de segurança da informação

Gerenciamento da continuidade e disponibilidade

Relato de serviços

Orçamento e contabilidade de serviços de TI

Processo central Gerenciamento de mudanças e configuração

Processo de versionamento (Gerenciamento de versões)

(Gerenciamento de incidentes e Gerenciamento de problemas)

Processo de relacionamento (Gerenciamento do relacionamento com os negócios e gerenciamento de fornecedores)

Fonte: Adaptado da NBR/ISO 20000.

9.6 NORMA NBR/ISO 27000

O movimento de normatização e padronização de procedimentos e boas práticas de segurança da informação teve seus passos iniciais em meados dos anos 1950 com o desenvolvimento do primeiro padrão de segurança.

Com inspiração em iniciar um processo de consideração de problemas de segurança em projetos ligados à manipulação da informação, foi estabelecida formalmente a primeira organização governamental com essa finalidade, a qual era conhecida como Comsec (Communications Security, ou segurança das comunicações) nos Estados Unidos, considerado o marco inicial na evolução das normas de segurança da informação.

Em 1981, novas necessidades de segurança da informação sob a responsabilidade da NSA resultaram na criação do DoD-CSC (Department of Defense –

Computer Security Center, ou Departamento de Defesa – centro de segurança de computadores). Com uma nova diretiva do DoD, conhecida como Computer Security Evaluation Center (5215.1), foi criado esse centro que, pouco mais tarde, acabou se transformando no NCSC (National Computer Security Center, ou centro de segurança nacional de computadores).

Além disso, uma das mais importantes contribuições do NCSC foi o TCSEC (Trusted Computer System Evaluation Criteria, ou critério de avaliação de sistemas computacionais confiáveis), mais comumente conhecido como Livro laranja (*Orange book*).

Em 1993, iniciou-se na Inglaterra um movimento de criação de comitês que conceberam um Código de Prática, o qual foi reforçado com a definição da BS 7799 em 1995, que é a norma britânica de segurança da informação. Pela abrangência e quantidade de controles que a norma possuía, em 2000 a ISO homologou a BS ISO/IEC 17799 que é baseada na BS7799-1.

Atualmente, cerca de 120 países integram a ISO composta por membros oriundos de entidades normativas de âmbito nacional que, no Brasil, é representada pela ABNT (Associação Brasileira de Normas Técnicas). Após essa importante homologação, a norma passou, em junho de 2005, por um processo de atualização contando com algumas modificações estruturais, inclusive recebendo com um novo capítulo de Gestão de Incidentes de Segurança da Informação. Ela é utilizada como documento de referência e é composta por um conjunto de controles de segurança que tiveram a sua concepção nas melhores práticas da área.

Nesse mesmo período foi planejada a elaboração do conjunto de normas ISO/IEC 27000 que inclui normas sobre requisitos de sistemas de gestão da segurança da informação, gestão de riscos, métricas e medidas e diretrizes para implementação. Com base no *website* ISO 27000 *Directory* (<http://www.27000.org/>), o conjunto ISO/IEC 27000 compreende:

» ISO 27000: envolve as definições e vocabulários usados nas demais normas do conjunto sendo resultado do *ISO guide* 73 – *Risk management vocabulary;*
» ISO 27001: requisitos para sistemas de gestão de segurança da informação, publicada em outubro de 2005, ela substitui completamente a BS7799-2, sendo a norma usada como base para processos de certificação da segurança da informação. Ela envolve os requisitos para estabelecer, implementar, operar,

monitorar, revisar, manter e melhorar o SGSI (Sistema de Gestão de Segurança da Informação, ou ISMS – Information Security Management System);

» ISO 27002: código de prática para gestão da segurança da informação, o qual envolve a organização dos controles de segurança da informação, compreende boas práticas desenvolvidas em todo o mundo. É o documento substituto da BS7799-1;

» ISO 27003: guia de implementação de um SGSI que será o padrão oficial para orientação e execução de projetos de segurança da informação. Publicada em 2011;

» ISO 27004: gerenciamento de medidas e métricas de segurança da informação (Information Security Management Metrics and Measurement), compreende procedimentos para a medição da eficiência de implementação de SGSI e dos controles ligados à segurança da informação que foram implantados. Publicada em 2010;

» ISO 27005: norma que deve substituir a BS7799-3 cujo objetivo é definir procedimentos de gerenciamento de riscos de segurança da informação. Ela compreende diretrizes e orientações sobre a identificação, avaliação, tratamento e gestão suportada dos riscos sobre os ativos empresariais compreendidos no SGSI;

» ISO 27006: compreende as diretrizes para o processo de certificação segundo o conjunto ISO/IEC 27000. Publicada em 2007.

A norma NBR ISSO/IEC 27000 é uma metodologia estruturada a ser aplicada em segurança da informação e é composta por processos que auxiliam a avaliar, implementar, manter e gerenciar a segurança da informação numa organização. Ela também conta com um grupo de controles baseados nas melhores práticas reconhecidas mundialmente.

Uma definição concisa da meta da norma NBR ISO/IEC 27001 é "salvaguardar a confidencialidade, a integridade e a disponibilidade da informação escrita, falada e eletrônica".

Esta norma considera:

» segurança física;
» segurança técnica;
» segurança procedimental;

» segurança com pessoas ligadas ao processamento ou manipulação da informação.

O SGSI proposto pela norma é um processo sistêmico a ser aplicado na empresa baseado nos riscos inerentes ao negócio e, pelo fato de ter um processo semelhante à implantação da ISO 9000, permite a fácil adequação à realidade da empresa. Seu objetivo é estabelecer, implementar, operar, monitorar, revisar, manter e melhorar todos os procedimentos de segurança da informação (ABNT NBR ISO/IEC 27001, 2006). Ele se baseia no sistema de gestão orientada a processos de melhoria contínua conhecida como ciclo PDCA (Plan-Do-Check-Act).

Uma empresa que não tem os mecanismos de segurança impostos pela norma pode estar sujeita a impactos e flutuações de diversas fontes, em que se destacam a perda de clientes e contratos, danos à sua imagem pública, queda de produtividade, aumento do custo do produto, aumento de seguros, penalidades, multas etc.

A norma não esgota o assunto e não consegue abranger todos os aspectos para promover um ambiente seguro e com qualidade de serviços em tecnologia da informação, sendo de grande importância a sua combinação com os manuais de boas práticas e normas anteriormente citadas.

TERMOS E CONCEITOS IMPORTANTES

- Governança
- Stakeholder
- Cobit
- ITGI
- Itil
- itSMF
- NBR/ISO 20000
- NBR/ISO 27000

QUESTÕES PARA DISCUSSÃO

1. Por que os departamentos de TI das empresas precisam desenvolver mecanismos de gestão?
2. Quais são os elementos a serem considerados na gestão profissional da tecnologia da informação?
3. O que é governança em seu sentido geral?
4. O que é governança corporativa?
5. O que é governança de TI?
6. Cite e discuta duas situações corriqueiras que indicam a falta de governança de TI em uma empresa.
7. Qual é a função da norma NBR ISO/IEC 38500?
8. Mencione quais são os princípios que definem as diretrizes de projetos de TI.
9. O que é e para que serve o Cobit?
10. Quais são os pilares do Cobit?
11. Qual é o princípio básico do Cobit?
12. O que é a Itil?
13. De forma resumida, do que é composta a Itil?
14. Quais são os módulos principais da Itil?
15. Quais são os atores da Itil? Explique as suas funções.
16. Cite e explique duas disciplinas definidas no módulo de suporte a serviços da Itil?
17. Cite e explique duas disciplinas definidas no módulo de entrega de serviços da Itil?
18. Comente dois benefícios empresariais da aplicação da Itil.
19. Qual é a função da norma NBR ISO/IEC 20000?
20. Quais são os módulos principais da NBR ISO/IEC 20000?
21. Com qual manual de boas práticas a NBR ISO/IEC 20000 está alinhada?
22. Qual é a função principal da NBR ISO/IEC 27000?
23. O que é o Livro laranja?
24. Qual é a função principal da NBR ISO/IEC 27001?
25. Qual é a função principal da NBR ISO/IEC 27005?
26. É possível afirmar se a NBR ISO/IEC 27000 esgota o assunto de gestão de segurança da informação? Explique.

292 SISTEMAS DE INFORMAÇÃO

ESTUDO DE CASO

A anatomia de incidentes de segurança da informação

Incidentes de segurança são eventos ligados a sistemas computacionais, tecnológicos ou redes de computadores que promovem comportamentos indesejados no que diz respeito a uso e acesso à informação.

Em termos gerais, os principais incidentes ligados à segurança da informação envolvem acessos não autorizados a dados, sistemas e serviços, modificações de sistema indevidamente ou atividades que contrariem as políticas de segurança definidas numa organização.

Segundo o Cert-Br (Centro de Estudos, Resposta e Tratamento de Incidentes de Segurança no Brasil) os principais incidentes reportados entre janeiro e março de 2012 são:

» *Scan* (31,67%): processo de busca em redes de computadores com o objetivo de localizar potenciais computadores e serviços que possam ser explorados.

» *Worms* (15,61%): envolvem atividades maliciosas baseadas em processos automatizados de propagação de códigos maliciosos em redes computacionais.

» Fraude (15,37%): representa atos enganosos baseados em tecnologia para lesar, enganar ou obter vantagem sobre outras pessoas, ou ainda não cumprir determinados deveres. Esse valor de fraude envolve as tentativas de obter vantagem, mesmo que não concluídas.

» *Web* (9,01%): caso especial de ataque em que o foco é causar a indisponibilidade de servidores de conteúdo na internet (servidores *web*) em conjunto com desfiguração de páginas de empresas e instituições.

» Invasão (1,85%): envolve ataques realizados contra redes ou computadores que resultaram em acesso não autorizado.

» DoS (0,07%): conhecido como negação de serviço (**Denial of Service**), é um tipo de ataque que sobrecarrega um servidor com solicitações simultâneas de milhares de computadores clientes para promover o seu travamento ou indisponibilidade do serviço.

» Outros (26,42%): outros tipos de ataques de número reduzido que foram agrupados nessa categoria.

Diante desses números é fácil perceber que, no momento, os incidentes ligados a *scan* (não confundir com *scam*) são o principal ponto de destaque, e são consequência de sistemas computacionais mal configurados ou não atualizados (correções de *software*, antivírus etc.).

As fraudes são um ponto de preocupação, pois envolvem iniciativas de engenharia social, *phishing* e *scam* (golpe). Nesse aspecto, os recursos tecnológicos pouco têm a acrescentar para barrar ou minimizar tal tipo de incidente, ficando mais a critério do usuário entrar ou não nesse incidente.

O foco das empresas para ampliar a segurança e reduzir as fraudes virtuais está na definição de processos internos bem definidos, documentados e fortemente apresentados a todos os colaboradores da empresa como forma de *workshop* ou treinamento. Além dos processos internos é muito importante esclarecer ao usuário o seu papel no aspecto da segurança e conscientizá-lo das necessidades de segurança da empresa, da sua atividade e de seus dados pessoais.

Isso é particularmente importante, pois a maioria dos incidentes ligados à fraude necessitam de brechas no fator humano (excesso de confiança, imaturidade na situação, inocência, ingenuidade etc.), e esses conceitos só podem ser trabalhados quando há consciência do que pode ser perdido.

Ainda com relação a incidentes, especificamente reportados aqui no Brasil, existe um estudo do Cert-Br que apresenta o seguinte gráfico.

Figura 9.5 Incidentes por ano ao longo dos últimos dez anos

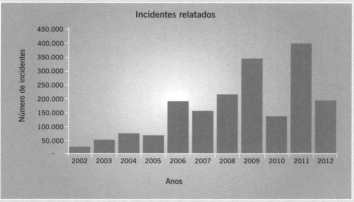

Fonte: Cert-Br.

De acordo com esse gráfico, pode-se visualizar que o número de incidentes de segurança tem aumentado, principalmente após 2006. Parte desse processo é resultado do aumento de conexões de alta velocidade (banda larga) que permite que os usuários e as empresas possam ficar conectados 24 horas por dia, junto com a popularização da internet e serviços cada vez mais atrativos.

294 SISTEMAS DE INFORMAÇÃO

Isso resulta em mais horas utilizando a grande rede pública, além de acesso a um número maior de serviços. Outro fator de grande importância é a exposição de dados em redes sociais, *websites* de relacionamento, jogos *on-line*, uso de redes ponto a ponto (P2P, como, Gnutella, Edonkey etc.).

Apesar de muitos dos serviços citados acima serem orientados para as pessoas, muitas vezes os funcionários estão utilizando tais serviços dentro da rede corporativa. Isso é consequência de uma falta de processos claros e seriedade no que diz respeito à segurança da informação.

A principal fonte de fraude está ligada a acessos aos bancos ou instituições financeiras. É importante definir que os mecanismos empregados pelos bancos para imposição de segurança de dados no Brasil é um dos melhores do mundo, sendo assim, as pessoas mal-intencionadas precisam buscar outras formas de burlar a segurança.

Essas brechas são encontradas principalmente na falta de conhecimento e experiência dos usuários, os quais são facilmente enganados por falta de atenção ou confiança excessiva. Por isso o número de *websites* clonados aumenta a cada dia, além dos ataques do tipo *phishing* que envia *e-mails* com *malwares* (programas maliciosos) se passando por instituições financeiras, bancos e até órgãos governamentais e de proteção ao crédito.

Os sistemas operacionais, como *software* de base para o funcionamento da máquina, podem ter brechas de segurança que necessitam de atualizações e correções o mais rápido possível.

Sendo assim, é possível concluir que os problemas de segurança existem porque há pessoas insatisfeitas com sua posição na sociedade ou até dentro da própria empresa que vão se utilizar de meios tecnológicos para roubar dados e informações para que possam tirar alguma vantagem pessoal ou financeira. Nesse quadro as empresas devem fortalecer todos os pontos de sua infraestrutura de tecnologia, inclusive considerando os colaboradores da mesma.

❓ Questões do estudo de caso

1. Por que o fator humano é considerado o elo mais fraco num processo de gestão de segurança da informação?
2. Qual deve ser a melhor iniciativa para aumentar a segurança da informação quando damos ênfase no fator humano?
3. O que você entende por ataque de *phishing*? Discuta se já houve alguma tentativa desse tipo por meio de seu *e-mail* particular.

10
TÓPICOS EM SISTEMAS DE INFORMAÇÃO

"Grandes realizações são possíveis quando se dá
importância aos pequenos começos."

Lao Tsé

AO FINAL DESTE CAPÍTULO, VOCÊ VAI:
1. Compreender as características básicas dos sistemas de informação empresariais, seu universo e problemas localizados.
2. Conhecer as mudanças impostas aos profissionais de tecnologia da informação perante as necessidades empresariais.
3. Conhecer as características de controle e automação de atividades empresariais.
4. Saber diferenciar os diversos tipos de automação e suas aplicações em cada área.

 ## 10.1 CONCEITOS BÁSICOS DE SISTEMAS EMPRESARIAIS

Define-se organização empresarial como uma organização complexa e formal cujo objetivo é gerar produtos ou serviços com fins lucrativos, isto é, vender produtos ou promover serviços por preços maiores do que o custo para produzi-los. Do ponto de vista sistêmico, elas sofrem influência das características internas (seu funcionamento) e do ambiente externo em que atua.

Quando se utiliza um sistema de informação para ajudar a controlar e aumentar a capacidade de resposta da organização, diz-se que ela tem um **sistema empresarial.**

Os sistemas empresariais têm o objetivo de dar suporte a três camadas da organização que têm necessidades de informações diferentes e níveis de detalhamento das informações também diferentes. São elas:

» suporte tático da organização, que permite uma resposta mais ágil e acertada no campo das estratégias da organização;
» suporte gerencial da organização, que possibilita melhor integração e colaboração de dados intra e interdepartamentais, melhorando as respostas gerenciais às flutuações de suas responsabilidades no funcionamento diário da organização;
» suporte operacional, que possibilita melhor o controle interno de todas as atividades que definem a "vida" da organização.

Um sistema empresarial básico auxilia na execução e no registro das operações diárias que definem seu método de trabalho e conduzem seu negócio. O registro das operações diárias de uma empresa é denominado transação, e, muitas vezes, uma transação em um subsistema gera várias outras transações em outros subsistemas (entenda-se subsistema como um departamento da organização).

Os sistemas empresariais básicos também são conhecidos como sistemas operacionais (SO) ou sistemas de processamento de transações (SPT). São caracterizados por ajudar no desenvolvimento das operações elementares da organização, ou seja, as operações que geram os dados de vendas, compras, contas a pagar e a receber etc.

Apesar de sua conotação simplória, esses sistemas são essenciais para o sucesso da organização, levando à visualização de seu desenvolvimento e à medição de sua eficiência e eficácia. Muitos dados gerados nesse sistema são agrupados e as exceções são alvo de estudo, sendo utilizadas nos processos de tomada de decisão no nível gerencial.

O principal foco dos SO está nos níveis inferiores da empresa, que possuem procedimentos predefinidos e políticas já implantadas, em que a responsabilidade do operador para tomada de decisão não é requisito principal.

CAPÍTULO 10 • TÓPICOS EM SISTEMAS DE INFORMAÇÃO   297

A necessidade do uso diário impõe uma série de responsabilidades pela necessidade de desenvolver suas transações. Isso quer dizer que uma parada do sistema empresarial básico pode acarretar prejuízos com relação a pedidos não efetuados, informações desencontradas de estoque e despacho de produtos, além da interrupção do sistema de faturamento.

Apesar de seu perfil voltado à resolução das tarefas da organização, os SO mantêm interações com o ambiente externo a partir do momento que necessitam utilizar dados de clientes, fornecedores etc.

Os sistemas de suporte à decisão são dependentes de dados gerados pelos sistemas empresariais básicos, em que gerentes de nível intermediário estudam as informações geradas por esse sistema para verificar o desempenho da organização nas suas tarefas (eficiência).

Já foi exposto que interrupções nesse tipo de sistema criam um ponto de gargalo nas atividades da organização e podem comprometer todos os outros tipos de sistema.

Dessa forma, é preciso utilizar tecnologias que sejam tolerantes a falhas. O mercado possui inúmeras opções de sistemas com essas características, com servidores replicadores, dispositivos de RAID por *hardware* ou *software*, sistemas de *backup* (cópia de segurança) e recuperação automática de dados etc.

Como sistemas empresariais básicos, citamos:

» sistemas básicos de fabricação e de controle: aqui predominam sistemas com siglas conhecidas como CNC (sistemas de controle numérico), MRP (sistemas de planejamento de recursos da produção), CAD/CAE/CAM (projeto, engenharia e produção auxiliada por computador), FIC (sistemas de fabricação integrada ao computador), além dos mais conhecidos como robótica, controle de qualidade etc.;

» sistemas básicos de vendas e marketing: dão suporte às atividades de vendas, aumentando o fluxo de mercadorias e serviços. Trabalham com a coleta e o processamento de dados rotineiros e repetitivos de compras de um cliente para promover vendas casadas (CRM). São divididos em dois grupos: sistemas de processamento de pedidos e sistemas de PDV (ponto de venda);

» sistemas básicos de contabilidade e finanças: foram as primeiras funções a utilizar tecnologia para auxiliar no desenvolvimento de suas tarefas. São sistemas como: contas a pagar, contas a receber, fluxo de caixa, escrita fiscal, folha de pagamento, livro-razão etc.;

» sistemas básicos de recursos humanos: ajudam na integração de necessidades de mão de obra, recrutamento, avaliação de desempenho, plano de carreira etc.

Existem também alguns sistemas de muita importância para a organização denominados sistemas de apoio ao conhecimento. São caracterizados pelo uso de ferramentas de colaboração (Painel de Controle Digital) para compartilhar o conhecimento exigido para o desenvolvimento de diversas atividades na organização.

Ambientes como a intranet (*groupware*) da organização, sistemas de correio eletrônico e reuniões virtuais são as grandes ferramentas desse tipo de sistema. Os profissionais que utilizam sistemas assim têm como principal tarefa criar ou processar informações e se dividem em dois grupos: trabalhadores do conhecimento, cuja principal função é criar novas informações e conhecimentos, e os trabalhadores de dados, cuja principal função é processar, usar ou divulgar informações.

Já se sabe que a intranet é uma excelente ferramenta para manter a estrutura de comunicação de dados da organização, promovendo, inclusive, uma nova ferramenta denominada endomarketing, que possibilita a divulgação de diversos dados de caráter geral da empresa para todos os funcionários. Isso pode ser facilmente relacionado com painéis virtuais de apresentação de resultados positivos e negativos da organização.

Resumir as transações de uma organização em duas ou três atividades é permitir a ocorrência de erros e, consequentemente, a premissa básica para uma administração problemática.

Dessa forma, diversas funções da empresa classificadas como atividades básicas podem ser agrupadas em gestões para a modelagem de um sistema de informação que represente a real necessidade de qualquer empresa, independentemente de seu porte. Essas funções podem ser facilmente incorporadas ao sistema de informações da organização, sendo agrupadas como:

CAPÍTULO 10 • TÓPICOS EM SISTEMAS DE INFORMAÇÃO   299

Quadro 10.1 Diversas funções da organização

Gestão de dados Clientes Fornecedores Usuários Cidades **Gestão de pessoal** Ponto eletrônico RH Folha de pagamento **Gestão de pedidos** Lançamento de pedidos Confirmação de pedidos Aprovação de crédito **Gestão orçamentária** Custos Estabelecimento de preço Proposta comercial **Gestão de produção** Planejamento de produção Ordem de produção Requisição de materiais Roteiro de produção Estoque de produto acabado Produção **Gestão de expedição** Lançamento de expedição Lançamento de nota fiscal Faturamento **Controladoria** Contabilidade fiscal Orçamento contábil Contabilidade gerencial Contabilidade comercial	Notas de entrada Notas de saída Contabilidade Livros fiscais **Gestão financeira** Movimentação financeira Fluxo de caixa Controle bancário Contas a receber Orçamento Simulação financeira Contas a pagar **Gestão de serviços** Assistência técnica= Controle de serviços **Gestão de materiais** Controle de qualidade Estoque de terceiros Recebimento Estoque **Gestão de demanda** Carteira de pedidos Previsão de vendas Projeção de estoque **Gestão de compras** Previsão de compra Solicitação de compra Consolidação de solicitações Cotação Lista de preços Autorização de fornecimento Aprovação

10.2 OS PROFISSIONAIS DE TI E SEUS RELACIONAMENTOS

Após a Revolução Industrial, a mecanização de atividades repetitivas se tornou cada vez mais importante dentro das organizações. Entre as décadas de 1960 e 1980, existiam dois profissionais envolvidos na tarefa de mecanização das atividades desenvolvidas pelas empresas. Eles não tinham um bom relacionamento, apesar de trabalharem no mesmo ambiente, ficando a cargo do superior de ambos a tarefa de aumentar o diálogo entre eles.

A gerência de O&M (Organização e Método) se encarregava de normas e métodos administrativos (analista de O&M), enquanto a gerência de desenvolvimento de sistemas se encarregava do que supostamente a O&M criasse ou organizasse (analista de sistemas). A justificativa para esse conflito entre os profissionais era que o analista de O&M achava que o analista de sistemas só se preocupava em mecanizar todo e qualquer fluxo de informações sem se importar com o fluxo propriamente dito. Por outro lado, o analista de sistemas dizia que o analista de O&M só sabia modelar formulários e mudar as mesas do setor ou departamento de lugar.

É importante salientar que esse desentendimento nem sempre é culpa direta dos profissionais envolvidos, mas provavelmente tenha sido do superior de ambos, pois em uma grande maioria dos casos esse profissional não conseguia detectar o problema.

Muitas vezes o superior era um profissional extremamente técnico (conhecimento em informática e apenas isso), ou, no outro extremo, era um profissional muito político, o que se traduz em uma relação estreita com a diretoria, que o mantinha no posto por alguns anos e nada mais.

10.2.1 A função do analista de O&M

No passado, não se falava muito em processo, portanto o analista de O&M não se preocupava em racionalizar, melhorar ou criar um processo; sua preocupação era muito limitada à abrangência da solução adotada.

Como não era possível resolver um problema de maneira global, os profissionais de O&M simplesmente isolavam-no e tentavam sua resolução pela forma mais simples. Esse quadro resultava na solução de apenas uma parte do problema, pois o objetivo principal não era a causa (ou as causas) como um todo, o que fazia com que o problema acabasse sendo refletido em outro departamento, outra atividade ou outro lugar.

10.2.2 A função do analista de processo

O analista de processo é resultado da necessidade da organização de possuir alguém com uma visão técnico-administrativa da empresa, ou seja, alguém preocupado em resolver o problema como um todo para que ele não volte a aparecer em outros setores ou atividades.

Esse novo profissional foi concebido nos princípios da revolução tecnológica, que, além de disponibilizar os meios que permitem à empresa dar saltos produtivos

CAPÍTULO 10 • TÓPICOS EM SISTEMAS DE INFORMAÇÃO 301

significativos, trouxe a quebra de vários paradigmas existentes, não só no mundo empresarial como em nossa casa e em nossa vida.

Ele tem uma visão completamente contrária à do analista de O&M. Enquanto um se preocupa com o detalhe, o outro se preocupa com o todo. Sua principal função é criar o processo, ou, ainda, levantar o processo existente, documentá-lo, estudar cuidadosa e detalhadamente seu fluxo, a fim de desenvolver melhorias que aumentem sua eficiência, velocidade e produtividade.

10.2.3 A função do analista de sistemas

O analista de sistemas era um profissional cuja responsabilidade era entender as necessidades do usuário, seus problemas e suas dificuldades para executar sua atividade e, por meio do projeto, desenho e programação de um sistema de informações, resolver todos eles.

O único problema desse quadro é que nem sempre refletia a realidade; na verdade o analista de sistemas partia do pressuposto de que o usuário não sabia exatamente o que queria e por isso suas afirmações não eram confiáveis. O resultado desse quadro era um sistema malfeito, brigas intermináveis, usuários insatisfeitos e muita perda de tempo e de dinheiro.

Nesse período, só existiam computadores de grande porte (*mainframes*), que ficavam em um espaço chamado Centro de Processamento de Dados (CPD), protegidos de tudo e de todos por portas que controlavam o acesso.

Assim, pode-se perceber que os usuários não tinham ou, quando muito, tinham acesso restrito ao CPD. Nessa época, ainda não existiam terminais burros, muito menos microcomputadores. Os usuários se limitavam a preencher planilhas com os dados que coletavam manualmente e os levavam ao setor de digitação, para que fossem transformados num meio e linguagem compreensíveis pela máquina.

Esse mesmo profissional tinha um dia a dia difícil na empresa, pois, como era responsável pelo funcionamento dos sistemas que tinha desenvolvido, era tratado quase como um "médico" do equipamento, sendo chamado a qualquer hora do dia ou da noite nos casos de:

» mau funcionamento dos programas;
» ocorrência de término anormal do programa (*abends*);
» inconsistência nas informações;
» resultados diferentes dos que eram esperados;

» reprocessamento;

» necessidade de retomar o processamento interrompido por um *abend*.

Esse profissional não tinha a menor preocupação em melhorar um processo, ou seja, se, por exemplo, um usuário definisse algum procedimento errado, o analista de sistemas se preocupava apenas em automatizar o erro. Nesse caso, existia uma pequena semelhança entre o analista de O&M e o de sistemas, pois nenhum dos dois interagia com o processo e muito menos se preocupava em aperfeiçoá-lo.

O surgimento dos computadores pessoais e dos programas cada vez mais fáceis de ser utilizados delegou o poder de manipulação dos dados para as mãos dos usuários, possibilitando que os profissionais de informática da época passassem por uma mudança drástica de paradigma, aprendendo algumas lições importantes.

Primeira lição importante aprendida pelos analistas de sistemas: *os dados e o produto oriundos dos sistemas de informação são propriedade dos usuários, jamais do analista de sistemas ou do Centro de Processamento de Dados.*

Segunda lição importante aprendida pelos analistas de sistemas: *o poder da informação está em saber usá-la, não em possuí-la.*

Diante disso, uma nova necessidade ficou aparente na organização: o analista de sistemas precisa trabalhar lado a lado com o analista de processos para que juntos possam orientar a criação e a automação do fluxo da produção.

Todas essas razões levaram o mercado a definir o novo perfil do analista de sistemas necessário às organizações, em que se destacam mudanças de:

» paradigma: consideração do processo global de funcionamento da organização voltado para a totalidade, quando novos sistemas tiverem de ser desenvolvidos, ou seja, não existem mais os sistemas monofuncionais.[1] O analista de sistemas deve desenvolver o todo por partes e não as partes visando à formação de um todo, formando uma colcha de retalhos de sistemas;

» comportamento: tais mudanças ocorreram devido às inovações tecnológicas sucedidas a partir dos anos 1980, posicionando o poder de processamento nas mãos dos usuários. Nesse ponto, a arquitetura cliente-servidor

---

1   São sistemas com uma única função, como um sistema de compras totalmente separado do sistema de vendas e do sistema de estoque.

CAPÍTULO 10 • TÓPICOS EM SISTEMAS DE INFORMAÇÃO   303

providenciou uma grande aproximação dos dados com os usuários, deixando para os profissionais de tecnologia a tarefa de gerenciar a rede que integra os sistemas e de definir a segurança da rede e dos dados;

» padrão de desenvolvimento: a mudança de paradigma em conjunto com a de comportamento gerou uma nova preocupação: aliar o desenvolvimento técnico com uma sólida visão organizacional.

Essa nova visão integrada levou à necessidade de um novo profissional, o analista de negócios, para executar a completa mesclagem da visão organizacional com o desenvolvimento tecnológico. Desse profissional espera-se a produção de soluções harmônicas, que possam integrar o que existe de mais atual na tecnologia da informação com a forma mais oportuna e segura de fazer negócio.

10.2.4 De gerente de informática a CIO

Em alguns CPDs de várias empresas ainda encontramos aquele gerente de informática que é (e age) da maneira relatada anteriormente, mas o papel desse profissional tem passado por drásticas mudanças no que se refere às suas responsabilidades.

Seguindo o exemplo dado do analista de O&M, o gerente de informática não tinha nenhuma visão da empresa como um todo, considerando que para desenvolver seu trabalho apenas era necessário resolver os problemas que surgiam, criando, assim, uma lista interminável de prioridades.

Muitas vezes, a gerência de informática, por ficar subordinada ao diretor financeiro ou administrativo, tinha sua função principal desviada pelo fato de as maiores decisões sobre tecnologia sofrerem grande influência política dos superiores aos quais a gerencia de informática estava subordinada, e não das necessidades da área para a qual o sistema deveria ser desenvolvido.

Atualmente, o papel desse profissional está em constante alteração, levando em consideração sobretudo o seu principal objetivo: a integração entre funcionários. Esse quadro foi melhorado com a grande disseminação da tecnologia de informação.

É importante salientar que ainda existem no "mundo real" gerentes de informática individualistas e que não se preocupam em ajudar a empresa.

É lógico que existem diversas responsabilidades inerentes a esse profissional, como um programa que não funciona, um sistema que ele não consegue terminar nunca, dados que o usuário não enviou etc. Isso indica uma série de preocupações periféricas que algum auxiliar poderia muito bem resolver com sucesso.

A correta função de um gerente de informática é exatamente estar envolvido com tarefas mais nobres e profícuas para a empresa, por exemplo, procurar novas possibilidades de negócios para gerar receita para a empresa, economizar recursos, atender melhor a seus clientes (departamentos) com o uso da tecnologia da informação.

A nova geração de gerentes de informática, agora chamada CIO (Chief Information Officer), precisa, muito mais do que apenas ter um novo nome, ter uma postura diferente ao encarar os problemas da organização, pois dela se exige uma visão estratégica e operacional da organização, ao mesmo tempo inserida no contexto da globalização, procurando maneiras inovadoras de fazer com que sua empresa esteja à frente de seus concorrentes diretos e indiretos.

Por todas essas razões, esse profissional não pode mais estar subordinado a qualquer diretoria. Ele deve fazer parte dela para participar das decisões estratégicas dando seu parecer com relação à capacidade tecnológica de resolver problemas e atendendo a todos segundo as prioridades da empresa e segundo as possibilidades de investimento.

O CIO é um profissional que tem a tarefa de procurar novas tecnologias ainda desconhecidas que provoquem o surgimento de novas formas de operar, produtos diferentes, avanços e quebras de paradigmas, colocando a empresa para qual trabalha à frente de seus concorrentes.

Tabela 10.1 Comparação gerente de informática x CIO

CARACTERÍSTICAS	GERENTE DE INFORMÁTICA	CIO (CHIEF INFORMATION OFFICER)
Subordinação	Departamento	Presidência
Tendência	Centralização	Descentralização
Administração	Sistemas	Recursos informacionais
Habilidades	Coordenador	Tato, criatividade, intuição
Profissional	Formação técnica	Negócio, mercado
Planejamento	Estanque, "incêndios"	Planos de metas x PDI
Escopo	Setorial	Global
Foco de tecnologia	*Hardware*, *software* atual	*Hardware*, *software* futuro
Objetivo	Produtivo	Apoio ao negócio
Estilo	Reativo	Proativo
Filosofia	Lógica	Intuição, pluralidade, ecletismo

CAPÍTULO 10 • TÓPICOS EM SISTEMAS DE INFORMAÇÃO   305

10.3 AUTOMAÇÃO E CONTROLE

A automação compreende o conjunto de fenômenos e meios tecnológicos destinados a substituir o esforço humano pelo trabalho realizado por mecanismos cujo funcionamento está submetido a controles externos.[2]

As invenções promovidas pela humanidade sempre introduziram novos estilos de vida em consequência dos hábitos inéditos assumidos diante dos desafios por ela criados e também geraram múltiplas dúvidas sobre suas consequências e seu impacto na sociedade.

O controle,[3] quando inserido no contexto tecnológico, assume um papel de destaque nos modelos e processos empresariais existentes. Desde o mais simples ao mais complexo, o controle de produtividade deu origem às técnicas que não são novidade em nossos tempos.

Existiram diversos tipos de controles de equipamentos e processos na história da humanidade, que caminharam para o uso de controles automáticos em diversas atividades; assim, esse conceito evoluiu para o que hoje se entende por definição como **automação**.[4]

> A **automação** é definida como um conjunto de técnicas por meio das quais se constroem sistemas ativos capazes de atuar com uma eficiência ótima pelo uso de informações recebidas do meio sobre o qual atuam.

A automatização[5] é um assunto em evidência e congrega duas conotações diferentes em consequência de uma confusão entre mecanização e automação. Do ponto de vista de uma empresa, a automatização sempre é encarada como um aumento de produtividade e, erroneamente, como uma forma de reduzir excessivamente a

---

2   *Nova Enciclopédia Barsa*. São Paulo: Barsa Consultoria Editorial Ltda, 2001, Macropédia 2, p. 216.

3   Palavra de origem francesa, *contrôler*, denota o ato ou poder de exercer domínio, fiscalizar, supervisionar, manter equilíbrio.

4   Esse conceito foi introduzido nos Estados Unidos em 1946.

5   Os termos "automatização" e "automação" são sinônimos, segundo o *Dicionário Delta Larousse*. Rio de Janeiro: Delta, 1978.

mão de obra. Já para os funcionários, ela é tida como um "substituto" de função, e o medo de perder sua função acaba causando um sentimento de aversão a ela.

No século XX, a utilização de dispositivos automáticos provocou um grande incremento nos sistemas de produção e um considerável aumento de segurança para trabalhadores que exerciam suas atividades em ambientes de alta periculosidade.

Como já foi apresentado anteriormente, existiu um período no desenvolvimento da tecnologia em que a mecanização desenfreada e inconsciente resultou no aumento do desemprego. Segundo Paulo Roberto Feldmann,[6] "a evolução das novas tecnologias microeletrônicas tem sido muito intensa, no entanto não há seguras indicações de que estamos apenas no início de uma nova era de radicais e irreversíveis modificações na sociedade dos homens, a serem provocadas pela automação".

Hoje, a automação tem um novo significado quando correlacionado a sistemas de informação, sendo vista como um grande aliado para o aumento de produtividade da organização e também para o desenvolvimento da atividade do trabalhador.

A automação é um processo evolutivo da tecnologia considerado irreversível. A valorização do ser humano para o desenvolvimento de tarefas criativas, o aumento de qualidade de vida da sociedade e o maior enriquecimento pelo menor custo do produto ou pelo aumento de produtividade definem os motivos que levaram ao uso da automação. Outros fatores que influenciam o uso da automação é a sobrevivência no mercado extremamente dinâmico e altamente competitivo, a criação de novas frentes de empregos diretos e indiretos (terceirização) para manutenção, o desenvolvimento e supervisão de sistemas, a busca incansável pela qualidade do produto e satisfação do cliente.

Existem três tipos de automação que diferem entre si pela área de aplicação e tipo de tecnologia envolvida. Todas têm como principal objetivo aumentar a produtividade, seja ampliando a produção, seja aumentando o fluxo de desenvolvimento de trabalhos ou serviços.

10.3.1 Automação de escritório

Esse tipo de automação se concentra em dispositivos de *hardware* e *software* que possibilitam o aumento de produtividade dos departamentos da organização. Como uma definição clássica, tem-se que **automação de escritório** é qualquer

---

6 FELDMANN, P. R. *Robô*: ruim com ele pior sem ele. São Paulo: Trajetória Cultural, 1988.

aplicação da tecnologia da informação destinada a aumentar a produtividade dos trabalhadores da informação nos escritórios.

Como ferramentas para esse tipo de automação destacam-se:

» uso de microcomputadores e acessórios conectados ou não a redes;
» impressoras para emissão de relatórios, demonstrativos e outros impressos e documentos;
» pacotes de programas para automação de atividades, tais como processadores de texto, planilhas de cálculo, gerenciadores de apresentação e gerenciadores de bancos de dados;
» pacotes específicos para determinadas áreas em que a padronização interna da organização ou a legislação vigente permitem a entrada de dados e processamentos automatizados resultando apenas nos relatórios devidos (por exemplo, *softwares* de contabilidade).

Esse tipo de automação é a que mais tem sido adotada nas organizações, independentemente do seu porte, pois até na menor organização o uso de um computador pode melhorar o controle interno das atividades. Ela também é a melhor maneira de integração da mão de obra de um trabalhador com a tecnologia.

10.3.2 Automação comercial

Esse tipo de automação se caracteriza pelo uso de dispositivos de *hardware* e *software* para automatização de pontos de venda e força de vendas, possibilitando, inclusive, integração com os sistemas CRM para a venda casada ou apresentação de promoções, além do uso de dispositivos de *hardware* de mão para controle de tarefas, minimizando erros na organização.

Automação comercial é qualquer aplicação que utiliza *hardware* e *softwares* específicos para desenvolver atividades comerciais, aumentando os controles e minimizando erros humanos.

Figura 10.1 Exemplo de automação comercial com código de barras

É uma automação que pode ser utilizada tanto na interface de vendas diretas com o cliente quanto nos departamentos internos da organização.

Figura 10.2 Equipamentos coletores de dados

A automação comercial é dividida em vários grupos devido ao objetivo da aplicação:

» automação de ponto de venda: uso de equipamentos como impressora fiscal, computador PDV com gaveta, leitor de código de barras etc. para melhorar o atendimento ao cliente no que diz respeito a vendas;
» automação predial: uso de equipamentos como portão eletrônico, interfones, ramais internos, sensor de presença, alarmes inteligentes, controles de caixa-d'água etc. para aumentar a segurança ou constituir uma central de controle para apartamentos, condomínios e prédios das empresas;
» automação residencial: utilização de componentes eletrônicos em interruptores inteligentes ou controle remoto com infravermelho para o controle de diversos dispositivos eletrônicos da casa. Também conhecida como "casa inteligente";
» automação da força de vendas: uso de computadores de mão (*palmtops* ou *handhelds*) ou coletores de dados para a geração de pedidos eletrônicos, utilizando *softwares* de tamanho reduzido desenvolvidos exclusivamente para essa tarefa. Esse tipo de automação pode representar uma grande ajuda bilateral para sistemas CRM;
» automação de aquisição de dados: utilização de computadores de mão ou coletores para a contagem de produtos, controle de estoques, entre outras atividades. Sua principal função é eliminar os erros humanos em contagem e promover um controle mais eficiente, como, por exemplo, departamentos de expedição e logística de empresas.

Figura 10.3 Computador de mão

10.3.3 Automação industrial

Essa modalidade de automação é utilizada principalmente no controle de produção ou em conjunto com máquinas automáticas para confecção de produtos. A **automação industrial** é o oferecimento e o gerenciamento de soluções para o controle do processo industrial, normalmente associada ao aumento de produtividade.

Esse tipo de automação é caracterizado pelo uso de sensores de controle para o processo, que ativam um controlador e acionam um atuador, que define, por sua vez, uma ação física de interação com o processo.

A automação industrial é dividida nos seguintes grupos:

» controle numérico: são dispositivos denominados de CNC[7] utilizados em máquinas-ferramentas e máquinas operatrizes para usinagem e fabricação de produtos e peças;
» sistemas de supervisão: são dispositivos de *hardware* ligados aos sistemas de controle de processos da empresa, normalmente utilizando um equipamento denominado CLP,[8] que pode sofrer ajustes remotos por meio de sistemas computacionais. Eles são usados para supervisão do processo de fabricação de uma organização em sistemas conhecidos como Scada (Supervisory Control and Data Acquisition, ou controle supervisório e aquisição de dados), ou simplesmente, sistemas supervisórios;

---

7   Controle numérico computadorizado.
8   Controlador lógico programável também conhecido como PLC.

» robótica:[9] esse grupo está ligado à automação programável, que aceita características de parametrização de produtos, ou seja, permite a alteração de características do processo no momento desejado. Esse tipo de automação é representado pelos manipuladores robóticos (braços e assemelhados), robôs de transporte (autônomos ou não), robôs de medição e interventores.

Figura 10.4 Braço mecânico (manipulador)

Nas diversas manifestações da automação, tem-se a robótica, que, junto com as teorias da inteligência artificial, elabora seus estudos na tentativa de desenvolver a capacidade de decisão para as máquinas.

Mesmo com a impossibilidade de uma máquina desenvolver o pensamento crítico e a criatividade, a capacidade de um equipamento que possui autonomia de decisão para situações previamente definidas pode muitas vezes ser superior à de um ser humano.

Os diversos tipos de automação existentes podem ajudar na alimentação dos dados nos sistemas de informação e, consequentemente, aumentar a produtividade da organização e reduzir erros operacionais, bem como discrepâncias dos dados. Assim, informações de qualidade podem auxiliar a tomada de decisão acertada e criar um ambiente de agilização de respostas às turbulências e complexidades do mercado.

10.4 ÉTICA NOS SISTEMAS DE INFORMAÇÃO

As grandes mudanças tecnológicas, apesar dos benefícios causados em diversas áreas, provocam mudanças consideráveis em todos os segmentos da sociedade.

---

9   Criação de equipamentos que substituem atividades físicas humanas repetitivas.

CAPÍTULO 10 • TÓPICOS EM SISTEMAS DE INFORMAÇÃO   311

Essas mudanças demandam atenção especial e necessitam de entendimentos que podem ser obtidos por meio de investigação científica.

Quando se estuda a tecnologia para a visualização dos impactos e dos pontos negativos que provoca, é importante criar uma rede de relacionamentos entre ela e o trabalho, a educação e a sociedade.

Desde a década de 1970, o emprego de tecnologia de forma generalizada em diversas atividades humanas tem levantado discussões sobre questões referentes a dois temas muito importantes:

» a violação de privacidade;
» o desemprego causado pela automação de processos industriais.

É interessante salientar que a mesma revolução tecnológica que causou o desemprego permitiu o aparecimento de novas atividades que necessitam de mão de obra especializada, impondo ao mercado de trabalho a necessidade de profissionais mais bem qualificados.

Nesse quadro, a ética[10] é utilizada para determinar os valores que impõem as fronteiras morais no desenvolvimento e no uso de sistemas que empregam a tecnologia para automatizar tarefas. A ética não pode ser confundida com a moral, pois essa é a regulação dos valores e comportamentos considerados legítimos por uma determinada sociedade, um povo, uma religião, certa tradição cultural etc. Ela é uma reflexão crítica sobre a moralidade, voltada para a ação historicamente produzida com o objetivo de limitar as ações humanas.

A ética é um assunto que tem sido muito abordado hoje e mostra que, para um ser humano poder participar de uma sociedade, ele precisa de uma conduta que se baseie no respeito ao espaço e aos valores dos indivíduos que o cercam. A ética pode ser traduzida como "bem-estar social" e precisa ter o mesmo nível de atualização dos novos paradigmas gerados pela sociedade da informação. Uma boa definição para ética é o estudo dos juízos de apreciação que se referem à conduta humana suscetível de qualificação do ponto de vista do bem e do mal, seja relativamente à determinada sociedade, seja de forma global.

---

10 "Ética" é uma palavra de origem grega, *ethos*, que designa a morada humana. É uma disciplina crítico-normativa que estuda as normas de comportamento humano mediante as quais o homem tende a realizar, na prática, atos identificados com o bem.

Nos conceitos de ética existe a virtude humana, que permite que os indivíduos possam rever suas ações, modificando sua conduta à procura de um novo sentido para a própria vida. É importante salientar que o desenvolvimento do comportamento ético dos indivíduos não pode ser encarado como uma ditadura, segundo a qual todos "devem" ser totalmente éticos.

No mundo real, a consciência ética geralmente permeia os indivíduos em alguns momentos; mesmo assim, existem aqueles que não têm nenhuma preocupação com a ética.

Nesse caso, o importante é tentar conscientizar a todos, atingir aqueles que fazem parte do grupo favorável à ética e deixar a própria sociedade mostrar ao restante, com ações práticas, o caminho correto para estarem mais bem socializados.

Os princípios éticos já sofreram algum tipo de padronização pelas nações do mundo com a Declaração Universal dos Direitos Humanos pela Organização das Nações Unidas (ONU), em 1948, uma demonstração do quanto a ética é necessária e importante.

Mas apenas a reprodução desses princípios pela Constituição de cada país, como é o caso da do Brasil, com a Constituição de 1988, não é o bastante para o estabelecimento de uma consciência ética. É necessária a incorporação desses princípios na atitude prática, no dia a dia de cada indivíduo da sociedade.

É claro que existem casos que a má interpretação de alguns direitos acabam criando situações contrárias aos propósitos da ética, quando indivíduos sem consciência social se aproveitam de determinadas padronizações com falsos moralismos.

A sociedade, ao longo dos tempos, criou uma série de **códigos de ética**[11] com o objetivo de explicitar o pensamento e a identidade política e social de determinado grupo, além de definir como aquele grupo desenvolverá seus objetivos particulares de acordo com os princípios universais da ética.

A ética profissional pode ser definida como o conjunto de normas de conduta que deverão ser postas em prática no exercício de qualquer profissão. Pode ser entendida como uma ação regulamentadora da ética agindo no desempenho das profissões, esperando que o profissional respeite os indivíduos com os quais interage.

---

11 Acordo explícito entre os membros de um grupo social (categoria profissional, partido político, associação civil etc.).

Compreende o caráter normativo e até jurídico que regulamenta determinada profissão com base em estatutos e códigos específicos.

Contextualizando o pensamento ético no mundo atual, percebe-se que com o efeito da globalização a responsabilidade ética exigida pela sociedade se resume cada vez mais em transparência e respeito. Apesar das gritantes diversidades sociais, culturais e econômicas, a sociedade demonstra sua crescente indignação provocada pelo modelo de "capitalismo selvagem", cujo eixo principal é a individualidade.

A utilização da tecnologia para o desenvolvimento de diversas atividades tem definido uma série de mudanças no código de ética das profissões. O uso da tecnologia como ferramenta de trabalho é alvo de diversos atos antiéticos, como culpar o computador por um trabalho não desenvolvido.

Muitos profissionais preferem culpar o equipamento, dizendo ter dado um problema que levou a não conclusão de seu trabalho, a assumir o mau gerenciamento de seu tempo para resolvê-lo. Tal atitude mostra-se preocupante, uma vez que o equipamento não tem capacidade de se defender, tornando fácil o uso dessa justificativa. Nesse caso, é preciso conscientizar os profissionais para enxergarem suas atividades com clareza e, em momentos de sobrecarga de trabalho, assumirem tal efeito em vez de culpar o computador.

Alguns profissionais integrantes do corpo internacional ativo de desenvolvedores *web* (Web Developers) e internet marketers criaram um código de ética na internet para essa categoria. Esse código de ética simbolizado pelo logotipo PPN (Professional Presence Network, ou rede de presença profissional) tenta elevar os padrões do setor pela observação de princípios éticos profissionais comuns.

As formas mais recentes de emprego da tecnologia têm definido um novo comportamento ético nas organizações, denominado ética virtual, pois o tipo de relacionamento existente na internet, por exemplo, não permite um contato direto e visual, impedindo a avaliação das consequências causadas pela insatisfação do cliente.

As organizações devem perceber que a visão ética pode ser aplicada no mundo dos negócios, de modo que elas ganhem credibilidade dos parceiros comerciais e funcionários.

Uma empresa que permite a ampliação de benefícios à sociedade (consciência social) pode ter um caminho bem definido para criar uma imagem ética. Nas transações pela internet, é extremamente importante ter a credibilidade da sociedade para sobreviver no comércio eletrônico. É importante salientar que apenas essa visão ética na organização não é suficiente para consolidar uma boa imagem perante a sociedade. Também é necessária a preocupação social: patrocínio à educação e à cultura, ao esporte e a projetos ambientais.

Uma empresa que tem uma imagem social negativa terá muita dificuldade para reconstruir uma boa imagem e será muito fácil prejudicar a imagem que possui, assim, os gerenciamentos de seu comportamento ético e de sua preocupação social são maneiras simples de construir ou manter uma boa imagem.

Além da preocupação ética e social da organização com relação à sociedade em que se encontra, uma reflexão ética é de extrema importância no processo de tomada de decisão da empresa.

Quando algum profissional da organização toma uma decisão, é fundamental que ele tenha consciência de que tal decisão afetará não somente a sua vida, mas a vida de todas as pessoas envolvidas na organização (funcionários, consumidores, investidores, fornecedores, cidadãos etc.).

Os componentes de uma organização e seus indivíduos a ela relacionados têm expressado seus direitos individuais nas últimas décadas, mas tais abordagens têm se mostrado contrárias ao bem-estar comum dos sistemas organizacionais, prevalecendo o individualismo das categorias.

Quando um grupo briga por seus direitos, deve levar em consideração os impactos causados por essas reivindicações no sistema a que pertence, pois esse fato acaba por ignorar a importância prática da justiça, interna e externa, de uma organização.

Segundo John Rawls,[12]

> Justiça é a primeira virtude de instituições sociais, como a verdade é do sistema de pensamento. Não importa que seja elegante ou econômica, uma teoria deve ser rejeitada se não for verdadeira; da mesma forma, leis e instituições, não importa quão eficientes e bem ordenadas sejam, devem ser reformadas ou abolidas se foram injustas.

O comportamento ético no mundo virtual da informação é um pouco complexo, tendo em vista que a velocidade de uma transação é grande e o relacionamento com o cliente não é baseado no contato direto, cara a cara. Alguns grupos

---

12 RAWLS, J. *Uma teoria da Justiça*. 2. ed. São Paulo: Martins Fontes, 2002.

tentam criar regras especiais na tentativa de padronizar o comércio eletrônico. Para que as pessoas possam acreditar na tecnologia e na organização com que elas estão negociando, essas características podem impor a necessidade de um código internacional para regulamentação desse tipo de comércio.

A tendência indica que as empresas da nova economia estarão sujeitas à certificação SA 8000,[13] a qual já existe para as empresas tradicionais, assim talvez a segurança dos indivíduos perante as novas formas de comercialização poderá ser ampliada.

No contexto da ética empresarial e seu vínculo com a internet, podem-se ressaltar alguns pontos básicos:

» o exemplo de comportamento ético em uma organização deve começar pelo alto escalão da administração, o qual precisa demonstrar sua preocupação com o sucesso do projeto;

» a organização deve estabelecer corretamente o que entende por ética, modelando um código de conduta com relação aos clientes e contatos, ao conteúdo do site, aos parceiros de negócio, aos patrocinadores etc.;

» deve ser promovido um treinamento para os funcionários e componentes-chave do gerenciamento das atividades;

» outro ponto de interesse é a avaliação dos novos candidatos ao trabalho com o intuito de verificar se o seu perfil se encaixa na nova abordagem;

» é necessário definir estratégias e mecanismos concretos para a correta implantação desses conceitos na organização.

10.5 TECNOLOGIA E AS QUESTÕES LEGAIS

A tecnologia e o seu caráter extremamente inovador e dinâmico criam diariamente novos desafios para a organização das empresas e da sociedade em consequência das modificações nos hábitos e atividades das pessoas. Isso está diretamente relacionado com mudanças nas interpretações das questões legais de cada país.

---

13 Sigla para Social Accountability, norma internacional que estabelece padrões de responsabilidade social para as empresas. São premiadas as empresas que se submetem a um treinamento e a uma auditoria independente que comprova o cumprimento das determinações da norma.

316 SISTEMAS DE INFORMAÇÃO

A internet e sua face de globalização causam uma série de transtornos à interpretação e ao uso de leis, pois muitas transações ocorrem em territórios que nem sempre são regidos pelas mesmas leis. Além disso, esse é um assunto de difícil atualização devido ao seu comportamento dinâmico imposto pelas modernas tecnologias, pelas novas formas de comercialização e pelos recentes serviços disponíveis com a telemática.

É importante salientar que as leis nem sempre representam o senso comum e nem sempre são tão lógicas, o que torna necessário consultar assessoria jurídica diante de qualquer dúvida a mais.

Entre as diversas mudanças ocasionadas pela internet, pode-se destacar a execução de transações sem o comprometimento do uso de documentos físicos (contratos, propostas, divulgação de obras etc.) que avalizam essas transações.

Questões que preocupam os especialistas jurídicos são das mais diversas, por exemplo:

» Como provar que alguém invadiu um computador alheio?
» Como provar que uma proposta enviada por correio eletrônico não foi alterada?
» Como interpretar contratos executados pela rede (internet)?

Dentre as diversas questões de cunho legal, podem-se destacar as maiores preocupações dos componentes da nossa sociedade no que diz respeito aos itens a seguir.

10.5.1 *Copyright* (direito autoral)

Ele representa a expressão de ideias e abrange textos, programas, imagens, caracteres tipográficos, música, jogos, filmes e combinações desses itens.

Todos os elementos encontrados na internet têm *copyright*, ou seja, tudo aquilo que pode ser encontrado em um formato tangível possui um *copyright* associado a ele. Assim, como esses itens estão armazenados em discos em forma de bits (podem ser medidos), estão protegidos por *copyright*, mesmo que não exista algum aviso formal.

A internet e o seu padrão aberto de divulgação e cópia podem representar um incentivo à violação desse direito. Vale a pena ter certo cuidado ao copiar e utilizar tais materiais.

CAPÍTULO 10 • TÓPICOS EM SISTEMAS DE INFORMAÇÃO   317

10.5.2 Direito intelectual

O uso da internet como forma de divulgação e transmissão de informações, apesar de ser uma grandiosa biblioteca que possibilita a quebra das fronteiras do conhecimento, traz consigo uma série de problemas no que diz respeito à propriedade intelectual.

Mesmo que alguns dados estejam disponíveis na internet, isso não dá o direito aos usuários de fazer o que quiser com eles, por exemplo, copiar, revender ou utilizar de forma não autorizada.

Ainda que esteja na forma digital, não perde a característica de concepção humana, estando passível de ação jurídica, seja por meio de direito autoral, seja por meio das normas de proteção à propriedade intelectual.

10.5.3 Direito autoral

Em 1886, na Convenção de Berna, vários países criaram um tratado internacional sobre a proteção de direitos intelectuais, com destaque para a Convenção para a Proteção de Obras Literárias e Artísticas. E, em 1952, na Convenção de Genebra, foi estabelecida a Convenção Universal sobre os Direitos do Autor, a qual determinou um tratamento com "isonomia" em todo o mundo.

Material desse tipo na internet pode causar muitos problemas, principalmente quando existe mais de um país envolvido, dificultando a defesa do direito.

A lei atualizada de direitos autorais no Brasil data de 19 de fevereiro de 1998, sob a Lei nº 9.610, em que altera, atualiza e consolida a legislação de direitos autorais.

O problema de direitos autorais na internet é muito mais amplo do que no mundo real quando comparamos com a pirataria de *software* ao processo de fotocópia de livros integrais. Isso é preocupante, pois na *web* as pessoas têm, erroneamente, o sentimento de liberdade total, o que faz com que qualquer imagem, música, conteúdo textual etc. possam ser facilmente copiados e tomados como propriedade.

Segundo o art. 7º da Lei nº 9.610:

> São obras intelectuais protegidas as criações do espírito, expressas por qualquer meio ou fixadas em qualquer suporte, tangível ou intangível, conhecido ou que se invente no futuro, tais como:
> os textos de obras literárias, artísticas ou científicas;
> (...);
> as composições musicais, tenham ou não letra;
> as obras audiovisuais, sonorizadas ou não, inclusive cinematográficas;

318 SISTEMAS DE INFORMAÇÃO

as obras fotográficas e as produzidas por qualquer processo análogo ao da fotografia;
(...);
os programa de computador;
(...);

No exposto, pode ser percebido que muitos conteúdos da internet, normalmente copiados sem o menor controle, ferem a lei de direitos autorais. O que falta, na realidade, é a conscientização dos internautas sobre esse fato.

O art. 46 estipula:

Não constitui ofensa aos direitos autorais:
a reprodução:
a. na imprensa diária ou periódica, de notícias ou de artigo informativo, publicado em diários ou periódicos, com menção do nome do autor, se assinados, e da publicação de onde foram transcritos.
(...)

Segundo Plínio Cabral,[14] a imprensa pode reproduzir notícias ou artigo informativo publicado por outro jornal desde que cite a fonte, mas é claro que não pode reproduzir o jornal inteiro, como tem acontecido com o uso da internet. Isso viola o objetivo inicial da lei, que é justamente proteger o direito do autor.

10.5.4 Proteção intelectual de *software*

Os *softwares*, conhecidos vulgarmente como programas de computador, estão incluídos no direito autoral e propriedade intelectual devido ao fato de serem concebidos por pessoas. Nesse caso em especial, por meio da Lei nº 9.609 de 19/02/1998, foi assegurada a proteção de direito autoral com a Lei nº 9.610 de 19/02/1998.

A Lei nº 9.609/98 estabelece que a violação de direitos autorais de programas de computador é crime, punível com pena de detenção de seis meses a quatro anos e multa, passível de ação civil indenizatória, sem prejuízo das medidas cautelares de busca e apreensão. Quando a anterior é definida em conjunto com a Lei nº 9.610, a Lei nº 9.609 determina que, quando não for possível estipular o número de cópias ilegalmente produzidas, o transgressor pagará indenização equivalente ao preço de 3.000 cópias, além das cópias apreendidas.

---

14 CABRAL, Plínio. *A nova lei de direitos autorais*. 3. ed. Porto Alegre: Sagra Luzzatto, 1999.

CAPÍTULO 10 • TÓPICOS EM SISTEMAS DE INFORMAÇÃO   319

Um usuário recebe apenas uma licença de uso quando adquire uma cópia de determinado programa. Essa licença pode ser por prazo determinado ou indeterminado de acordo com o idealizador do *software* desde que exposto ao comprador antes de sua compra.

O termo "pirataria de *software*" é utilizado para definir a prática ilegal de reprodução e o uso indevido de programas de computador que são legalmente protegidos. Entre as diversas formas de pirataria de *software*, destacam-se:

» falsificação: é a cópia e a comercialização ilegal de *software* protegido por direitos autorais com a intenção de imitar o material do original, o que inclui imitar a embalagem, a documentação, as etiquetas e as demais informações;

» CD-ROM pirata: é a duplicação ilegal e a comercialização das cópias com o objetivo de obter lucro. Nesse caso, o usuário sabe que está comprando uma cópia ilegal;

» revendas de *hardware*: empresas que revendem computadores, principalmente do mercado informal, que instalam cópias não autorizadas de *softwares* no disco rígido do computador, sem fornecer ao usuário a licença de uso ou a documentação técnica;

» pirataria individual: nesse caso, é o compartilhamento de programas com amigos e colegas de trabalho;

» pirataria corporativa: significa a instalação de cópias não autorizadas de *softwares* para computadores dentro de organizações. Instalação definida pela própria empresa ou pelos seus funcionários sem a devida licença de uso.

A pirataria de *softwares* pode acarretar bilhões de dólares de prejuízo em todo o mundo, basta imaginarmos as milhares de cópias espalhadas pelo mundo ao valor de algumas centenas de dólares, seja por uma cópia ilegal, seja por seu uso indevido. Segundo estatísticas, a realidade da pirataria no mundo nos anos 2000[15] e 2011[16] eram:

---

15 BSA (Bussiness Software Alliance). *Segundo estudo anual sobre pirataria de software da BSA-IDC*. mai. 2005. Disponível em: <http://www.engsupport.eti.br/artigos/Piracy-Study-2005-Portuguese.pdf>. Acesso em: 05 out 2012.

16 BSA. mai. 2012. Disponível em: <http://portal.bsa.org/globalpiracy2011/downloads/study_pdf/2011_BSA_Piracy_Study-Standard.pdf>. Acesso em: 17 jul. 2012.

320 SISTEMAS DE INFORMAÇÃO

Tabela 10.2 Pirataria no mundo

REGIÃO	EM 2000 (%)	EM 2011 (%)
Leste Europeu	63	62
América Latina	58	61
Oriente Médio e África	55	58
Ásia	51	60
Oeste Europeu	34	32
América do Norte	25	19

Na Tabela 10.2, é possível perceber que na América do Norte e Europa existe uma redução muito tímida da pirataria, mas no restante das regiões o quadro parece estabilizar, apesar de um leve crescimento. Também é possível perceber o potencial de pirataria existente na América Latina, onde o Brasil ocupa o final do ranking dos que mais promovem a pirataria na 17ª posição, mas ainda tendo alto índice de pirataria.

Segundo o Estudo Global de Pirataria de *Software* 2011 da BSA, o Brasil chegou à sexta redução consecutiva de sua taxa de pirataria. Isso levou ao acúmulo de 11 pontos percentuais de redução entre os anos de 2005 e 2011, passando a ocupar a menor taxa da América Latina ao lado da Colômbia.

Esse quadro vincula os esforços da Abes (Associação Brasileira das Empresas de Software) no Brasil junto com a grande venda de computadores e *notebooks* com sistemas operacionais pré-instalados.

Tabela 10.3 Pirataria na América Latina

POSIÇÃO	PAÍSES	(%)
1	Venezuela	88
2	Paraguai	83
3	El Salvador	80
4	Bolívia	79
7	República Dominicana	76
17	Brasil	53

CAPÍTULO 10 • TÓPICOS EM SISTEMAS DE INFORMAÇÃO   321

Na mesma pesquisa, os números ligados às perdas com a pirataria no Brasil mostram a seguinte progressão:

Tabela 10.4 Perdas com pirataria no Brasil

ANO	PERDAS (%)
1991	86
1996	71
1999	56
2000	58
2011	53

Desde 1989, ano em que a Abes iniciou a sua campanha antipirataria no Brasil, até 1999, a pirataria de *software* caiu 35%. Nesse quadro, o Brasil se encontra longe de atingir a média mundial (35%) ou de estar próximo ao índice dos Estados Unidos (25%).

Para que uma empresa não sofra com ações criminais por pirataria de *software*, é importante desenvolver algum tipo de controle, contando inclusive com uma auditoria para a verificação do nível de *softwares* ilegais existentes.

A seguir, dicas para a realização de uma auditoria de *software*:

» escolher uma data para a auditoria, reunir e examinar todos os registros relacionados à aquisição de *softwares*, como contratos de licença de uso, notas fiscais, manuais e mídias originais;
» definir se existe a necessidade ou não de avisar os funcionários com antecedência. Em caso afirmativo, eles devem ser comunicados por escrito, incluindo explicações da ação. É importante lembrar que, se os funcionários não forem avisados, é quase provável que *softwares* que não façam parte do acervo da empresa sejam encontrados.

10.5.5 Comércio eletrônico e as leis de comércio

A internet promoveu uma série de novas formas de comercialização, inclusive de novas modalidades de produtos. Com isso, as relações entre as empresas e os consumidores devem ser amparadas por leis regulamentadoras. O fato é que a velocidade de crescimento da internet foi tão exponencial que a legislação do país não conseguiu acompanhar na mesma velocidade.

O comércio eletrônico deve ser o principal foco de atenção para a criação de uma legislação específica, principalmente para as transações internas do país.

O Código de Defesa e Proteção do Consumidor (Lei nº 8.078/90) permite definir certo amparo aos consumidores em suas compras pela rede, em conjunto com o Projeto de Lei PL nº 1.589/1999, ainda em processo de aprovação no Congresso Nacional,[17] que define a validade de documentos eletrônicos e da assinatura digital, sendo claro que as normas de consumo podem ser aplicadas diretamente no comércio eletrônico.

É importante destacar que, em certos casos, o Código de Defesa do Consumidor não pode ser aplicado a alguns tipos de transações ocorridas pela rede, como aluguel de um apartamento na praia ou empresas que compram pela internet para revender seu produto.

A oferta e a apresentação de produtos e serviços por meio de *sites* de comércio eletrônico devem assegurar informações corretas, claras, precisas, ostensivas e em língua portuguesa sobre suas características, qualidades, quantidade, composição, preço, garantia, prazos de validade e origem, além de eventuais riscos que apresentem à saúde e à segurança dos consumidores (art. 31 da Lei nº 8.078/90).

Outro ponto interessante nas relações via internet é a proibição de ações como:

» enviar ou entregar ao consumidor, sem solicitação prévia, qualquer produto ou fornecer qualquer serviço, considerando-se, caso ocorra, como amostra grátis, não sendo obrigado o consumidor a pagar por ela;

» não cumprir o prazo de entrega do produto ou de execução do serviço;

» não informar previamente as despesas de remessa do produto;

» executar serviços sem a prévia elaboração de orçamento e autorização expressa do consumidor;

» cobrar quantia indevida que, uma vez paga, deverá ser devolvida em dobro, corrigida monetariamente e com juros legais.

---

17 Disponível em: <http://www.camara.gov.br/proposicoesWeb/fichadetramitacao?idProposicao=16943>. Acesso em: 17 jul. 2012.

CAPÍTULO 10 • TÓPICOS EM SISTEMAS DE INFORMAÇÃO   323

Com relação à garantia de produtos, além das formas de reclamação já conhecidas, existe o Projeto de Lei nº 1.599/1999, que prevê a possibilidade de o consumidor fazê-lo por correio eletrônico para o fornecedor.

Do que foi apresentado, é importante concluir que todas as empresas devem conhecer melhor o CDC e as leis que regem as transações comerciais para não caírem em erros e processos quando da comercialização ou prestação de serviços pela rede ou não.

10.6 TECNOLOGIA DA INFORMAÇÃO VERDE

A sociedade iniciou um processo de conscientização ambiental em que as ações ligadas à sustentabilidade começam a fazer parte do nosso dia a dia. Nesse contexto, as empresas procuram iniciativas para exercitar e fortalecer a sua consciência ambiental.

É perceptível que ações ligadas à racionalização e à otimização de processos de produção podem causar reduções diretas no consumo de matéria-prima e insumos. Mesmo assim, iniciativas de classificação do lixo, boas práticas de economia de energia nos departamentos, reciclagem e reaproveitamento de produtos devem ser adotados e divulgados pelas empresas. Essas boas práticas podem representar um ganho efetivo para a empresa e seus colaboradores, mas representam um ganho considerável para as gerações futuras.

Nessa linha de pensamento, a tendência mundial de preocupação com o impacto ambiental dos recursos tecnológicos estimulou o surgimento do conceito de **TI Verde**, que compreende as iniciativas, preocupações e concepções que os responsáveis pela tecnologia podem definir para desenvolver cada vez mais práticas de baixo impacto ambiental.

A tecnologia da informação verde envolve o uso eficiente da energia, recursos e insumos na produção de elementos tecnológicos, bem como a preocupação com a matéria-prima e substâncias menos tóxicas no processo de fabricação de eletrônicos.

É importante salientar que as iniciativas da tecnologia verde não são apenas boa vontade dos envolvidos, mas também existem situações de cumprimento de legislação ambiental, diagnósticos de aspectos e impactos ambientes resultantes de atividades da área de tecnologia da informação.

Nas empresas que utilizam a tecnologia, a aplicação da TI verde envolve:

» gerenciamento de energia em sistema de TI;
» descarte ecologicamente correto de sucata de TI;
» controle de zonas térmicas.

O gerenciamento de energia em sistemas de TI se justifica quando percebemos o uso crescente da tecnologia em todo o mundo, quadro que impõe a necessidade de mais equipamentos e/ou equipamentos de maior capacidade.

Os grandes centros de informações de empresas projetam aglomerações de sistemas computacionais conhecidas como Datacenters (centros de dados). Nesses Datacenters existem diversas possibilidades de aumento da capacidade de processamento com redução do consumo de energia ou de seu reaproveitamento.

Essa iniciativa pode ser conseguida com:

» racionalização e virtualização de servidores;
» promoção da correta configuração de servidores e computadores de trabalho para economia de energia;
» ajustes de ar-condicionado e fluxo de ar para controlar as zonas térmicas;
» aplicação de Thin-Clients (equipamentos reduzidos), os quais permitem a realização de funções básicas com grande redução do consumo de energia etc.

É importante destacar que não existe uma receita claramente definida de quais ações devem ser tomadas para implementar a TI verde. Assim, é necessário se basear nas melhores práticas do mercado para tentar adequá-las à realidade da empresa e ao desafio da sustentabilidade.

O gestor de TI deve estar atento a alguns pontos-chave para definir os próximos projetos de sua área de modo a promover a imposição da TI verde sempre que possível. Esses pontos devem considerar uma análise sistêmica do ambiente de TI da empresa levando em consideração:

» a realização de um inventário dos sistemas atuais, o gasto de energia envolvido e a localização do mesmo;
» o uso como apoio do planejamento estratégico da empresa para avaliar a escalabilidade dos sistemas e da infraestrutura necessária;
» o conhecimento das leis e regulamentos existentes ou em concepção que envolvam a eficiência energética nas localidades dos centros de TI;

» o conhecimento dos descontos e incentivos governamentais ou dos provedores de energia para iniciativas de eficiência energética;
» o conhecimento de qualquer meta já estabelecida na empresa para redução das emissões de carbono e o prazo envolvido com elas, quando existirem *nobreaks* com motores de combustão interna.

TERMOS E CONCEITOS IMPORTANTES
- Automação comercial
- Automação de escritório
- Automação industrial
- *Copyright*
- Direito autoral
- Direito intelectual
- Endomarketing
- *Groupware*
- Proteção intelectual de *software*
- Raid
- Sistemas de processamento de transações (SPT)
- Sistemas operacionais (SO)
- TI Verde

QUESTÕES PARA DISCUSSÃO
1. Cite e explique dois tipos de sistemas empresariais básicos.
2. Quais são os tipos de trabalhadores componentes de um *groupware*?
3. O que é endomarketing e que tipo de tecnologia facilita sua utilização?
4. Quais foram as lições aprendidas pelo analista de sistemas?
5. Quais são as mudanças ocorridas no perfil do analista de sistemas?
6. Defina automação e controle.
7. Como você interpreta a afirmação de Paulo Roberto Feldman com relação à visão atual de tecnologia?
8. Quais fatores influenciam na opção pela automação?
9. Como pode ser definida a automação de escritório?
10. Defina automação comercial.

11. Quais são os tipos de automação comercial?
12. Como pode ser definida a automação industrial?
13. Quais os temas importantes de ética ligada à tecnologia?
14. Defina ética profissional.
15. Como os trabalhadores podem usar a tecnologia de forma antiética?
16. Quais devem ser as características de visão ética de uma organização?
17. Quais são os pontos de ética a serem observados na internet?
18. Que ações podem ferir o direito autoral na internet?
19. O que é propriedade intelectual?
20. Quais as modalidades de pirataria de *software*?
21. Como pode ser feita uma auditoria de *software*?
22. Qual é a relação do comércio eletrônico com o CDC?
23. Como devem ser a oferta e a apresentação de produtos na internet?
24. O que prevê a Lei nº 1.599/1999?
25. O que é pirataria de *software*?
26. O que significa PPN?
27. Como pode ser definida a TI verde?
28. Quais são as três principais iniciativas para a imposição da TI verde?
29. Cite e explique duas soluções para redução do consumo de energia em Datacenters.
30. O que é controle da zona térmica?

 ESTUDO DE CASO

O uso ético do comércio eletrônico

A grande popularização da internet possibilitou o avanço estrondoso das formas de comercialização eletrônica e até da concepção de produtos meramente digitais no sentido da sua virtualidade, por exemplo, *softwares* que são produtos de bits. A agilidade permitida nesses tipos de transação e os novos paradigmas que assustam tanto as empresas como os consumidores exigem a definição de um código de ética no intuito de desenvolver um sentimento de confiança para os e-consumidores.

Num primeiro instante, a preocupação se encontra em metodologias seguras para serem desenvolvidas as transações eletrônicas utilizando implementações computacionais

CAPÍTULO 10 • TÓPICOS EM SISTEMAS DE INFORMAÇÃO   327

que permitam o tráfego de dados de forma segura utilizando SSL,[18] SET[19] ou outros métodos que usem algoritmos de criptografia para codificar os dados em uma transação segura.

Após verificar-se a necessidade de comunicar a utilização de dados pessoais sempre que eles forem recolhidos por meio de formulários, *cookies*, certificados digitais ou quaisquer outras formas. Além da disponibilização visível de informações sobre contatos com a empresa que vende ou presta o serviço como nome, endereço eletrônico, endereço físico, números de telefone e algum tipo de atendimento ao consumidor.

As práticas desenvolvidas acima não são suficientes para garantir um comércio eletrônico que seja exclusivamente ético, portanto, existe a necessidade de padronização de metodologias de marketing que assegurem os direitos à privacidade e de escolha. Assim, algumas características foram selecionadas para servir de base para as organizações que desejam ter uma imagem positiva na internet, como:

> » a negação de publicidades que sejam falsas, enganosas e ilusórias junto com técnicas de marketing que promovam a intimidação ou sejam coercivas e hostis;
> » a negação do uso de campanhas de qualquer tipo que promova o envio de mensagens não solicitadas como práticas de *junk mail* ou *spam*;
> » a explicitação de informações claras e precisas de mensagens relativas a *newsletters* e outros instrumentos semelhantes.

O comércio eletrônico somente poderá ter total confiança dos consumidores e, consequentemente, terá uma maior ampliação desse tipo de mercado se, além das características anteriores, as empresas desenvolverem suas transações de forma honesta e clara, inclusive no que diz respeito aos limites dos serviços que irão oferecer e/ou descrições completas dos produtos envolvidos na transação.

A utilização de imagens, sons, *software* e outros elementos que possam ferir a propriedade intelectual pode representar uma quebra de confiança do cliente ou fornecedores, pois as empresas acabam incentivando a cópia ilegal mesmo quando utilizam em seu *site* uma imagem ou trecho de texto que não é de domínio público.

---

18 Secure Socket Layer: camada de transmissão segura.

19 Secure Electronic Transaction: transação eletrônica segura.

328   SISTEMAS DE INFORMAÇÃO

As empresas que puderem respeitar todos os elementos acima citados estarão dando um grande passo para fortalecer esse novo canal de comercialização e, inclusive, desenvolver um relacionamento com seu cliente de forma que este possa ser considerado muito mais um parceiro de negócios do que um simples consumidor.

Questões do estudo de caso

1. Na definição do código de ética para o comércio eletrônico, por que há necessidade do emprego de tecnologias de criptografia e emissão de certificados digitais?
2. Por que o *spam* é considerado uma prática antiética?
3. As questões éticas devem ser de responsabilidade das pessoas ou das empresas? Por quê?

GLOSSÁRIO

2-Tier: arquitetura de desenvolvimento de sistemas que envolve duas camadas, a de apresentação (interface com o usuário) e a de dados (servidor de banco de dados).

3-Tier: arquitetura de desenvolvimento de sistemas que envolve três camadas, a de apresentação (interface com o usuário), a de regras de negócio (processos e políticas da organização) e a de dados (servidor de banco de dados).

A2A (Application to Application): termo utilizado para o procedimento de trocar dados entre aplicativos de empresas para reduzir retrabalho. É um dos elementos de uma transação B2B.

Abend: diz respeito a problemas de travamento e sessão do trabalho de servidores em redes.

Address: endereço de um *site* na internet, normalmente possui a seguinte forma: http://www.empresa.com.br.

Administrador de Rede: profissional responsável por toda a estrutura e funcionamento de uma rede de computadores definindo recursos disponíveis e privilégios dos usuários da rede.

ADSL (Asymmetric Digital Subscriber Line): nova tecnologia que permite a transmissão de dados, em altas velocidades, utilizando cabos telefônicos comuns. O sistema trabalha com velocidades assimétricas, ou seja, diferentes em cada sentido, e, por essas características, promete facilitar a vida dos usuários de internet. No *downstream* (tráfego de dados na direção do usuário), a ADSL atinge de 1,5 a 9 megabits por segundo (Mbps). E no *upstream*, as taxas vão de 16 a 640 kilobits/segundo (Kbps). É necessário instalar modems ADSL nas duas pontas.

AI (Artificial Intelligence, ou inteligência artificial): sistemas de computação baseados em *software*, *hardware* e componentes especiais que tentam reproduzir a inteligência e os comportamentos humanos.

Ajax (Asynchronous Javascript and XML): Javascript e XML assíncronos, tecnologia aplicada a sistema *web* que permite renderizar parcialmente uma página *web* ativa ou processar conteúdos oriundos da página no servidor de forma transparente.

Análise de Sistemas: análise metódica dos passos a executar para a solução de problemas em áreas técnico-científicas.

Analógico x Digital: refere-se à forma de representação que pode ser usada para representar uma grandeza, por analogias ou semelhanças (analógico) ou por dígitos numéricos (digital).

API (Application Program Interface): um formato de mensagem, usado por um programa para comunicar-se com um outro programa que fornece serviços para ele.

Applet: pequeno aplicativo, como um programa utilitário ou uma planilha eletrônica com funções limitadas. O conceito ficou mais difundido com o surgimento da internet por meio dos Applets Java, que permitem executar programas implementados por meio da linguagem Java remotamente nos navegadores da internet.

Arpanet (Advanced Research Projects Agency NETwork): rede de computadores usada para pesquisa fundada, em 1969, pela Arpa (Advanced Research Projects Agency, atualmente Defense Advanced Projects Research Agency, ou Darpa), a agência do governo norte-americano para pesquisa de novas tecnologias. Responsável pelo nascimento da internet é a pioneira na tecnologia de comutação de pacotes que foi estruturada originalmente em laboratório e depois tornou-se a internet. Foi colocada fora de operação em 1990, posto que estruturas alternativas de redes já cumpriam seu papel nos Estados Unidos.

Arquivo: elemento de armazenamento de dados gerados em um determinado programa que fica agrupado em algum dispositivo de armazenamento.

ASCII (American Standard Code for Information Interchange): padronização mundial de códigos binários utilizados para representar informação no computador. Código binário utilizado em textos, comunicações e controle da impressora. Usado na maioria das comunicações, é o código de caracteres padronizados nos computadores pessoais. ASCII é um código de sete bits que fornece 128 combinações de caracteres. No PC existe o ASCII Estendido, que utiliza os outros 128 códigos disponíveis para símbolos gráficos e línguas diferentes do inglês.

ASP (Active Server Page): tecnologia da Microsoft criada para fazer uma combinação de HTML, JavaScript e ActiveX. Permite desenvolver páginas HTML da internet com vários *scripts* que são processados num servidor de internet do Windows NT. Depois do servidor ASP processar os *scripts*, é gerada uma página HTML que em seguida é enviada para o usuário que estiver conectado ao *site* e utilizando os serviços disponibilizados.

ATM (Asynchronous Transfer Mode, ou modo de transferência assíncrona): tecnologia de rede de comutação de célula, utilizada em redes de computadores de alta velocidade, que lida com dados, voz e vídeo. Combina a alta eficiência da comutação de pacotes usada em redes com a largura de faixa garantida das redes de voz, como a telefônica. Pode ser implementada com fibra óptica ou com cabo par trançado.

Attachment (anexo): qualquer tipo de arquivo enviado conjuntamente com uma mensagem de correio eletrônico.

Automação: sistema automático pelo qual os mecanismos controlam seu próprio funcionamento, quase sem a interferência do homem.

AVI (Áudio Vídeo Interleave, ou entrelaçamento de áudio e vídeo): formato padrão de gravação e reprodução de vídeo no Microsoft Windows®.

B2B (Business to Business): modalidade de *e-business* que desenvolve transações comerciais eletrônicas entre empresas.

B2C (Business to Consumer): modalidade de *e-business* que desenvolve transações comerciais eletrônicas diretamente com o consumidor.

B2M (Business to Management): ver *e-government*.

Backbone: em redes de computadores, é a parte que trata do tráfego principal. É a espinha dorsal do sistema inteiro de comunicação interligando os principais pontos de cada rede entre si. O Backbone da internet transmite uma grande quantidade de dados.

Backup: cópia de segurança de arquivos, geralmente mantida em dispositivos magnéticos ou ópticos, que permitem o resgate de informações importantes ou programas em caso de falha do disco rígido.

Banco de Dados (Database): local em que ficam centralizados os dados e, em termos de internet, o computador que contém quantidades muito grandes de informações que podem ser acessados pela rede.

Basic (Beginners All purpose Symbolic Instruction Code): linguagem de programação desenvolvida em meados da década de 1960. Originalmente desenvolvida como uma linguagem interativa de computadores de grande porte. Tornou-se uma linguagem bastante usada em micros pequenos.

Beta Test: um teste de *hardware* ou *software* realizado em sistemas na fase de desenvolvimento, por usuários em condições normais de operação, para identificar possíveis falhas.

BI (Business Inteligence, ou inteligência de negócios): metodologia de gerenciamento que utiliza estrategicamente os dados gerados internamente na organização junto com dados externos a ela para desenvolver o processo de tomada de decisão.

Binário: sistema de numeração utilizado no computador, em consequência de sua natureza de expressar dados de forma eletrônica.

Biometria: ciência que estuda e desenvolve equipamentos que envolvem a mensuração dos seres vivos.

Bios (Basic Input/Output System): programa existente nos computadores para manipular os dados básicos de configuração de dispositivos da máquina e desenvolver o processo de inicialização do computador.

Bit: menor unidade de informação utilizada em informática. Corresponde a 0 (zero) ou 1 (um), ligado ou desligado etc.

Bitmap (BMP – Bit MaP – mapa de bits): formato de arquivo gráfico do Windows para imagens, que são codificadas para serem interpretadas por uma ampla variedade de monitores e impressoras.

Bookmark: também conhecido como "Favoritos", é uma coleção de endereços da *web* que ficam armazenados para posterior visita.

Boot: nome dado ao processo de inicialização do computador que envolve o carregamento do sistema operacional.

BPS (Bits Per Second): é uma unidade de medida de transmissão de dados.

Brainstorming (chuva de ideias): técnica de reunião em que os participantes, usualmente de diferentes especialidades, expõem livremente suas ideias em busca de solução criativa para um dado problema.

Bridge (ponte): dispositivo que conecta dois segmentos de rede local, os quais podem ter tipos semelhantes ou não, tais como Ethernet e Token Ring. Os *bridges* são inseridos numa rede para melhorar o desempenho, mantendo o tráfego dentro de segmentos menores.

Browser (navegador): programa que permite ao usuário ver as páginas da *web* na internet.

Bug: termo que tem ascendência dos antigos computadores, quando insetos provocavam problemas na máquina. Atualmente é assim chamado quando ocorrem erros em algum programa ou arquivo.

Byte: unidade de armazenamento de dados em computadores. Composto por 8 bits, cada byte pode representar até 256 símbolos diferentes, como letras, números ou caracteres especiais.

C: linguagem de programação de médio nível que pode manipular o computador em baixo nível, como a linguagem Assembly. Durante a segunda metade da década de 1980, a linguagem C tornou-se a preferida para o desenvolvimento de *software* comercial.

C++: versão da linguagem que utiliza a metodologia de orientação a objetos, criada por Bjarn Stroustrup. Esta linguagem tornou-se popular porque combina a programação C tradicional com a metodologia de orientação a objetos.

C# (C Sharp): linguagem de programação da plataforma. Net da Microsoft que funde o potencial da linguagem Visual C++ com diversas características comuns da linguagem Java.

C2M (Consumer to Management): modalidade de e-government que permite o desenvolvimento de transações eletrônicas entre o governo e os cidadãos.

Cabeamento: é o conjunto de fios que ligam as máquinas em uma rede pela qual trafegam os dados.

Cable Modem: *modem* especial que utiliza a rede de televisão a cabo para transmitir e receber dados, em vez da tradicional linha telefônica, permitindo uma maior velocidade.

Cabo Coaxial: consiste num fio de cobre revestido e cercado por um segundo revestimento de cobre trançado. Tal proteção minimiza as interferências elétricas e magnéticas. É amplamente utilizado nas redes de televisão a cabo e também nas redes de computadores mais antigas.

Cabo Par Trançado: conhecido também como cabo UTP (Unshield Twisted Pair, ou par trançado não blindado), é um cabo maleável, permeável a ruídos e interferências, mas fácil de instalar. É composto por pares de fios isolados uns dos outros e trançados juntos dentro de um revestimento. A trança proporciona uma blindagem ineficaz em ambientes com intensa radiação elétrica, mas que funciona perfeitamente na maioria dos casos.

CAD (Computer Aided Design, ou projeto auxiliado por computador): termo utilizado para o desenvolvimento de projetos de produtos ou peças utilizando o computador como ferramenta. Os sistemas CAD são estações de trabalho ou computadores pessoais de alta velocidade usando *softwares* CAD, como o Auto-CAD, MicroStation, Catia etc., e dispositivos especiais de entrada e saída.

CAE (Computer Aided Engineering, ou engenharia auxiliada por computador): conjunto de programas que possuem conhecimentos técnicos de engenharia embutidos a ponto de reter a responsabilidade de projeto. Ajudam no desen-

volvimento de projetos e produtos no que diz respeito a cálculos complexos de engenharia.

CAM (Computaer Aided Manufacturing, ou manufatura auxiliada por computador): conjunto de equipamentos que permitem a integração de sistemas CAD e CAE com equipamentos utilizados para o desenvolvimento real de produtos, normalmente máquinas operatrizes do tipo CNC.

Casa (Computer Aided Signal Analysis, ou análise de sinais auxiliada por computador): conjunto de equipamentos e programas que permitem o desenvolvimento de uma manutenção preditiva em equipamentos por meio da análise de sinais de diversas ordens (vibração, temperatura, pressão etc.).

Case (Computer Aided Software Engineering, ou engenharia de *software* auxiliada por computador): programas e métodos que auxiliam no desenvolvimento de *softwares* complexos distribuídos.

CD (Compact Disc, ou disco compacto): mídia óptica que vem substituindo meios magnéticos devido à sua grande melhoria de performance de leitura e gravação, sua capacidade de armazenamento e sua segurança dos dados gravados.

CD-R (CD-Recordable): diz respeito ao tipo de mídia óptica que permite uma única gravação. Discos deste tipo permitem que se gravem as informações apenas uma vez e são lidos pela maioria dos dispositivos de leitura de CDs comuns.

CD-ROM (CD-Read Only Memory): diz respeito à mídia óptica CD-R que já foi gravada. Seus dados podem ser lidos, mas não apagados ou alterados.

CD-RW (CD-ReWritable): diz respeito ao tipo de mídia óptica que permite a regravação. Permite que se gravem e apaguem as informações de um CD quantas vezes se queira. Os *drives* e discos são mais caros do que os de

CD-R e necessitam de programas especias para poderem ser lidos por alguns dispositivos de leitura de CD comuns.

CERN (Conseil Européen pour la Recherche Nucléaire, Conselho Europeu para a Pesquisa Nuclear): um dos mais importantes centros mundiais de pesquisas avançadas em física nuclear e de partículas, localizado em Genebra, Suíça. Seu pesquisador Tim Berners-Lee foi o inventor, em 1989, do HTTP, o protocolo usado na www para transferir arquivos HTML.

Cert (Computer Emergency Response Team): organização criada em 1988 que oferece serviços de consulta para usuários da internet e que entra em ação sempre que um novo vírus e outras ameaças aos computadores são descobertos.

Certificado Digital ou **Identidade Digital** ou **ID Digital**: permite a codificação e assinatura de mensagens para assegurar suas autenticidade, integridade e inviolabilidade.

CGI (Common Gateway Interfaces): são programas que permitem comunicação e interação entre dois computadores numa rede. Quando você preenche um formulário num *site*, um CGI é responsável por capturar as informações e passar para o servidor processá--las. O programa pode ser escrito em qualquer linguagem de programação, incuindo C, Perl, Java ou Visual Basic.

Chat: bate-papo *on-line*, utilizando canais de IRC ou programas da *web*.

CI (Centro de Informações): nome dado atualmente ao antigo CPD.

Cibernética: termo de origem grega que significa pilotagem. Designa uma ampla teoria referente ao controle de processos complexos que, em geral, ocorrem nos animais e nas máquinas.

CIO (Chief Information Officer): nome do cargo dado à pessoa responsável pela administração das informações e tomadas de deci-

são para a área de tecnologia da informação. Um termo semelhante é o CEO (Chief Executive Officer) usado para o chefe principal da empresa, e estaria acima do presidente da organização.

CKO (Chief Knowledge Officer): executivo encarregado da administração do conhecimento da organização.

Cliente: em redes, são os computadores que utilizam recursos fornecidos pela base de dados de outro computador denominado servidor.

Clipart: nome dado às bibliotecas de figuras que são usadas para ilustrar documentos criados no computador.

CLP (Controlador Lógico Programável): dispositivo industrial capaz de controlar um processo de fabricação utilizando um circuito programável normalmente vinculado a algum sistema de instrumentação.

Codificação: o sistema de correio da internet foi projetado para o tráfego de texto ASCII de 7 bits, de forma que qualquer outra coisa que se queira anexar às mensagens (como figuras, documentos e arquivos de programas) terá de ser convertido em um formato compatível. Esse processo é chamado de codificação. Há três formatos comuns de codificação: UUEncode, MIME/base 64 e BinHex. Todos eles transformam os arquivos em sequências ininteligíveis de caracteres que passam confortavelmente pela internet e podem transformar essas sequências de volta em um arquivo binário totalmente operacional. No entanto, é preciso usar um decodificador compatível: um programa de e-mail que suporte somente o Mime não poderá ler mensagens codificadas por UUEncode, por exemplo.

Compactar: ato de comprimir os dados com o intuito de reduzir o espaço ocupado nos dispositivos de armazenamento. Normalmente executado com o uso de programas desenvolvidos para essa finalidade.

Computacional: diz respeito ao computador.

Computador: aquele que faz cômputos. Máquina capaz de receber, armazenar e enviar dados e de efetuar, sobre estes, sequências previamente programadas de operações aritméticas (como cálculos) e lógicas (como comparações), com o objetivo de resolver problemas.

Comitê Gestor: órgão criado pelo governo brasileiro com o objetivo de acompanhar a disponibilização de serviços da internet no país, estabelecer recomendações relativas à estratégia de implantação e interconexão de redes, análise e seleção de opções tecnológicas e coordenar a atribuição de endereços IP e o registro de nomes de domínios.

Compilador: programa principal de qualquer linguagem de programação que traduz uma linguagem de alto nível para outra de nível semântico inferior.

Conta: indispensável para entrar em vários sistemas, como o Linux, o Solaris e até o Windows 2000, a conta é criada pelo administrador do sistema. Combina o nome de acesso do usuário com a sua senha.

Cookies: os *cookies* são arquivos texto (.txt) enviados pelo servidor *web* para os *browsers* que visitam suas páginas. O *cookie* é armazenado pelo *browser* e é ativado toda vez que a página que o gerou é acessada. Os *cookies* servem para informar aos servidores *web* quantas vezes uma mesma página é acessada pelo mesmo *browser*. Pode servir também para ativar páginas customizadas para um usuário.

Copyleft: O contrário de *copyright*. É a permissão para copiar livremente o *software* que foi criado inicialmente pela FSF (Free Software Foundation). Por exemplo, o Linux está protegido pela lei de *copyleft*.

Corba (Common ORB Architecture): padrão ORB endossado pelo OMG (Object Management Group). Um ORB do Corba é o *software* que lida com a comunicação das mensagens entre os objetos num ambiente distribuído ou multiplataforma de forma padrão.

Correio eletrônico (e-mail): mensagens eletrônicas privadas entregues por meio de contas individuais. O endereço eletrônico de uma pessoa ou empresa indica o "lugar" onde você tem uma caixa postal.

CPD (Centro de Processamento de Dados): nome dado ao antigo departamento de informática que centralizava toda a estrutura de dados da organização.

Cracker: é um indivíduo que tenta acessar sistemas de computadores sem autorização, com o objetivo de causar algum dano ou transação fraudulenta.

Criptografia: técnica para codificar mensagens ou arquivos, tornando-os invioláveis e permitindo que sejam apenas decodificados por seus destinatários.

CSS (Cascading Style Sheets, ou folhas de estilo em cascata): especificação da linguagem HTML desenvolvida pelo W3C (World Wide Web Consortium) que permite aos usuários e autores de documentos HTML anexarem folhas de estilo a esses documentos. As folhas de estilo contêm informações tipográficas sobre como a página será apresentada, tais como a fonte do texto contido na página. Podem ser mais bem entendidas como modelos que serão aplicados a uma página ou conjunto de páginas.

CRM (Customer Relationship Management, gerenciamento do relacionamento com o cliente): metodologias e ferramentas computacionais que permitem o desenvolvimento do marketing pessoal com os clientes de uma organização.

CTI (Central de Atendimento Inteligente – Telefonia): são centrais de atendimento telefônico computadorizadas que desenvolvem atividades com o cliente fazendo um pré-atendimento ou atendimentos específicos.

CTI (Centro de Tecnologia da Informação): nome dado ao novo departamento de informática responsável pela estrutura de tecnologia da informação da empresa.

Cyberspace (ciberespaço): mundo virtual criado com a internet e todas as suas possibilidades digitais, como troca de informações, imagens, som e vídeo. O termo foi usado pela primeira vez no romance *Neuromancer*, do escritor William Gibson.[1]

Dado: elemento ou quantidade conhecida que serve de base à resolução de um problema.

Data Miner/Data Mining (mineração de dados): tecnologia utilizada para pesquisar informações em bancos de dados e tentar encontrar alguma relação entre diferentes dados armazenados em um banco de dados.

Data Warehouse (armazém de dados): sistema que guarda e organiza todas as informações que estão espalhadas por vários sistemas dentro de uma empresa. Com ele, os executivos podem obter informações sobre tudo e todos.

DB2: sistema de gerenciamento de banco de dados desenvolvido pela IBM. Possibilita a criação e gerenciamento de bancos de dados de alto desempenho e capacidade, com ferramentas para diversos sistemas operacionais e internet.

Defacement: do inglês *deface*, que significa desfigurar. Usa-se *defacement* em referência a uma determinada atividade dos *hackers* (piratas da internet), em que a página do *site* atacado é modificada, "desfigurada" pelo invasor. Os *defacements* mais comuns são páginas de fundo branco com frases escritas. Outros *hackers*, mais criativos, deixam desenhos, figuras e outras mensagens.

Descompactar: "inflar" um arquivo compactado com o intuito de usá-lo novamente. Contrário de compactar.

DHTML (Dynamic HTML, ou HTML Dinâmico): 1. Refere-se ao conteúdo de uma página que muda cada vez que é acessada. Uma mesma URL pode resultar em diferentes páginas, dependendo, por exemplo, da localização geográfica do *browser* que a acessa, do período do dia, das páginas já visualizadas pelo usuário, da identificação (*profile*) do usuário. 2. Refere-se às novas extensões HTML que permitem que uma página da www reaja aos comandos do usuário, sem precisar enviar informações para o servidor *web*.

Digitalizar: processo de transformação de uma imagem ou som em sinais binários entendíveis pelo computador. Processo de transformação que acontece nos *scanners*.

Diretórios: também conhecidos atualmente como pastas, são estruturas de organização das unidades de disco.

Disco de Boot: disco que possui os requisitos mínimos necessários para a inicialização da máquina com suas funções básicas.

Disco Flexível: mídia de armazenamento de dados que utiliza meios magnéticos para a manipulação e transporte de dados. Conhecido também como disquete.

Disco Rígido: também conhecido como Winchester ou HD, é o disco fixo em um computador em que é instalada e armazenada a maioria dos programas e dados gerados por ele. Possui uma capacidade muito elevada quando comparada com os disquetes.

DivX™: tecnologia de compressão de vídeo digital para utilização na internet que reduz o tamanho do arquivo final sem reduzir a qualidade visual.

---

1 *Neuromancer*. São Paulo: Aleph, 2008.

Domínio: nome dado ao computador, organização ou instituição que faz parte da rede.

DOS: apelido dado ao MSDOS, sistema operacional para microcomputadores do início da década de 1980 baseado em linha de comando em modo texto.

DNS (1. Domain Name Service, ou serviço de nome de domínio): serviço e protocolo da família TCP/IP para o armazenamento e consulta a informações sobre recursos de uma rede como a internet. Sempre que você tenta acessar uma página na internet, seu computador usa o DNS do provedor para localizar o endereço real da página – no caso, o IP. **(2. Digital Nervous System, ou sistema nervoso digital)**: estrutura idealizada por Bill Gates para representar a dependência e o fluxo de dados em uma organização.

Dort: também conhecido como LER (Lesões por Esforços Repetitivos) ou traumas no sistema musculoesquelético.

Download (baixar): processo de transferência de arquivos de um computador remoto para o seu por meio da internet ou qualquer tipo de rede.

Downsizing: é a migração de sistemas de grande porte centralizados (*mainframes*) para a compactação distribuída, geralmente redes no esquema cliente-servidor, ou sem gerenciamento (que não possuem servidor).

DPI (Dots Per Inch): pontos por polegada, faz referência à unidade de precisão para sistemas de impressão.

Drive: diz respeito ao dispositivo utilizado para ler e/ou gravar dados em unidades de disco magnético ou óptico.

Driver: programa especialmente desenvolvido para trabalhar em conjunto com o sistema operacional no controle de dispositivos de *hardware* específicos.

DSL (Digital Subscriber Line, ou linha digital de assinatura): refere-se aos vários tipos de assinatura, todos compatíveis com o cabeamento regular de cobre. Tipicamente, o DSL é usado para prover conexão contínua de alta velocidade com o provedor de acesso. Há vários tipos de DSL (ADSL, UADSL etc.) e muitos deles permitem falar ao telefone e usar a internet ao mesmo tempo.

DVD (Digital Versatile Disc, ou disco digital versátil ou Digital Video Disc): semelhante ao CD, mas sua capacidade de armazenamento é de sete a 14 vezes maior (no mínimo 4,7 GB), o suficiente para um filme de longa-metragem normal. Uma de suas vantagens é a sua compatibilidade com o CD-ROM. Isso significa que um leitor de DVD lê CDs comuns – musicais ou dados. O novo produto pode substituir as atuais fitas de vídeo, os CDs e os CD-ROMs.

DVD-Audio: padrão de gravação de áudio em disco compacto com melhor qualidade de som que a do CD. Trabalha com resolução de 96 kHz, diante de 44 kHz do CD.

DVD-R: assim como o CD-R, é um DVD que aceita uma única gravação. O resultado deve ser lido nos *drives* de DVD-ROM.

DVD-RAM: discos deste tipo são regraváveis e oferecem a capacidade de armazenar até 4,7 GB.

DVD+RW: padrão para discos DVD regraváveis, desenvolvido pelas empresas Philips, Sony e Hewlett-Packard. Suporta 3 GB em cada lado. O DVD+RW compete (e é incompatível) com outro padrão, o DVD-RAM, criado pelo DVD Consortium. Este tem capacidade para 2,6 GB em cada face do disco. O DVD+RW resultou de uma cisão no DVD Consortium. Em 1997, Sony, Philips e HP afastaram-se do grupo que estava ultimando o DVD-RAM e apresentaram o outro padrão. No consórcio ficaram companhias como Hitachi, Panasonic e Toshiba.

DVD-R/W: evolução do CD-R/W capaz de armazenar até 3,95 GB. Desenvolvida pela Pioneer, grava discos que podem ser lidos pelos DVD-*players* e *drives* de DVD-ROM sem modificação.

DVD-Video: formato de vídeo apresentado em discos DVD-ROM. Trata-se do padrão usado nos filmes para DVD-Video *players*. Esse formato inclui um recurso chamado Content Scrambling System (sistema de embaralhamento de conteúdo) e destinado a evitar a cópia dos discos. No final de 1999, a chave do CSS foi quebrada por um grupo de *hackers* dinamarqueses.

E-book: nova modalidade de livros que utiliza o meio eletrônico para se propagar ou ser comercializado. É um livro de bits.

E-business (Electronic Business, ou negócios eletrônicos): termo usado para identificar negócios eletrônicos realizados por meio da internet. Qualquer tipo de negócio efetuado por meio da rede mundial é tratado como um *e-business*.

E-cards: são cartões de crédito especialmente criados para o desenvolvimento de transações eletrônicas na internet.

E-commerce (Electronic Commerce, ou comércio eletrônico): forma de realizar negócios entre empresa e consumidor (B2C), usando a internet como plataforma de troca de informações, encomenda e realização das transações financeiras.

E-government: também conhecido como governo eletrônico, envolve transações eletrônicas entre o governo e as empresas (B2M), e entre o governo e os cidadãos (C2M).

E-learning: modalidade de ensino que utiliza meios eletrônicos e a internet para o desenvolvimento de cursos e aprendizado.

E-mail: ver correio eletrônico.

E-marketing: diz respeito à modalidade de marketing que utiliza meios eletrônicos para o seu desenvolvimento.

E-zine: 1. Pseudônimo usado para as revistas eletrônicas. 2. *Site* que abrange conteúdo de diversos tópicos. Muitas vezes os *e-zines* são distribuídos por *e-mail* através de boletins.

EDI (Electronic Data Interchange, intercâmbio eletrônico de dados): processo de troca de dados entre empresas utilizando sistemas mais antigos por meio de uma rede privada mantida entre ambas.

EDP (Electronic Data Processing): diz respeito ao processamento eletrônico de dados.

Emoticons (Emotional Icons): nome dado para aqueles pequenos sinais, como as carinhas sorridentes que são utilizados em larga escala nas mensagens de *e-mail*, *chat* e *newsgroup* da internet.

Endomarketing: filosofia de promoção de marketing internamente na organização.

Entrada: na visão sistêmica, diz respeito à entrada de elementos no sistema. Em computação seriam os elementos que permitem a entrada de dados no computador ou programa.

Ergonomia: disciplina que estuda as características físicas e psicológicas, habilidades e limitações humanas com o objetivo de aplicar essas informações ao projeto e desenvolvimento de máquinas, móveis, instrumentos de trabalho e demais objetos de uso comum.

ERP (Enterprise Resource Planning): termo usado para sistemas que controlam uma empresa de ponta a ponta, da produção às finanças. Geralmente, estão baseados num pacote integrado de gestão empresarial.

EXT2: sistema de arquivos usado pela maioria das distribuições de Linux.

Extranet: pedaço da intranet da organização que fica disponível na internet para o desenvolvimento de *e-business*.

FAQ (Frequently Asked Questions, ou perguntas feitas com frequência): termo técnico usado para denominar os sistemas com o objetivo de tirar dúvidas de leigos sobre um assunto, apresentando perguntas e respostas ao memo tempo.

Fax-modem: aparelho ou placa existente no computador para permitir a troca de dados através da linha telefônica.

Feedback: dar retorno a respeito de alguma atividade.

Fibra óptica: meio físico para transmissão de dados utilizando a luz, sendo imune a interferência elétrica, permitindo grande capacidade de transmissão de dados, voz, imagens e vídeo.

Firewall (Porta corta fogo): sistema de segurança, envolvendo *hardware* e *software*, para proteger computadores ou redes conectados à internet. Um nó da rede configurado como limite para evitar que o tráfego de um segmento atravesse para o outro e vice-versa, por questões de segurança. Geralmente, são configurados em roteadores da rede.

Firmware: componente de *hardware* que possui um *software* embutido. Circuito integrado que possui um programa embutido.

Fita DAT: fita magnética acondicionada em cartuchos pouco menores que uma fita cassete, destinada ao armazenamento de informações como cópia de segurança ou *backup*.

Formatar: ato de criar uma estrutura não visível para auxiliar no processo de armazenamento de dados nas unidades de disco.

Freeware: *software* distribuído gratuitamente.

FSF (Free Software Foundation, ou Fundação para o Software Gratuito): uma organização não lucrativa fundada em 1985 por Richard Stallman, dedicada à eliminação das restrições para a cópia e modificação de programas, promovendo o desenvolvimento e uso de *softwares* que podem ser distribuídos livremente. O Linux foi desenvolvido apoiado nas leis da FSF.

FTP (File Transfer Protocol, ou protocolo de transferência de arquivos): protocolo usado para a cópia de arquivos entre sistemas de computador remotos em uma rede que utiliza TCP/IP, como a internet.

Fuzzy logic (lógica difusa): uma técnica matemática para lidar com dados imprecisos e problemas que têm várias soluções. Embora seja implementada em computadores digitais que apenas tomam decisões do tipo sim ou não, funciona com faixa de valores, resolução de problemas de modo bastante parecido com a lógica humana. É usada na implementação de redes neurais para inteligência artificial.

Gateway: sistema de interligação de duas ou mais redes com diferentes protocolos de comunicação, de modo que seja possível transferir informações entre elas.

GIF (Graphic Interchange Format): formato para arquivos de imagens do tipo mapa de bits muito utilizado e que permite o desenvolvimento de animações quadro a quadro e o uso de transparência para o fundo da imagem.

Gigabyte (GB): equivalente a 1.024 Mb.

GIS (Geographical Information System, ou sistema de informação geográfica): sistemas utilizados para o mapeamento de áreas de atuação, demarcação de terras etc. Utilizam o GPS, sistema de posicionamento global, que define precisamente a localização de um elemento com base em coordenadas.

Gnome: acrônimo de GNU Network Object Model Environment, é um programa que cria ambiente de trabalho gráfico em Unix e Linux.

GNU: GNU is Not Unix. É uma sigla recursiva. Trata-se de um projeto para desenvolver um sistema operacional de código-fonte livre semelhante ao Unix. Embora o GNU não tenha desenvolvido o *kernel* do Linux, ele deu origem a muitas ferramentas que fazem parte desse sistema.

Gopher: ferramenta muito popular antes do surgimento da www, permite a procura de informação em bases de dados existentes em todo o mundo, funcionando por meio de um sistema de menus.

GPF (General Protection Fault, ou falha geral de proteção): ocorre quando um problema no programa aplicativo do Windows trava o sistema. São geralmente decorrentes de acesso indevido a áreas de memória protegida do sistema ou tentativas de operações de *hardware* de alta responsabilidade.

GPL (General Public License): licença de *software* criada para o GNU, mas também adotada por outros desenvolvedores. Assegura que o código-fonte se mantenha livre para distribuição e uso.

GPS (Global Positioning System, ou sistema de posicionamento global): sistema para navegação por meio de uma rede de satélites universal.

Groupware: *software* criado para ser usado numa rede que serve um grupo de usuários trabalhando num projeto relacionado.

Grupo: estrutura de administração de redes que permite definir permissões configuráveis a grupos de usuários para o sistemas operacional existente e seus recursos.

Grupos de Discussão (newsgroups): serviço da internet que utiliza um protocolo próprio (NNTP) para permitir o intercâmbio de opiniões por meio de grupos de discussão temáticos semelhantes a murais. Para participar dos *newsgroups* é necessário ter acesso a um servidor de *news*, fornecido pelo provedor de acesso à internet e um programa específico como o Agent. Os programas de *e-mail*, normalmente, já vêm com recursos para acessar grupos de discussão.

GUI (Graphic User Interface, ou interface gráfica com o usuário): diz respeito aos novos sistemas que usam o visual como atrativo para a sua utilização.

Hacker: especialista em resolver problemas e descobrir furos de segurança em redes, como a internet. Também conhecido como profissional de segurança de dados ou engenheiro de segurança de dados.

Handheld: computador de mão.

Hardware: diz respeito ao equipamento de computação.

Hash: método de criptografia que possui um algoritmo apenas de cifragem, ou seja, não é possível retornar ao valor original. Nesse caso, para atestar a veracidade dos dados, deve-se gerar o *hash* do novo conjunto de dados e comparar com o *hash* armazenado.

Heavy-users: usuários assíduos de determinados serviços. Na internet são os usuários que navegam pelo menos seis horas todos os dias.

Help Desk: departamento ou prestadora de serviços que tem como objetivo prestar suporte aos usuários em uma organização.

HD (Hard Disk): também conhecido por *winchester*, *hard disk* ou disco rígido, é o dispositivo de armazenamento de dados do tipo magnético fixo no computador.

Hiperlink (hipervínculo): formado pela junção das palavras hipertexto + *link*. Palavra, expressão ou imagem que permitem o acesso imediato à outra parte de um mesmo, ou outro, documento, bastando ser acionado pelo ponteiro do *mouse*. Num hipertexto, um *link*, na forma de palavra ou expressão, vem sublinhado ou grafado em cor distinta da utilizada no resto do texto.

Hipermídia: um documento hipermídia contém imagens, vídeos, áudios e textos. Além disso, usa ligações de hipertextos para permitir que o usuário salte de um trecho para outro do documento ou até mesmo para um documento diferente. O termo hipermídia também é utilizado como sinônimo de multimídia.

Hipertexto: texto que inclui *links* ou atalhos para outros documentos, permitindo ao leitor pular facilmente de um texto para outro, relacionados, de forma não linear. O termo foi criado por Ted Nelson, em 1965, para descrever documentos que expressam estruturas de ideias não lineares, em oposição ao formato linear dos filmes, dos livros e da fala.

Home page (página da casa): a página inicial e principal de um *site*. Normalmente, a página serve como um índice para o conteúdo restante do *site*.

Host/Client (Servidor/Cliente): sistema de organização de redes de computador mais difundido atualmente. O *Host* (Servidor) armazena informações que são solicitadas e enviadas ao *Client* (Cliente).

HTML (HyperText Markup Language, ou linguagem de formatação de hipertexto): linguagem de formatação de textos e imagens utilizada para apresentar os documentos publicados na www que serão lidos pelos *browsers*.

HTTP (HyperText Transfer Protocol, ou protocolo de transferência de hipertexto): protocolo que controla o envio de uma página em HTML de um servidor para um cliente.

Hub: um dispositivo central de conexão numa rede que junta linhas de comunicação numa configuração do tipo estrela. Podem ter uma só taxa de transferência ou operar em várias velocidades. O número de portas significa o número de dispositivos que podem ser ligados a ele. Modelos mais modernos podem ser gerenciáveis por meio de programas específicos. Há diversos tipos de *hubs*: o *hub* "burro" funciona apenas com um condutor de dados. Os chamados *hubs* "inteligentes" podem transferir dados de uma rede para outra e atribuir taxas de transferências diferentes entre as portas de acordo com a necessidade de cada

uma. Atualmente estão sendo substituídos em larga escala por *switchs*.

ICA (Independent Computing Architecture, ou arquitetura de computação independente): trata-se de uma tecnologia de comunicação entre sistemas que está em desenvolvimento e tem como objetivo básico permitir que computadores conectados em rede rodem todas as suas aplicações num servidor, sendo que apenas os resultados e sua interface de operação são exibidos nas máquinas clientes.

ID Digital: ver Certificado Digital.

IDE (Intelligent Drive Electronics): tipo de conexão tradicional entre o PC e seus dispositivos de armazenamento de dados.

Identidade Digital: ver Certificado Digital.

Informática: ciência e tecnologia que se ocupam do armazenamento e tratamento da informação, utilizando equipamentos e procedimentos da área de processamento de dados.

Inteligência Artificial (IA): conjunto de técnicas utilizadas em programas e dispositivos computacionais para imitar o comportamento humano.

Interface: conexão entre dois elementos de um sistema de computação. Elo de comunicação e interação entre o computador e o usuário.

Internauta: nome dado ao usuário de internet.

Internet (International Network): rede mundial de computadores que utiliza a arquitetura de protocolos de comunicação TCP/IP, originou-se de um sistema de telecomunicações descentralizado criado pelo Departamento de Defesa dos Estados Unidos durante a Guerra Fria. Durante os anos 1970 e 1980, cresceu entre o meio acadêmico, quando sua principal aplicação era o correio eletrônico. Com a aparição da World Wide Web em 1993, a internet

GLOSSÁRIO   341

se popularizou. Provê transferência de arquivos, *login* remoto, correio eletrônico, *news*, navegação na *web* e outros serviços.

Internet 2: segunda geração da internet que, a princípio, somente será usada por universidades para aumentar a disponibilidade de dados. É baseada em tecnologia de redes de alta velocidade.

Internet Banking: nova modalidade de prestação de serviços bancários que utiliza a internet como canal.

Intranet: rede corporativa que utiliza a tecnologia e a infraestrutura de transferência de dados da internet na comunicação interna da própria empresa ou comunicação com outras empresas.

Intrínseco: que está dentro de uma coisa ou pessoa e lhe é próprio. Inseparavelmente ligado a uma pessoa ou coisa.

IP (Internet Protocol): protocolo responsável pelo roteamento de pacotes entre dois sistemas que utilizam a família de protocolos TCP/IP. A transmissão de informação ocorre mediante pequenos pacotes de bits que contêm os dados que estão sendo enviados e o endereço a que se dirigem. Esses pacotes são reagrupados ao chegar ao seu destino. Vulgarmente conhecido como RG de um computador da rede.

IP Voice ou **VoIP (voz sobre IP)**: padrão de comunicação por redes que utiliza os protocolos do TCP/IP para o tráfego simultâneo de dados e voz sobre IP.

IPv4: protocolo IP discutido anteriormente que possui como regra de formação quatro octetos, ou seja, quatro conjuntos de números formados por oito bits que permitem valores de 0 a 255 em cada octeto.

IPv6: nova versão do protocolo IP que possui seis octetos e representação na forma hexadecimal.

IPX (Internetwork Packet Exchange): um protocolo de comunicações NetWare usado para rotear mensagens de um ponto para outro. Realiza o mesmo serviço do IP do TCP/IP. Os pacotes IPX incluem endereços e podem ser roteados de uma rede para outra, mas não existe garantia da entrega da mensagem.

IRC (Internet Relay Chat): serviço que possibilita a comunicação escrita entre usuários *on-line*. É a forma mais próxima do que seria uma "conversa escrita" na rede.

ISDN (Integrated Services Digital Networks, ou rede digital de serviços integrados): sistema telefônico digital que, mediante o uso de equipamentos especiais, mas utilizando a rede telefônica comum, permite enviar e receber dados e voz simultaneamente com muito mais velocidade, através de uma linha telefônica.

IT (Information Technology, ou tecnologia de informações): é o termo usado para a área da computação responsável pelo estudo, implementação e desenvolvimento de tecnologia usada para o processamento e armazenamento de informações. Como exemplo, os antigos CPDs das grandes empresas são responsabilidade da área de IT da empresa atualmente.

Java: linguagem de programação desenvolvida e criada pela Sun Microsystems baseada totalmente na teoria da orientação a objetos que permite o desenvolvimento de aplicações e *applets* Java. Gera um código que é intepretado na máquina do usuário por meio de uma máquina virtual Java, o que torna a linguagem multiplataforma, permitindo que ela seja executada em praticamente todas as máquinas e sistemas operacionais.

JavaScript (JScript): linguagem de criação de *scripts* desenvolvida pela Netscape e pela Sun Microsystems. Serve para incluir funções e aplicações *on-line* básicas em páginas *web*, mas o número e a complexidade das funções disponíveis são menores do que com Java.

JPEG (Joint Photographic Experts Group): formato de arquivos de imagens gráficas que permite uma alta taxa de compressão de imagens, mantendo boa qualidade, o que o torna muito popular na internet.

JVM (Java Virtual Machine): um interpretador de instruções produzidas em linguagem Java que pode ser executado em diferentes sistemas operacionais e até navegadores da internet.

Junk-mail: ver *spam*.

Json (Javascript Object Notation): formato para intercâmbio de dados computacionais usado principalmente em aplicações *web* para tratar objetos do navegador e dos formulários de um sistema *web*.

Kbps (Kilobits por segundo): medida de transferência de dados ou velocidade de rede usada para placas de rede e comunicações via *modem*. Equivale a 1.000 bits por segundo.

KDE (K Desktop Environment): um dos ambientes gráficos do Linux.

Kilobyte (KB): equivalente a 1.024 bytes.

KM (Knowledge Management, ou gerenciamento do conhecimento): técnicas e ferramentas para auxiliar o gerenciamento do conhecimento empresarial de forma a criar melhores cenários para o processo de tomada de decisão.

LAN (Local Area Network, ou rede local): rede de computadores local, isto é, restrita a um prédio, uma sala ou a uma empresa. Não tem tamanho físico determinado e pode ligar qualquer computador com qualquer protocolo.

LER: ver Dort.

Linux: variante do sistema operacional Unix, desenvolvido como um projeto distribuído, em que suas partes foram programadas por diversos profissionais espalhados pelo mundo como uma forma de compartilhar o projeto colaborando por meio da internet; seu núcleo foi criado pelo finlandês Linus Thorvalds. Integra duas linhas filosóficas de desenvolvimento: o Movimento GNU, que prega o código-livre e sem reserva de direito autoral; e o Free Software Movement (Movimento pelo Software Livre), em que o *software* é distribuído e o serviço garante a sobrevivência da empresa e seus profissionais. É livre e possui código aberto, ou seja, qualquer pessoa pode modificá-lo e distribuí-lo à vontade, na condição que tenha conhecimento em programação com linguagem C. É um sistema operacional multitarefa, multiusuário e multiplataforma, que pode ser utilizado tanto em servidores corporativos como em computadores domésticos.

Lisp (List Processor, ou processador de listas): linguagem de programação que é utilizada para o desenvolvimento de algoritmos de inteligência artificial e de geometria plana e espacial.

Login: é o ato de introduzir o nome de usuário (*username*) e senha (*password*) para ter acesso aos recursos disponíveis em uma rede.

Mainframe: computador de grande porte e desempenho, utilizado antigamente, ainda permanece em algumas empresas sendo utilizado para desenvolver o processamento de dados de toda a empresa, em que as informações são todas organizadas de forma centralizada.

MAN (Metropolitan Area Network, ou rede de alcance metropolitano): uma rede de abrangência metropolitana, em termos de tamanho e custo e está entre as LANs e WANs.

Mbps: velocidade de tráfego de dados, equivalente a 10 milhões de bits por segundo.

Mecanizar: ato de prover máquinas e meios mecânicos.

Megabyte (MB): equivalente a 1.024 KB.

Megahertz (MHz): o hertz (Hz) é uma unidade de medida de frequência, calculada em um ciclo (de um evento periódico, como uma forma de onda) por segundo. O número geralmente indicado ao lado do modelo do *chip* (Pentium 700 MHz, por exemplo) se refere à velocidade do processador, medida em megahertz (MHz). Um megahertz (MHz) equivale a 1.000 Kilohertz (kHz).

Memória: é um dos termos que mais aparecem em informática. Pode ser definida como o espaço em um computador que é capaz de reter dados e instruções.

Memória RAM (Randon Access Memory, memória de acesso randômico – aleatório): memória do tipo volátil, ou seja, só trabalha enquanto o equipamento estiver ligado. É uma memória de leitura e gravação que apenas processa as informações e permite ao computador fazer inúmeros cálculos e trabalhar com muitos dados ao mesmo tempo.

Memória ROM (Read Only Memory, ou memória somente de leitura): gravada pelo fabricante do microcomputador. Contém as informações referentes às rotinas de inicialização.

Mídia: meio físico de transmissão utilizado por um sistema de comunicação.

Mime (Multipurpose Internet Mail Extension, ou extensões de internet mail de multipropósito): padrão que amplia o SMTP para permitir que dados, como vídeo, som e arquivos binários, sejam transmitidos pelo correio eletrônico e pela *web* sem precisar de conversão prévia para o formato ASCII.

Modem: inflexão das palavras MOdulator/DEModulator (modulador/demodulador). Esse dispositivo permite que os dados em formato binário utilizados por um computador sejam enviados, por meio de telefone, através de sua conversão em sinais analógicos de som – o padrão pelo qual podem ser transmitidos por uma linha telefônica. O processo de conversão de sinais binários para analógicos é chamado modulação. Quando o sinal é recebido, um outro *modem* reverte o processo, o que é chamado demodulação.

Mosaic: programa de navegação na internet criado por Marc Andreessen no NCSA (National Center for Supercomputing Applications), em 1993, que popularizou os *browsers* ao levá-los para o mundo do PC.

Mouse: dispositivo apontador utilizado para operação de programas que utilizam interface gráfica (GUI).

MP3 (MPEG 1 Layer 3): formato de gravação para arquivos sonoros que possui alta fidelidade e compactação. Os arquivos gravados nesse formato chegam a ficar 11 vezes menor do que os mesmos arquivos em WAV, o padrão sonoro utilizado pelo Windows.

MPEG (Moving Pictures Experts Group): um padrão ISO para compactação de vídeo com movimento. O MPEG 1, a primeira geração do padrão, foi adotado para o uso em video CD.

MPEG 2: segunda geração do padrão de gravação para vídeos utilizada nos discos de DVD vídeo. Possui como características a alta compressão e resolução das imagens, além de permitir a transmissão por radiodifusão. Será utilizada na HDTV, na próxima geração de televisores.

MSDOS® (Microsoft Disk Operation System, ou sistemas operacional em disco): sistema operacional de computadores que vem comercializado em disquetes e facilmente pode ser substituído por uma nova versão. Este sistema operacional está em desuso e representou o maior crescimento da gigante Microsoft.

Multimídia: os equipamentos e *softwares* com esta tecnologia trabalham simultaneamente com sons, imagens e textos. Em uma mesma tela de computador, você pode receber informações por meio de vídeos, fotos, gráficos, trilhas sonoras e textos.

Multitarefa: característica de um sistema operacional de executar vários programas "simultaneamente".

Nasdaq (National Association for Securities Dealers Automated Quotation, ou cotação automatizada da associação nacional de vendedores de títulos): a Nasdaq reúne as ações de empresas de alta tecnologia, principalmente dos setores de informática, biotecnologia e internet. Seu índice principal é o Nasdaq Composite Index, que abrange um total de mais de 5.000 empresas.

Netbook: semelhante a um *notebook*, este equipamento é menor tanto em processamento como tela e peso do mesmo. Uma forma mais flexível de computador portátil.

Netiqueta: regras de boas maneiras no uso da internet.

NetWare: uma família de sistemas operacionais de rede da empresa Novell, que suporta clientes de diversos sistemas operacionais e diversos métodos de acesso à rede local como Ethernet e Token Ring. O NetWare é um dos gerenciadores de rede local mais usados por empresas de todo o mundo.

Newbie: gíria norte-americana para indicar uma pessoa novata na utilização da internet.

NFS (Network File System): sistema de compartilhamento de arquivos em rede criado pela Sun Microsystems para Unix.

Notebook: computador pessoal portátil.

NSF (National Science Foundation): órgão oficial do governo dos Estados Unidos que financia atividades científicas do país.

OCR (Optical Caracter Recognition, programa óptico de reconhecimento de caracteres): tecnologia utilizada para transformar a imagem do texto em arquivo de texto editável. Geralmente é utilizado junto com scanners.

Off-line: diz-se quando o computador não está conectado.

On-board: este termo indica que o adaptador de vídeo (ou qualquer outro dispositivo) está na própria placa-mãe e não em uma unidade separada. Não indica má qualidade, necessariamente, mas não é a tecnologia mais atual.

On-line: estar conectado à internet. Usa-se também para descrever uma variedade de atividades que se podem fazer na internet, como *chat on-line*, *games on-line*, compras *on-line* etc.

Oracle: sistema de gerenciamento de bancos de dados relacional da Oracle Corporation, que pode ser utilizado numa grande variedade de computadores, desde micros pequenos até computadores de grande porte.

Organização real: tipo de organização que possui um prédio físico para interação com seus clientes e fornecedores.

Organização virtual: tipo de organização que não necessita possuir um prédio físico para interação com seus clientes e fornecedores.

Orientação a objetos: metodologia de programação que vem substituindo a antiga programação estruturada e que possui diversas vantagens.

OS/2: sistema operacional desenvolvido pela IBM para seus computadores.

GLOSSÁRIO 345

OSI (Open Systems Interconnection): modelo conceitual de protocolo com sete camadas definido pela ISO, para a compreensão e o projeto de redes de computadores. Trata-se de uma padronização internacional para facilitar a comunicação entre computadores de diferentes fabricantes.

Outsourcing: sistema usado por grandes empresas que consiste em contratar subempreiteiros para executar tarefas específicas em seu lugar.

Palmtop: computador de mão muito difundido atualmente, possui tamanho de agenda eletrônica e capacidade de um 286 ou superior.

Patches: pacotes de atualização de programas disponíveis no mercado que possuem algum tipo de erro ou falha de segurança.

PC (Personal Computer, ou computador pessoal): padrão de computador desenvolvido pela IBM que popularizou os microcomputadores.

PDA (Personal Digital Assistant, ou assistente pessoal digital): nome dado a qualquer pequeno equipamento portátil (de mão) com capacidade de armazenar (e processar) dados e informações de uso pessoal.

PDF (Portable Data Format): formato de codificação de textos e imagens para a geração de livros eletrônicos (*e-books*). O formato PDF é propriedade da Acrobat.

PDI (Plano Diretor de Informática): antigo planejamento desenvolvido pelo departamento de informática da empresa para o desenvolvimento das aplicações de tecnologia do ponto de vista dos especialistas em tecnologia.

PDS (Plano Diretor de Sistemas): antigo planejamento desenvolvido pelo departamento de sistemas da empresa com o objetivo de desenvolver as atividades sistêmicas da organização. Normalmente vinculado ao analista de sistemas.

PDTI (Plano Diretor de Tecnologia da Informação): planejamento promovido atualmente para desenvolver o alinhamento das tecnologias utilizadas como ferramentas na organização com o planejamento estratégico da mesma.

PDV (Ponto de Venda): sistema de automação de frente de loja para empresas que trabalham com comércio em geral.

PED: processamento eletrônico de dados.

Peer-to-peer (ponto a ponto): rede que dispensa o uso de servidor. As redes locais montadas sobre os protocolos do Windows, por exemplo, são redes *peer-to-peer*. É o contrário das aplicações cliente-servidor em que um computador (o servidor) permite que outras máquinas (clientes) usem seus serviços.

Peopleware: pessoas que usam computador (usuários e técnicos).

Periférico: dispositivo de *hardware* que se encontra na periferia do computador, normalmente algum acessório ligado a ele por meio de uma porta ou placa.

Perl (Pratical Extraction and Report Language): linguagem de programação utilizada para produzir formulários ou processá-los. É usada em larga escala na internet para produção de CGIs e processamento de informações através da rede.

PGP (Pretty Good Privacy): programa para criptografia de chave pública e chave privada, usando o algoritmo RSA.

PHP (Personal Home-Page tools, ou ferramentas para página pessoal): linguagem de programação de *script* desenvolvida inicialmente por Rasmus Lerdof que fica embutida no próprio arquivo HTML e é processada no servidor retornando ao solicitante apenas um código HTML.

Ping (Packet Internet Group): o *ping* é um programa usado para testar o alcance de uma rede, enviando a nós remotos uma requisição e esperando por uma resposta. Trabalha medindo o tempo em milissegundos o quanto demora um computador remoto em responder a um pedido enviado por um computador local.

Pirataria de software: procedimento ilegal de realizar cópia de *softwares* protegidos por direitos autorais e propriedade intelectual.

Pixel: menor elemento que pode ser representado na tela do computador.

Placa de rede: como a comunicação dentro do micro é diferente da comunicação nas redes, as linguagens são traduzidas por esta placa ao entrar e sair do computador.

Planilha eletrônica: ferramenta computacional em forma de *software* utilizada para o desenvolvimento de tabelas dinâmicas, gráficos e pequenos gerenciamentos de dados.

PLC: ver CLP.

Plotter: dispositivo de impressão para grandes formatos, normalmente utilizado em engenharia para a impressão de projetos. Atualmente também é utilizado por birôs de computação gráfica.

Plug-ins: extensões de outro programa, como o *browser*, fornecidas por seu fabricante ou empresas parceiras, que oferecem recursos adicionais de multimídia, facilitando a visualização de texto, som e vídeo e maior interação com o usuário.

Ponto.com: a expressão usada como sinônimo para empresa virtual. Designa as empresas que centram seus negócios na internet.

POP (Point of Presence, ou ponto de presença): nó local da internet. Computador de instituição que tem conexão com o *backbone*.

POP3 (Post Office Protocol v 3.0): protocolo usado por clientes de correio eletrônico para manipulação de arquivos de mensagens em servidores de *mail*.

Portal: também conhecidos como Web Portal. São páginas na internet que servem de entrada para vários *sites*. Os portais são caracterizados por uma grande quantidade de *links* para uma grande variedade de temas.

PPP (Point to Point Protocol – Protocolo Ponto a Ponto): o protocolo mais utilizado para conectar computadores pessoais à internet utilizando linha comutada. Permite a transmissão de informação a velocidades suficientemente altas para enviar gráficos e textos. Verifica pacotes enviados e permite retransmissão de pacotes extraviados. É considerado o sucessor do Slip, por ser confiável e mais eficiente.

Power-OS: sistema operacional utilizado em computadores de arquitetura Risc, fabricados pela Apple Computers e conhecidos por Mac.

Processador: também conhecido como CPU é um chip ou pastilha de circuito integrado. É feito de silício (material semicondutor) sobre o qual são montados um certo número de componentes – como transistores – que executam determinadas tarefas. Pode ser considerado o cérebro de um computador. A chamada arquitetura de um chip é o modo pelo qual os transistores (e também os resistores e os capacitores) são montados na peça de silício.

Processo: também chamado de *job* (trabalho), pode ser considerado uma instância de um programa ou de um comando em execução.

Processos de negócio: diz respeito aos procedimentos utilizados no dia a dia da organização para o desenvolvimento de suas atividades.

Programa: sequência de instruções a serem executadas pelo computador no desenvolvimento de alguma tarefa.

Protocolo: conjunto de regras que especificam o formato, a sincronização, o sequenciamento e a verificação de erros na comunicação entre computadores, para que esta possa ocorrer.

Provedor de acesso: instituição que se liga à internet para obter conectividade IP e repassá-la a outros indivíduos e instituições, em caráter comercial ou não. O provedor de acesso torna possível ao usuário final a conexão à internet por meio de uma ligação telefônica local.

Provedor de informações: instituição cuja finalidade principal é coletar, manter ou organizar informações *on-line* para acesso por meio da internet por parte de assinantes da rede. Essas informações podem ser de acesso público, caracterizando assim um provedor não comercial ou, no outro extremo, constituir um serviço comercial em que existem tarifas ou assinaturas cobradas.

Proxy Server (servidor proxy): componente de *firewall* que gerencia o tráfego da internet de/para uma rede local e pode oferecer outros recursos, como o cache de documentos e o controle de acesso. Um servidor *proxy* pode filtrar e descartar solicitações que o proprietário não considere apropriadas, como solicitações de acesso não autorizado a arquivos patenteados.

Query: consulta, pesquisa. Procedimento que inicia uma busca em um banco de dados qualquer.

RAD (Rapid Application Development, ou desenvolvimento rápido de aplicações): característica das novas linguagens de programação visual que permitem uma economia de tempo incomparável no desenvolvimento de sistemas.

Razão 24x7: diz respeito ao modelo de negócios que utiliza a internet (*e-business*) e que pode funcionar 24 horas por dia nos sete dias da semana, ou seja, funcionamento constante.

Realidade Virtual (RV): ambiente artificial criado com recursos computacionais que é apresentado ao usuário de modo a parecer com um ambiente real.

Realimentação: processo de tornar novamente entrada os dados de saída dos processamentos em sistemas cibernéticos para desenvolvimento automático de ajustes.

Rede: nome dado à conexão de dois ou mais computadores, permitindo a seus usuários compartilhar programas e arquivos. A rede pode ser permanente, quando conectada por cabos, ou temporária, quando a conexão se realiza por meio de linhas telefônicas. O termo é usado, também, como sinônimo para internet.

Rede Ethernet: padrão de rede local desenvolvido pela Xerox Corporation em cooperação com a Digital Equipment Corporation e a Intel em 1976. Usa uma topologia de *bus* (barramento) e suporta taxas de transferências de dados até 10 megabits por segundo, ou 10 Mbps. É um dos padrões mais usados em todo o mundo para redes locais. Um novo padrão de Ethernet, chamado de Fast-Ethernet, suporta taxas de 100 Mbps e já se fala no Gigabit Ethernet que vai transportar 1 Gbps.

Reusabilidade: reutilização.

Robótica: ciência e engenharia de desenvolvimento e projeto de equipamentos altamente automatizados.

ROI (Return on Investment, ou retorno em investimento): expressão muito utilizada para medir a relação custo benefício em sistemas de informática.

Router (roteador): um sistema de computador numa rede que armazena e roteia (direciona) pacotes de dados entre as LANs e WANs. Os roteadores veem as redes como endereços específicos e todos os caminhos possíveis entre elas.

Saída: na visão sistêmica, diz respeito aos elementos produzidos pelo sistema. Na computação são os elementos resultantes de um processamento.

Scanner: dispositivo periférico cuja função é digitalizar fotos, imagens e textos.

SCM (Supply Chain Management, ou gerenciamento da cadeia de suprimentos): metodologia de compartilhamento de responsabilidades de negócios da empresa com seus fornecedores e distribuidores.

Servidor: computador que gerencia o funcionamento de uma rede, fornece programas, coordena os serviços de equipamentos periféricos como impressoras, discos rígidos etc.

SGA (Sistemas de Gerenciamento de Arquivos): modo de gerenciamento de banco de dados que possui um arquivo para cada tabela de dados.

SGBD (Sistema de Gerenciamento de Banco de Dados): modo de gerenciamento de banco de dados que possui um único arquivo que compreende todas as tabelas de dados.

Shareware: programa que pode ser testado pelo usuário antes do pagamento de licença de uso ao seu criador. Uma boa parte dos programas para a internet é *shareware* ou *freeware* (gratuitos).

SIG (Sistema de Informação Gerencial): sistemas de gestão que enfoca o processo de tomada de decisão no nível gerencial da organização.

Sistema: conjunto de elementos, entre os quais se possa encontrar ou definir alguma relação. Disposição das partes ou dos elementos de um todo, coordenados entre si e que funcionam como estrutura organizada.

Sistemas especialistas: sistemas que utilizam conceitos de inteligência artificial para o desenvolvimento de cenários e projeções que servirão de base para os planejamentos empresariais e para o processo de tomada de decisão.

Sistemas Legados: sistemas antigos que persistem nas organizações normalmente ligados a linguagens de programação procedurais e, em muitos casos, aos grandes *mainframes*.

Site (sítio): local de um servidor de internet em que ficam residentes todas as páginas de uma empresa, instituição ou pessoa. Pode ser comparado a uma pasta em uma unidade de disco. Um *site* é uma localização na www.

Slip (Serial Line Internet Protocol, ou protocolo internet de linha serial): protocolo usado na internet para acesso remoto discado, substituído pelo PPP. Não verifica pacotes enviados, mas é mais rápido do que o PPP.

Smart-card: cartão eletrônico inteligente que armazena uma senha para acesso a recursos de uma rede ou ambiente.

SMTP (Simple Mail Transfer Protocol, ou protocolo simples de transferência de correio): protocolo TCP/IP usado para troca de mensagens de correio eletrônico.

Socket (sock): em uma rede, *socket* é o identificador de um serviço em um nó específico e um número de porta, o qual identifica o serviço. Por exemplo, a porta 80 em um nó da internet indica um servidor da *web*.

Software: componente do computador representado pelos programas e aplicativos.

SOA (Service Oriented Architecture, ou arquitetura orientada a serviços): modalidade de projeto para aplicações de n-camadas que trata *softwares* como prestadores de serviço.

SOHO (Small Office Home Office): um conceito que faz referência a pequenos negócios e escritórios domésticos. Visa otimizar a tecnologia que envolve computadores, faxes e secretárias eletrônicas, possibilitando a montagem de escritórios domésticos mais baratos e flexíveis.

Spam: *e-mail* indesejado ou não solicitado enviado a muitos destinatários ao mesmo tempo, geralmente com finalidades comerciais.

SQL (Structured Query Language, ou linguagem de consulta estruturada): uma linguagem usada para consultar e processar informações num banco de dados relacional. Originalmente, foi desenvolvida pela IBM para computadores de grande porte e depois difundida. Os comandos SQL podem ser usados embutidos em outras linguagens de programação ou de forma direta por meio de um gerenciador de bancos de dados.

SSL (Secure Sockets Layer): um protocolo que fornece uma comunicação segura de dados por meio da criptografia e da descriptografia entre dois computadores. É muito utilizado em *sites* seguros de venda de produtos.

Stakeholders: termo utilizado para os elementos de satisfação da cadeia de desenvolvimento de negócios de uma empresa.

Streaming: tecnologia para transferência de dados que faz com que o arquivo transmitido possa ser processado de forma contínua e constante. Ele não precisa baixar de forma completa para o computador do usuário para começar a ser executado, já que isso acontece à medida que vai sendo transferido.

Subsistema: porção menor de um sistema maior que possui relacionamento com outros subsistemas, no sistema empresa é um departamento.

Suíte de aplicativos: pacote de aplicativos comercialmente disponível no mercado. Normalmente engloba um processador de textos, uma planilha de cálculo, um gerenciador de apresentação, um gerenciador de banco de dados e uma agenda.

Switch: dispositivo de conexão central de redes do tipo estrela que direciona o fluxo de uma porta para outra. Seleciona a que computador se destina determinada informação (em vez de jogá-la a todos na rede) e diminui o tráfego na conexão. É mais eficiente do que os *hubs*, pois permite um gerenciamento mais seguro e divisão da rede em grupos de usuários chamadas Vlans.

TCO (Total Cost Ownership, ou custo total de propriedade): metodologia de verificação de responsabilidade e investimento em tecnologia.

TCP/IP (Transfer Control Protocol/Internet Protocol, ou protocolo de controle de transmissão/protocolo de internet): conjunto de protocolos de comunicação utilizado na internet. O IP cuida do endereçamento das máquinas, e o TCP do transporte de informações sobre duas máquinas com endereço IP. É sem dúvida o protocolo aberto mais difundido e utilizado em todo o planeta.

Telecomunicações: conjunto de dispositivos e técnicas empregados para a transmissão de informações a longa distância de modo instantâneo.

Telemática: fusão dos elementos de telecomunicações com a informática.

Telnet: protocolo que permite ao usuário da internet se conectar a um computador remoto, como se estivesse utilizando um terminal baseado em texto diretamente conectado àquele computador.

Terceirização: procedimento de contratação de prestadores de serviço para o desenvolvimento de uma tarefa interna da organização.

Test-drive: no campo de sistemas de informação, é o teste minucioso do sistema em comportamento normal de trabalho da organização, sem abandonar o sistema antigo.

Token-cards: dispositivo em forma de cartão ou chaveiro que possui um programa que gera uma senha para aquele instante em sistemas de segurança.

Trojan Horse (cavalo de troia): programas destrutivos disfarçados de jogo, utilitário ou aplicação. Quando executado, o Trojan Horse produz algum efeito danoso ao sistema, ao mesmo tempo que parece estar realizando uma tarefa útil.

UML (Unified Modeling Language): trata-se de uma notação padronizada usada para modelar objetos reais, como um primeiro passo da implementação de programas orientados a objetos. Foi criada com base em três outras notações de orientação a objetos criadas por cientistas da área.

Unix: um sistema operacional multiusuário, multitarefa originalmente desenvolvido pela AT&T. O Unix foi totalmente desenvolvido em linguagem C, fazendo com que o Unix seja executado numa variedade maior de *hardware* do que qualquer outro sistema. Atualmente, diversas empresas possuem sua versão própria do Unix, como é o caso da HP e da IBM.

Upgrade: procedimento de atualizar para uma nova versão um componente de *hardware* ou *software* dos computadores.

Upload: copiar um arquivo para um servidor remoto.

URL (Universal Resource Locator, ou localizador de recurso universal): trata-se do modo padrão para expressar uma localização na internet, traduzido muitas vezes apenas por endereço. Por exemplo, para fazer o seu *browser* navegar até determinada página, você deve instruí-lo com a URL (endereço) dessa página, digitando, geralmente, no seguinte formato: http://www.empresa.com.br/.

USB (Universal Serial Bus): formato de conexão para periféricos que está sendo adotado pelos modelos de computadores mais novos e que permite conectar de forma mais prática e rápida todo tipo de periférico (impressora, monitor, *mouse* e até autofalantes). É possível conectar até 127 aparelhos em uma única porta USB, com alta velocidade de transmissão.

VB (Visual Basic): ferramenta de programação produzida para Microsoft que permite desenvolver aplicativos para o Windows de forma rápida usando como base a linguagem de programação Basic.

VBA (Visual Basic for Applications): um subconjunto de instruções do VB que fornece uma linguagem de macro comum para aplicativos da Microsoft. VBA permite que usuários experientes e programadores estendam a funcionalidade de programas como Word, Excel e Access.

VBScript (Visual Basic Script): linguagem de *script* que possui a mesma notação da linguagem Visual Basic, mas com menos recursos. Utilizada para programação de páginas DHTML ou *scripts* em ambiente Windows.

Virtual: existente apenas em potencial, sem efeito real. Em informática é um termo usado para caracterizar um dispositivo que, na realidade, não existe, mas que é simulado pelo computador e pode ser utilizado por um usuário como se existisse.

Vírus de computador: programa inteligente que tem o objetivo de causar algum tipo de dano ou bagunça na máquina alheia.

Visão sistêmica: diz respeito ao método de examinar um elemento segundo a Teoria de Sistemas.

Vlan (Virtual Local Area Network, ou redes locais virtuais): são grupos de computadores conectados por uma única LAN, mas de acesso restrito. Isto é, uma sub-rede da LAN gerenciada e configurada por meio de equipamentos chamados *switchs*.

VPN (Virtual Private Network, ou rede virtual privada): rede que utiliza a internet como meio de tráfego, mas é fechada a determinados usuários.

VoIP: ver IP Voice.

VRML (Virtual Reality Modeling Language, ou linguagem de modelagem de realidade virtual): linguagem de descrição de cena desenvolvida por Mark Pesce e Tony Parisi em 1994, que permite a modelagem e a navegação através de um ambiente tridimensional, ou seja, linguagem de programação que permite a criação de ambientes de três dimensões. Esses ambientes (chamados de mundos/*worlds*) podem ser mostrados em um navegador.

WAN (Wide Area Network, ou rede de longa distância): uma rede que interliga computadores distribuídos em áreas geograficamente separadas.

WAP (Wireless Application Protocol, ou protocolo de aplicações sem fio): tecnologia desenvolvida especialmente para permitir acesso a internet (incluindo *e-mail*, *web* etc.) a telefones móveis e rádios transceptores digitais.

WAV: extensão de arquivos *wave* que traz informação sobre número de canais, se em mono ou estéreo, entre outras informações. Este formato de arquivo de áudio criado pela Microsoft que tem se tornado um padrão em PCs, principalmente por ter sido aceito também pelo sistema operacional dos micros Macintosh, permite a troca e o trabalho desses arquivos por diferentes plataformas.

Web: serviço www da internet.

Web Developers: desenvolvedores de sistemas específicos para a *web*.

Web Page (página web): qualquer página de um *site* que não seja a *home page*.

Website: ver *site*.

Winchester: ver HD.

Windows: sistema operacional desenvolvido pela Microsoft para computadores pessoais.

Windows NT (Windows Network Technology, ou Windows com tecnologia de redes): geração do Windows mais robusta e confiável do que a versão comercializada pela Microsoft para usuários domésticos. É usada em ambientes de rede e possui a versão *server* (servidor da rede) e *workstation* (clientes da rede).

WML (Wireless Markup Language, ou linguagem de formatação para dispositivos sem fio): linguagem padrão XML criada especificamente para os microbrowsers. O protocolo WAP também suporta uma linguagem chamada WMLScript, similar ao JavaScript, porém mais leve e com menor requerimento de memória e processador.

WWW (World Wide Web, ou vasta rede mundial): sistema de hipermídia desenvolvido por Timothy Berners-Lee, em 1990, no CERN, é a mais importante aplicação da internet. O termo é usado em geral como sinônimo de internet, mas, em uma definição rígida, refere-se às aplicações da rede que usam o HTTP, protocolo de transferência de hipertexto (baseado na linguagem HTML). Na prática, isso exclui a maior parte das aplicações de *e-mail*, de FTP (protocolo de transmissão de arquivos) e a Usenet, por exemplo.

WYSIWYG (What You See Is What You Get, ou O que você vê é o que você terá): termo usado para programas que possuem essa propriedade, muito utilizado para programas de edição gráfica e produção de páginas para a internet.

XML (Extensible Markup Language): linguagem universal para permitir a troca de informações de forma estruturada por meio da internet. Permite que os programadores transportem dados de um servidor para outro da rede de forma transparente e organizada.

Zip drive: dispositivo de armazenamento magnético que possui capacidade superior aos disquetes comuns. Possui o modelo de 100 Mb e 250 Mb.

REFERÊNCIAS

ABES. *Mercado brasileiro de software: panorama e tendências*. Resumo dos relatórios da ABES de 2005 a 2011. Disponível em: <http://www.abes.org.br/>. Acesso em: 15 set. 2012.

ABRAMSON, G. *On KM Midway*. CIO website. 18 mai. 1999. Disponível em: <http://www.cio.com.au/article/106229/km_midway/>. Acesso em: 15 set. 2012.

AFONSO, Rodrigo. *Estudo aponta BI como prioridade de investimento em tecnologia*. CIO website. 16 set. 2009. Disponível em: <http://cio.uol.com.br/tecnologia/2009/09/15/estudo--aponta-bi-como-prioridade-de-investimentos-em-tecnologia/>. Acesso em: 17 set. 2012.

AMERICANO, Tatiana. *Robert Wong alerta para a falta de líderes capacitados em TI*. CIO website. 4 ago. 2009. Disponível em: <http://cio.uol.com.br/carreira/2009/08/03/robert-wong--alerta-para-a-falta-de-lideres-capacitados-em-ti/>. Acesso em: 26 jun. 2012.

ANGELONI, Maria Teresinha. *Organizações do conhecimento*. São Paulo: Saraiva, 2008.

Associação Brasileira de Normas Técnicas – ABNT. *Tecnologia da informação*: técnicas de segurança – Sistemas de gestão de segurança da informação. Requisitos. ABNT NBR ISO/IEC 27001, 2006.

_____. *Governança corporativa de tecnologia da informação*. ABNT NBR ISO/IEC 38500, 2009.

_____. *Tecnologia da informação*: gestão de serviços – Parte 1: requisitos do sistema de gestão de serviços. ABNT NBR ISO/IEC 20000, 2011.

B2B Magazine. *A nova economia da atenção*. Jan. 2002.

BERRY, L. L.; PARASURAMAN, A. *Serviços de marketing*. São Paulo: Maltese, 1995.

BIO, Sergio Rodrigues. *Sistemas de informação*: um enfoque gerencial. 2. ed. São Paulo: Atlas, 2008.

BOMANDO, K. *Por que sua empresa precisa de uma intranet*. 4 fev. 2011. Disponível em: <http://www.microsoft.com/business/pt-br/Content/Paginas/article.aspx?cbcid=43#>. Acesso em: 15 mar. 2012.

BSA (Bussiness Software Alliance). *Segundo estudo anual sobre pirataria de software da BSA--IDC*. Mai. 2005. Disponível em: <http://www.engsupport.eti.br/artigos/Piracy-Study-2005--Portuguese.pdf>. Acesso em: 5 out. 2012.

CABRAL, Plínio. *A nova lei de direitos autorais*. 3. ed. Porto Alegre: Sagra Luzzatto, 1999.

354 SISTEMAS DE INFORMAÇÃO

CAPELI, Alexandre. *Automação industrial*: controle do movimento e processos contínuos. 2. ed. São Paulo: Érica, 2008.

CAVALHEIRO, E. A.; MARCONATTO, D. A. B.; AMARAL, D. A. G. *Balanced scorecard:* uma ferramenta de gestão estratégica. Disponível em: <http://w3.ufsm.br/revistacontabeis/anterior/artigos/vIIIn02/balanced_scorecard.pdf>. Acesso em: 16 out. 2012.

Cetic.Br. *TIC Empresas 2010*. Dez. 2010. Disponível em: <http://www.cetic.br/empresas/2010/index.htm>. Acesso em: 17 mar. 2012.

_____. *Pesquisa sobre o uso das tecnologias da informação e da comunicação no Brasil 2011*. São Paulo: NIC.br, jan. 2012. Disponível em: <http://cetic.br/usuarios/tic/2011-total--brasil/index.htm>. Acesso em: 17 set. 2012.

Computer Security Resource Center. Early Computer Security Papers, Part I. Disponível em: <http://csrc.nist.gov/publications/history/> Acesso em: 10 mar. 2012.

Computerworld. Nove ameaças que os profissionais de segurança da informação enfrentam. 29 ago. 2012. Disponível em: <http://www.modulo.com.br/comunidade/noticias/2844--nove-ameacas-que-os-profissionais-de-seguranca-da-informacao-enfrentam>. Acesso em: 15 set. 2012.

CORTES, Pedro Luiz; ROSOCHANSKY, Moacyr. *WebMarketing*: estabelecendo vantagens competitivas na internet. São Paulo: Érica, 2001.

CRUZ, Tadeu. *Sistemas de informações gerenciais*. 3. ed. São Paulo: Atlas, 2003.

DALMAZO, Luiza. *Conheça o perfil ideal do CIO "mestre em relacionamento"*. *Computerworld*. 4 abr. 2007. Disponível em: <http://computerworld.uol.com.br/gestao/2007/04/04/idgnoticia.2007-04-03.4465904301/>. Acesso em: 26 jun. 2012.

DERTOUZOS, Michael. *A revolução inacabada*. São Paulo: Futura, 2002.

DIAS, Cláudia. *Segurança e auditoria da tecnologia da informação*. Rio de Janeiro: AxcelBooks, 2000.

DRUCKER, PETER F. *Sociedade pós-capitalista*. Lisboa: Actual, 2003.

DYSON, Peter et. al. *O ABC da intranet*. São Paulo: Makron Books, 1999.

Ebit. *Relatório WebShoppers*. 20. ed., 1º semestre 2009.

ECommerceday. *A força do e-commerce*. jun. 2010. Disponível em <http://www.ecommerceday.mx/wp-content/uploads/2010/10/Visa-America-Economia-Estudo-Regional-eCommerce--Parte-1.pdf>. Acesso em: 15 jun. 2012.

Estadão Link. *Lei de crimes eletrônicos em regime de urgência*. 29 ago. 2012. Disponível em: <http://www.modulo.com.br/comunidade/noticias/2846-lei-de-crimes-eletronicos-em-regime--de-urgencia>. Acesso em: 15 set. 2012.

FELDMAN, Paulo Roberto. *Robô*: ruim com ele pior sem ele. São Paulo: Trajetória Cultural, 1988.

FITZGERALD, J.; DENNIS, A. *Comunicações de dados empresariais e redes*. 10. ed. Rio de Janeiro: LTC, 2011.

FONTES, Edison. *Segurança da informação*: o usuário faz diferença. São Paulo: Saraiva, 2006.

GASPARINI, A. F.; BARRELA, F. E. *A infraestrutura de LANs*. São Paulo: Érica, 1997.

REFERÊNCIAS 355

GATES, Bill. *A empresa na velocidade do pensamento*. São Paulo: Companhia das Letras, 1999.

GIBSON, Willian. *Neuromancer*. São Paulo: Aleph, 2008.

GLOCK, R. S.; GOLDIM, J. R. *Ética profissional é compromisso social*. Disponível em: <http://www.bioetica.ufrgs.br/eticprof.htm>. Acesso em: 16 out. 2012.

GRAEML, Alexandre Reis. *Sistemas de informação*: o alinhamento da estratégia de TI com a estratégia corporativa. 2. ed. São Paulo: Atlas, 2003.

HICKMAN, Craig R. *Talento na condução dos negócios*. São Paulo: Makron Books, 1993.

iDigital. *Perfil da empresa digital 2004*. Realizado por Fiesp e FEA-USP. Jun. 2004. Disponível em: <http://www.fiesp.org.br/PesqPONT.nsf/d456804fabbd197d83256c7e0059e915/aa564 92547a731b083256ebb006edc02/$FILE/ATTB195W/iDigital2004%20Resumo%20Resultados.pdf>. Acesso em: 20 mar. 2012.

Infopédia. *Hebert Spencer*. Porto: Porto Editora, 2003-2012. 15 out. 2012. Disponível em <http://www.infopedia.pt/$herbert-spencer>. Acesso em: 11 set. 2012.

InformationWeek. *Três passos para você se tornar um gestor de TI mais verde*. 27 ago. 2012. Disponível em: <http://informationweek.itweb.com.br/10125/tres-passos-para-voce-se-tornar--um-gestor-de-ti-mais-verde/>. Acesso em: 10 jul. 2012.

Instituto de Pesquisas Forrester. Os perigos da internet. *Revista InfoExame*. 2001.

Internet World Stats. *Internet usage and population statistics for South America*. 31 Dez. 2011. Disponível em: <http://www.internetworldstats.com/stats15.htm>. Acesso em: 17 mar. 2012.

_____. *Internet users in world by geographical regions in 2011*. 31 Dez. 2011. Disponível em: <http://www.internetworldstats.com/stats.htm>. Acesso em: 17 mar. 2012.

Jornal da Globo/G1. *Cresce índice de brasileiros com acesso ao computador*. 7 out. 2007. Disponível em: <http://g1.globo.com/Noticias/Tecnologia/0,,MUL147588-6174,00.html>. Acesso em: 26 jun. 2012.

KASPER, J. F. P. *Produtividade e gerenciamento de operações na empresa supermercadista*. São Paulo: Associação Brasileira dos Supermercados, 1991.

KUROSE, J. K.; ROSS, K. W. *Redes de computadores e a internet*. 3. ed. São Paulo: Pearson Addison Wesley, 2006.

LAUDON, Kenneth C.; LAUDON, Jane. P. *Essentials of management information systems*. 8. ed. New Jersey: Prentice-Hall, 2008.

LESSARD, Bill; BALDWIN, Steve. *Escravos da internet*. São Paulo: Makron Books, 2000.

LIMA, Maria Claudia. *Os geeks na web*: o perfil de quem curte tecnologia. 5 out. 2011. Disponível em: <http://www.navegg.com/os-geeks-na-web-o-perfil-de-quem-curte-tecnologia/>. Acesso em: 17 set. 2012.

LUFTMAN, Jerry N. *Competing in the information age*: strategic alignment in practice. Oxford: Oxford University Press, 1996.

MAÑAS, Antonio Vico. *Administração de sistemas de informação*. 8. ed. São Paulo: Érica, 2010.

Marketing do Futuro. *Estudo mapeia perfil do e-consumidor brasileiro*. 15 jul. 2012. Disponível em: <http://marketingfuturo.com/estudo-mapeia-perfil-do-e-consumidor-brasileiro/>. Acesso em: 18 set. 2012.

MARTIN, Chuck. *O futuro da internet*. São Paulo: Makron Books, 2000.

MCKEOWN, M. *E-costumer*. São Paulo: Makron Books, 2002.

MCKEOWN, Patrick G.; WATSON, Richard T. *Metamorphosis*: guia para a internet e comércio eletrônico. São Paulo: Senac, 1996.

MEIR, Roberto. A nova era da economia da atenção. *B2B Magazine*, jan. 2002, p. 28-29.

MELO, Ivo Soares. *Administração de sistemas de informação*. São Paulo: Pioneira, 1999.

Microsoft Press. *Guia oficial Microsoft*: soluções para intranet. São Paulo: Makron Books, 1999.

Microsoft Technet. Academia Latino Americana de Segurança da Informação. Módulo 1: introdução à segurança da informação. São Paulo: E-Módulo Security, Ver. 1.1, 2006.

_____. Academia Latino-Americana de Segurança da Informação. Módulo 2: conceitos de análise de risco. São Paulo: E-Módulo Security, Ver. 1.1, 2006.

_____. Academia Latino-Americana de Segurança da Informação. Módulo 3: a política de segurança. São Paulo: E-Módulo Security, Ver. 1.1, 2006.

_____. Academia Latino-Americana de Segurança da Informação. Módulo 4: implantação de segurança e plano de segurança. São Paulo: E-Módulo Security, Ver. 1.1, 2006.

_____. Academia Latino-Americana de Segurança da Informação. ISO 17799. Módulo 1: aspectos teóricos e práticos para implantação da norma ABNT NBR ISO/IEC 17799:2005. São Paulo: E-Módulo Security, Ver. 1.0, 2006.

_____. Academia Latino-Americana de Segurança da Informação. ISO 17799. Módulo 2: aspectos teóricos e práticos para implantação da norma ABNT NBR ISO/IEC 17799:2005. São Paulo: E-Módulo Security, Ver. 1.0, 2006.

_____. Academia Latino-Americana de Segurança da Informação. ISO 17799. Módulo 3: aspectos teóricos e práticos para implantação da norma ABNT NBR ISO/IEC 17799:2005. São Paulo: E-Módulo Security, Ver. 1.0, 2006.

MITNICK, Kevin D.; SIMON, William L. *A arte de enganar*. São Paulo: Pearson Education, 2003.

MORAES, Maurício. Gadgets verdes. *Revista InfoExame*, ago. 2009, p.35.

NAKAMURA, Rodolfo. *E-commerce na internet*. São Paulo: Érica, 2001.

NATALE, Ferdinando. *Automação industrial*. São Paulo: Érica, 1998.

NETO, Antonio Rosa. *Atração global*: a convergência da mídia e tecnologia. São Paulo: Makron Books, 1998.

NIC.br. *Perto de 50% das empresas permitem acesso remoto à rede corporativa, diz estudo*. 22 mai. 2012. Disponível em: <http://nic.br/imprensa/clipping/2012/midia515.htm>. Acesso em: 17 set. 2012.

Nova Enciclopédia Barsa. *Macropédia 2*. São Paulo: Barsa Consultoria Editorial, 2001, p. 216.

REFERÊNCIAS   357

O'BRIEN, James A. *Administração de sistemas de informação*. 13. ed. São Paulo: McGraw-Hill Interamericana, 2007.

O'CONNEL, B. *B2B.com*: ganhando dinheiro no e-commerce business-to-business. São Paulo: Pearson, 2004.

Olhar Digital. *Votação de lei que pune crimes digitais sai da pauta do Senado*. 31 ago. 2012. Disponível em: <http://www.modulo.com.br/comunidade/noticias/2854-votacao-de-lei-que--pune-crimes-digitais-sai-da-pauta-do-senado>. Acesso em: 15 set. 2012.

OLIVEIRA, Adelize G. *Data warehouse*: conceitos e soluções. Florianópolis: Advanced, 1998.

Outsourcing Institute. *Top ten outsourcing survey*. Disponível em: <http://www.outsourcing.com/content.asp?page=01b/articles/intelligence/oi_top_ten_survey.html>. Acesso em: 15 set. 2012.

Peppers & Rogers Group. *CRM Series*: marketing 1to1. 3. ed. São Paulo, 2004.

PFAFFENBERGER, Bryan. *Estratégias de extranet*. São Paulo: Berkeley, 1998.

PINHEIRO, José Maurício. *Biometria nos sistemas computacionais*: você é a senha. Rio de Janeiro: Ciência Moderna, 2008.

RAWLS, J. *Uma teoria da Justiça*. 2. ed. São Paulo: Martins Fontes, 2002.

REDMAN, B.; KIRWIN, B.; BERG, T. *TCO*: a critical tool for managing IT. Gartner Group, 1998.

REUTERS. *Brasil ultrapassa 10 milhões de conexões de internet banda larga*. 20 ago. 2008. Disponível em: <http://g1.globo.com/Noticias/Tecnologia/0,,MUL730922-6174,00-BRASIL+ULTRAPASSA+MILHOES+DE+CONEXOES+DE+INTERNET+BANDA+LARGA.html>. Acesso em: 26 jun. 2012.

RUSSEL, D.; GANGEMI, G. T. *Computer security basics*. Sebastopol, CA: O'Really, 2006.

SANS Intitute. CSIS: *20 critical security controls*. v 3.1. Disponível em: <http://www.sans.org/critical-security-controls/>. Acesso em: 15 set. 2012.

SANTOS, Marcos. O novo modelo de comunicação B2E. *B2B Magazine*. 27 ago. 2012. Disponível em: <http://b2bmagazine.consumidormoderno.uol.com.br/gest-o/o-novo-modelo-de-comunicac-o-b2e>. Acesso em: 27 ago. 2012.

SCHULMAN, Donniel S. et. al. *Shared services*: serviços compartilhados. São Paulo: Makron Books, 2001.

SILVEIRA, Paulo R.; SANTOS, Winderson E. *Automação e controle discreto*. 9. ed. São Paulo: Érica, 2002.

SINGH, Harry S. *Data Warehouse*: conceitos e tecnologias. São Paulo: Makron Books, 2000.

STRASSMAN, Paul. *The economics and politics of information management*. 27 jun. 1996. Disponível em: <http://www.strassmann.com/pubs/econ-polim.html>. Acesso em: 28 ago. 2012.

Symnetics Business Transformation. Excellence report. Ano IV, n. 7, abr. 2000.

VELLOSO, Fernando de Castro. *Informática*: conceitos básicos. 8. ed. Rio de Janeiro: Campus, 2011.

Você RH. *Retrato e tendências do treinamento*. Revista Você S/A, 5 abr. 2012. Disponível em: <http://vocesa.abril.com.br/desenvolva-sua-carreira/materia/retrato-tendencias-treinamento-681370.shtml>. Acesso em: 15 set. 2012.

VON BERTALANFFY, Ludwig. General systems theory: a new approach to unit of science, human biology. In: *Teoria geral de sistemas*. Vol. XXIII (dez. 1951), p. 303-361. Petrópolis: Vozes, 1977.

Web ExpoForum. *E-commerce no Brasil deve crescer 22% e atingir US$ 18,7 bilhões este ano, prevê eMarketer*. 26 jan. 2012. Disponível em: <http://www.webexpoforum.com.br/26/01/2012/e-commerce-no-brasil-deve-crescer-22-e-atingir-us-187-bilhoes-este-ano-preve-emarketer/>. Acesso em: 17 set. 2012.

WELCH, Jack. A administração depois da internet. *Revista HSM Management*, ed. 22, ano 4, set./out. 2002.

WIND, Yoram; MAHAJAN, Vijay; GHUNTER, Robert, E. *Marketing de convergência*. São Paulo: Pearson, 2003.

WYLLIE, Eduardo. *Economia da internet*. Rio de Janeiro: Axcel Books, 2000.

ZAPATER, Marcio; Suzuki, Rodrigo. *Segurança da informação*: um diferencial determinante na competitividade das corporações. São Paulo: Promon, 2005.